Windhöfel / Ziegenhagen / Denkhaus

Unternehmenskauf in Krise und Insolvenz

RWS-Skript 351

Unternehmenskauf in Krise und Insolvenz

1. Auflage

2008

von

Rechtsanwalt Thomas Windhöfel, Köln

Rechtsanwalt, WP, StB Andreas Ziegenhagen, Berlin

Rechtsanwalt, FAInsR Stefan Denkhaus, Hamburg

RWS Verlag Kommunikationsforum GmbH · Köln

Die Deutsche Bibliothek – CIP-Einheitsaufnahme

Windhöfel, Thomas
Unternehmenskauf in Krise und Insolvenz / von Thomas Windhöfel;
Andreas Ziegenhagen; Stefan Denkhaus
1. Aufl. – Köln: RWS Verlag Kommunikationsforum, 2008
(RWS-Skript; 351)
ISBN 978-3-8145-0351-6

© 2008 RWS Verlag Kommunikationsforum GmbH
Postfach 27 01 25, 50508 Köln
E-Mail: info@rws-verlag.de, Internet: http://www.rws-verlag.de

Druck und Verarbeitung: Hundt Druck GmbH, Köln

Inhaltsverzeichnis

Literaturverzeichnis

Ackmann/Wenner
Inlandswirkung des Auslandskonkurses: Verlustscheine und Restschuldbefreiungen, IPrax 1990, 209

Ballerstedt
Rezension: Thomas Raiser, Das Unternehmen als Organisation. Kritik und Erneuerung der juristischen Unternehmenslehre, ZHR 134 (1970), 251

Adler/Düring/Schmaltz
Rechnungslegung und Prüfung der Unternehmen – Rechnungslegung nach internationalen Standards, 6. Auflage 1997

Ballwieser/Kruschwitz/Löffler
Einkommensteuer und Unternehmensbewertung – Probleme mit der Steuerreform 2008, WPg 2007, 765

Bamberger/Roth
Kommentar zum Bürgerlichen Gesetzbuch, 2. Auflage 2007

Barnert
Die Personalfirma in der Insolvenz, KTS 2003, 523

Bauer
Haftungsgefahren in Krise und Sanierung des Unternehmens (unter Berücksichtigung der GmbH), ZInsO 2002, 153

Baumbach/Hueck
GmbH-Gesetz: Kommentar, 18. Auflage 2006

Baur, Jürgen
Anmerkung zu BGH, Urteil vom 12.11.1987 – IX ZR 259/86, EWiR 1987, 609

Baumbach/Hopt/Merkt
Kommentar zum Handelsgesetzbuch, 33. Auflage 2008

Bausch
Patentlizenz und Insolvenz des Lizenzgebers (zugl. Anmerkung zu LG Mannheim, Urteil vom 27.06.2003 – 7 O 127/03), NZI 2005, 289

Beck/Depré
Praxis der Insolvenz, 2003

Becker
Die steuerliche Behandlung von Sanierungsgewinnen. Anmerkung zum Beitrag von Janssen in DStR 2003, 1055, DStR 2003, 1602

Behrens
Anmerkung zu BFH, Urteil v. 14.03.2006 – I R 8/05, BB 2006, 1429

Berenz
Insolvenzversicherung der betrieblichen Altersversorgung: Systematik des Anspruchsüberganges nach § 9 Abs. 2 BetrAVG auf den PSVaG, DB 2004, 1098

Berg/Schmich
Diskussionsbeitrag: Die Auswirkungen eines Forderungsverzichts mit Besserungsschein im Rahmen des § 8 Abs. 4 KStG. Anmerkung zum BMF-Schreiben vom 02.12.2003, FR 2004, 520

Berkowsky
Aktuelle arbeitsrechtliche Fragen in Krise und Insolvenz. April/Mai 2007, NZI 2007, 386

Bernsau/Höpfner/Rieger/Wahl
Handbuch der übertragenden Sanierung, 2002

Beußer
Die Verlustabzugsbeschränkung gem. § 8c KStG im Unternehmenssteuerreformgesetz 2008, DB 2007, 1549

Beyer/Gaar
Neufassung des IDW S 1 „Grundsätze zur Durchführung von Unternehmensbewertungen", FB 2005, 240

Bickhoff/Blatz/Eilenberg/Haghani/Kraus
Die Unternehmenskrise als Chance – Innovative Ansätze zur Sanierung und Restrukturierung, 2004

Blaurock
Handbuch der Stillen Gesellschaft, 6. Auflage 2003

Blöse
Anmerkung zu BGH, Urteil v. 02.12.2002 – II ZR 101/02, EWiR 2003, 223

Blum
Ordnungsrechtliche Verantwortlichkeit in der Insolvenz, 2001

Boochs, Wolfgang/Dauernheim, Jörg
Steuerrecht in der Insolvenz, 3. Auflage 2007

Bork/Koschmieder
Fachanwaltshandbuch Insolvenzrecht, 2006

Braun/Uhlenbruck
Unternehmensinsolvenz, 1997

Brönner/Bareis
Die Besteuerung der Gesellschaften, 18. Auflage 2007

Buchna/Sombrowski
Aufwendungen mit Eigenkapitalersatzcharakter als nicht zu berücksichtigende Gewinnminderungen nach § 8b Abs. 3 KStG n.F., DB 2004, 1956

dies.
Nochmals zu Aufwendungen mit Eigenkapitalersatzcharakter als nicht zu berücksichtigende Gewinnminderungen nach § 8b Abs. 3 KStG, DB 2005, 1539

Buth/Hermanns
Restrukturierung, Sanierung, Insolvenz, 2. Auflage 2004

Carstens
Die internationale Zuständigkeit im europäischen Insolvenzrecht, 2005

Crezelius
Friktionen zwischen Insolvenzrecht und Steuerrecht, NZI 2005, 583

ders.
Aktuelle Steuerrechtsfragen in Krise und Insolvenz – Juli/August 2007, NZI 2007, 571

Dahl/Schmitz
Der Lizenzvertrag in der Insolvenz des Lizenzgebers und die geplante Einführung des § 108a InsO, NZI 2007, 626

Danko/Cramer
Arbeitsrechtliche Aspekte einer Betriebsveräußerung in der Insolvenz, BB-Special 4/2004, 9

Dörfler/Rautenstrauch/Adrian
Verlustnutzung bei Verschmelzung von Körperschaften vor und nach Änderung des § 12 Abs. 3 UmwStG durch das SEStEG, BB 2006, 1657

Dörner
Gestaltungsmöglichkeit mit Gesellschafterdarlehen in der Krise der GmbH – Teil 1, INF 2001, 494

Dötsch/Jost/Pung/Witt
Die Körperschaftsteuer: Kommentar, Stand 63. EL, 2008

DVFA Methoden-Kommission Expertengruppe Valuation
Stellungnahme zu den Grundsätzen zur Durchführung von Unternehmensbewertungen (IDW ES 1 n.F.), FB 2005, 558

Eickmann/Flessner/Irschlinger
Heidelberger Kommentar zur Insolvenzordnung, 4. Auflage 2006

Ernst & Young
Körperschaftsteuergesetz: Kommentar, 1997

Fiebig/Undritz
Checkliste: Due Diligence beim Unternehmenskauf in der Insolvenz, MDR 2003, 254

Fischer/Hoberg
Neuregelung der degressiven AfA gem. § 7 II EStG: in der Regel nur geringe Vorteile für den Unternehmer, BB 2006, 484

Förster/Brinkmann
Teilentgeltliche Nachfolge in betrieblichen Einheiten, BB 2003, 657

Frege/Keller/Riedel
Insolvenzrecht, 6. Auflage 2002

Frey/Holzmeier
Anmerkung zu FG Saarland, Beschluss v. 24.05.2004 – 1 V 88/04, GmbHR 2004, 1478

Fröhlich/Köchling
Verkauf eines insolventen Unternehmens – Bestandsaufnahme und Handlungsleitfaden zur Realisierung übertragender Sanierungen, ZInsO 2005, 1121

Frotscher
Körperschaftsteuergesetz, Umwandlungssteuergesetz, 2001

Fuhrmann/Strahl
Änderungen im Unternehmenssteuerrecht durch das JStG 2008, DStR 2008, 126

Geuting/Michels
Kapitalersatzrecht versus EU-Beihilfenrecht: ein auflösbarer Widerspruch, ZIP 2004, 12

Gilz/Kluth
Mindestbesteuerung – Situation im Insolvenzverfahren, DStR 2005, 184

Gosch
Anmerkung zu BFH, Urteil v. 01.02.2001 – IV R 3/00, StBp 2001, 180

Gosch
Neue Antworten und Lösungsansätze des BFH zu den Verlustabzugbeschränkungen des § 8 Abs. 4 KStG, DStR 2003, 1917

Gosch
Körperschaftsteuergesetz – Kommentar, 2005

Gottwald
Insolvenzrechts-Handbuch, 3. Auflage 2006

Graf-Schlicker
Kommentar zur Insolvenzordnung, 1. Auflage 2007

Graf-Schlicker/Remmert
Das Unternehmensinsolvenzrecht unter der Lupe: Änderungen und Zukunftsperspektiven, NZI 2001, 569

Groß/Steiger
Gestaltungen zur Verlustnutzung trotz Mindestbesteuerung, Deutsches Steuerrecht, DStR 2004, 1203

Häcker
Abgesonderte Befriedigung aus Rechten, 2001

Hagebusch/Oberle
Gläubigerbefriedigung durch Unternehmenssanierung: die übertragende
Sanierung – Eine Bestandsaufnahme vor dem Hintergrund jüngster Insol-
venzordnungs-Reformen, NZI 2006, 618

Hahne
Der Haftungstatbestand nach § 13c UStG n.f., DStR 2004, 210

Hanisch
Vollmacht und Auskunft des Insolvenzschuldners über sein Auslands-
vermögen, IPrax 1994, 351

Hans
Unternehmensteuerreform 2008: Kritik der Neuregelung über die Nutzung körperschaftsteuerlicher Verluste (§ 8c KStG), FR 2007, 775

Häsemeyer
Insolvenzrecht, 3. Auflage 2003

Heerma
Passivierung bei Rangrücktritt: widersprüchliche Anforderungen an
Überschuldungsbilanz und Steuerbilanz, BB 2005, 537

Heeseler
Auskunfts-/Akteneinsichtsrechte und weitere Informationsmöglichkeiten
des Gläubigers im Regelinsolvenzverfahren, ZInsO 2001, 873

Herchen
Die Befugnis des Insolvenzverwalters zur Änderung der Firma im Rahmen der übertragenden Sanierung, ZInsO 2004, 1112

Herrmann/Heuer/Raupach
Einkommensteuer- und Körperschaftsteuergesetz, Kommentar, 2007

Hess
Kommentar zum Insolvenzrecht mit EGInsO, 3. Auflage 2007

Hey
Verletzung fundamentaler Besteuerungsprinzpien durch die Gegenfinan-
zierungsmaßnahmen des Unternehmenssteuerreformgesetzes 2008, BB
2007, 1303

Hillmer
Aktuelle Fragen der Unternehmensbewertung, FB 2005, 423

Himmelsbach/Achsnick
Investments in Krisenunternehmen im Wege sanierungsprivilegierter
debt-equity-swaps, NZI 2006, 561

Höfer/Lüschper/Verhuven
Betriebliche Versorgungsleistungen im Rahmen von Mergers & Acquisi-
tions, DStR 2005, 1829

Hoffmann
Anmerkung zu FG München, Urteil v. 12.12.2007 – 1 K 4487/06, EFG 2008, 616

Hoffmann
Die Besserungsvereinbarung als Gestaltungsmittel im Rahmen von Unternehmenssanierungen, DStR 1998, 196

ders.
Forderungsverzicht des Gesellschafters einer Kapitalgesellschaft gegen Besserungsschein bei Gesellschafterwechsel, DStR 2004, 293

ders.
Anmerkung zu BFH, Urteil v. 01.02.2001 – IV R 3/00, GmbHR 2001, 533

Holzapfel/Pöllath
Unternehmenskauf in Recht und Praxis, 12. Auflage 2005

Hölzle
Gesellschafterfremdfinanzierung und Kapitalerhaltung im Regierungsentwurf des MoMiG, GmbHR 2007, 729

ders.
Sanierende Übertragung – Besonderheiten des Unternehmenskaufs in Krise und Insolvenz, DStR 2004, 1433

ders.
Der qualifizierte Rangrücktritt als Sanierungsmittel – und Steuerfalle?, GmbHR 2005, 852

Hörger/Stobbe
Die Zuordnung stiller Reserven beim Ausscheiden eines Gesellschafters einer Personengesellschaft. Modifizierte Stufentheorie, DStR 1991, 1230

Hübschmann/Hepp/Spitaler
Kommentar zur Abgabenordnung und zur Finanzgerichtsordnung, 2007

IDW Standard
Grundsätze zur Durchführung von Unternehmensbewertungen (IDW S 1), FN-IDW 2005, 690

Intemann/Nacke
Verlustverrechnung nach den Steueränderungen für 2003/2004, DStR 2004, 1149

Jaeger/Henckel
Insolvenzordnung: Großkommentar, 2004

Janssen
Steuererlass in Sanierungsfällen – faktisches Wiederaufleben des § 3 Nr. 66 EStG a.F.?!, BB 2005, 1026

ders.
Die Behandlung des Mantelkaufs nach § 8 Abs. 4 KStG – eine Fallstudie unter besonderer Berücksichtigung eines Branchenwechsels, DStR 2001, 837

ders.
Erlass von Steuern auf Sanierungsgewinne, DStR 2003, 1055

Kaeser
Der „Mantelkauf" – ein Fall für die Altkleidersammlung?, DStR 2005, 349

Kahlert
Anmerkungen zu BFH, Urteil v. 10.11.2005 – IV R 13/04, ZIP 2006, 254

Kallmeyer/Dirksen
Umwandlungsgesetz: Kommentar, 3. Auflage 2006

Kesseler
Die Verfügungskompetenz des Treuhänders über grundpfandrechtsbelastete Grundstücke, ZInsO 2006, 1029

Kestler/Striegel/Jesch
Distressed Debt Investments, 2006

Kestler/Striegel/Jesch
Distressed Debt Investments – Insolvenzrechtliche Instrumentarien der Unternehmenssanierung über Fremdkapital, NZI 2005, 417

Kirchhof
Masseverwertung durch den vorläufigen Insolvenzverwalter, ZInsO 1999, 436

ders.
Anfechtbarkeit von Rechtshandlungen vorläufiger Insolvenzverwalter, ZInsO 2000, 297

Kirchhof/Lwowski/Stürner
Münchener Kommentar zur Insolvenzordnung, 2. Auflage 2007

Klein
Abgabenordnung: Kommentar, 9. Auflage 2006

Klein
Rangrücktrittsvereinbarungen – als Sanierungsinstrument ein Auslaufmodell?, GmbHR 2005, 663

Knops/Bamberger/Maier-Reimer
Recht der Sanierungsfinanzierung, 2005

Koch/Scholtz
Abgabenordnung, 5. Auflage 1996

Köhler/Ludwig
Die Behandlung von Lizenzen in der Insolvenz, NZI 2007, 79

Krupske
Öffnung statt Sperre? Auf der Suche nach einer Alternativlösung zu § 8 Abs. 4 KStG, GmbHR 2006, 741

Kübler/Prütting
Kommentar zur Insolvenzordnung (InsO), Stand Juli 2007

Kübler/Prütting
Das neue Insolvenzrecht, 2. Auflage 2000

Kunowski
Änderungen des IDW-Standards zu den Grundsätzen zur Durchführung von Unternehmensbewertungen, DStR 2005, 569

Küpper/Heinze
Wie sieht das Pflichtenprogramm des Insolvenzverwalters bei Altlastenverdacht aus?, ZInsO 2005, 409

Küppers/Louven/Schröder
Contractual Trust Arrangements – Insolvenzversicherung und Bilanzverkürzung, BB 2005, 763

Kurth/Delhaes
Die Entsperrung kapitalersetzender Darlehen, DB 2000, 2577

Lembke
Umstrukturierung in der Insolvenz unter Einschaltung einer Beschäftigungs- und Qualifizierungsgesellschaft, BB 2004, 773

Lepsien
Anmerkung zu BGH, Urteil vom 14.12.1989 – I ZR 17/88, EWiR 1990, 491

Lindauer
BB-Forum: Anmerkungen zur Mindestbesteuerung 2004, BB 2004, 2720

Lindenmaier/Möhring
Kommentierte BGH-Rechtsprechung (LMK)

Link/Reichling
Mezzanine Money – Vielfalt in der Finanzierung, Die Bank 2000, 266

Lühe/Lösler
Rückforderung gemeinschaftsrechtwidriger Beihilfen und Eigenkapitalersatzrecht, ZIP 2002, 1752

Lutter/Hommelhoff/Bayer
GmbH-Gesetz, 16. Auflage 2004

Lützenrath/Schuppener/Peppmeier
Distressed Debt und Non-Performing Loans, 2006

Mankowski
Grenzüberschreitender Umzug und das center of main interest im europäischen internationalen Insolvenzrecht. Zugleich Anmerkung zu AG Celle, Beschluss v. 18.04.2005 – 29 IN 11/05, NZI 2005, 368

Marotzke
Die dinglichen Sicherheiten im Insolvenzrecht, ZZP 109 (1996), 429

Marx/Salentin
§ 13 c UStG n.F. – Eine Gefahr für Sicherungszessionen als Instrument zur Beschaffung von (Waren-) Krediten und als Sicherheit für Lieferanten?, NZI 2005, 258

Maser/Sommer
Die Neuregelung der „Sanierenden Kapitalherabsetzung" bei der GmbH, GmbHR 1996, 22ff.

Maus
Die Besteuerung des Sanierungsgewinnes – ein Problem für die Sanierungspraxis, die Insolvenzgerichte und die Insolvenzverwalter, ZIP 2002, 589

Menke
Der Erwerb eines Unternehmens aus der Insolvenz – das Beispiel der übertragenden Sanierung BB 2003, 1133

Mohrbutter/Ringstmeier
Handbuch der Insolvenzverwaltung, 8. Auflage 2007

Müller-Glöge/Preis/Hanau/Schaub/Dieterich
Erfurter Kommentar zum Arbeitsrecht, 4. Auflage 2007

Nelles/Klusemann
Die Bedeutung der Finanzierungsalternative Mezzanine-Capital im Kontext von Basel II für den Mittelstand, FB 2003, 1

Nerlich/Kreplin
Münchener Anwaltshandbuch Sanierung und Insolvenz, 2006

Nerlich/Römermann
Insolvenzordnung: Kommentar, Stand 2007

Neufang/Oettinger
Kapitalersatz und Steuerrecht: Ein Beratungsfeld in der Quadratur des Kreises, BB 2006, 294

Neumann
Die neue Mantelkaufregelung in § 8c KStG, GmbH-StB 2007, 249

ders.
Verlustabzugsbeschränkungen beim Mantelkauf, FR 1999, 682

Neyer
Verlustnutzung nach Anteilsübertragung: Die Neuregelung des Mantelkaufs durch § 8c KStG n.F., BB 2007, 1415

Nolte
Steuerstundung und Steuererlass aus sachlichen Billigkeitsgründen, NWB 2005, 3856

Orth
Mindestbesteuerung und Verlustnutzungsstrategien, FR 2005, 515ff

Pahlke/Koenig
Abgabenordnung, Kommentar, 2. Auflage 2008

Pannen/Deuchler/Kahlert/Undritz
Sanierungsberatung, Köln 2005

Pannen/Riedemann
Entwurf eines Gesetzes zur Vereinfachung des Insolvenzverfahrens vom 8.2.2006 – Ein weiterer Mosaikstein für eine Reform der Insolvenzordnung, NZI 2006, 193

Pape
Gläubigerbeteiligung im Insolvenzverfahren, Berlin 2000

ders.
Änderungen im eröffneten Verfahren durch das Gesetz zur Vereinfachung des Insolvenzverfahrens, NZI 2007, 481

ders.
Entwurf eines Gesetzes zur Änderung der Insolvenzordnung, ZInsO 2003, 389

Pape/Uhlenbruck
Insolvenzrecht, München 2002

Pannen
Europäische Insolvenzverordnung, 2007

Peemöller/Beckmann/Meitner
Einsatz eines Nachsteuer-CAPM bei der Bestimmung objektivierter Unternehmenswerte – eine kritische Analyse des IDW ES 1 n. F., BB 2005, 90

Penzlin/Klerx
Das Schuldverschreibungsgesetz – Insolvenzrechtliche Sonderregeln für Anleihegläubiger, ZInsO 2004, 311

Pflüger
Kapitalgesellschaften: Forderungsverzicht gegen Besserungsschein – eine sinnvolle Alternative?, GStB 2004, 104

Picot
Unternehmenskauf und Restrukturierung, 3. Auflage 2004

Picot/Aleth
Unternehmenskrise und Insolvenz, München 1999

Priester
Anmerkung zu BGH, Urteil v. 08.01.2001 – II ZR 88/99, EWiR 2001, 329

Prütting/Vallender
Insolvenzrecht in Wissenschaft und Praxis, Festschrift für Wilhelm Uhlenbruck zum 70. Geburtstag, Köln 2000

Rau/Dürrwächter/Flick/Geist/Stadie
Umsatzsteuergesetz – Kommentar, 8. Auflage 2007

Redeker
Kontrollerwerb an Krisengesellschaften: Chancen und Risiken des Debt-Equity-Swap, BB 2007, 673

Reiß/Kräusel/Langer
Umsatzsteuergesetz, Kommentar, 2002

Rödder/Hötzel/Mueller-Thuns
Unternehmenskauf, Unternehmensverkauf, 2003

Rödder/Stangl
Wertminderungen eigenkapitalersetzender Darlehen im Betriebsvermögen einer Kapitalgesellschaft und § 8b Abs. 3 Satz 3 KStG, DStR 2005, 354

Rondorf
Auswirkungen der Insolvenz auf die umsatzsteuerliche Organschaft, INF 2003, 463

Roth/Altmeppen
GmbH-Gesetz, Kommentar, 4. Auflage 2003

Runkel
Anwaltshandbuch Insolvenzrecht, 2. Auflage 2008

Sabel
Diskussionsentwurf zur Änderung der InsO und anderer Gesetze, ZVI 2003, Beilage 1 zu Heft 4

ders.
Änderungen des Insolvenzrechts im Diskussionsentwurf eines Gesetzes zur Änderung der InsO, des BGB und anderer Gesetze, ZIP 2003, 781

Säcker/Rebmann/Rixecker
Münchener Kommentar zum Bürgerlichen Gesetzbuch, 4. Auflage 2005

Schaflitzl/Widmayer
Die Besteuerung von Umwandlungen nach dem Regierungsentwurf des SEStEG, BB-Special 2006, 46

Schaumburger/Rödder
Unternehmensteuerreform 2008, 2007

Schildknecht
Passivierungsverbote nach Rangrücktrittsvereinbarungen, DStR 2005, 181

Schmidt
Hamburger Kommentar zum Insolvenzrecht, 2. Auflage 2007

Schmidt
Die sanierende Kapitalerhöhung im Recht der Aktiengesellschaft, GmbH und Personengesellschaft, ZGR 1982, 519

ders.
Das Kapitalherabsetzungsproblem bei Kapitalgesellschaften, ZGR 1982, 531

ders.
Gesellschaftsrecht, 4. Aufl., Köln 2002

ders.
Organverantwortlichkeit und Sanierung im Insolvenzrecht der Unternehmen, ZIP 1980, 328

ders.
Finanzplanfinanzierung, Rangrücktritt und Eigenkapitalersatz, ZIP 1999, 1241

Schmidt/Uhlenbrock
Die GmbH in Krise, Sanierung und Insolvenz, 3. Auflage 2003

Schmidt
Einkommensteuergesetz (EStG), Kommentar, 27. Auflage 2008

Schmidt/Hageböke
Der Verlust von eigenkapitalersetzenden Darlehen und § 8b Abs. 3 KStG. Anmerkungen zum Arbeitsentwurf eines BMF-Schreibens zu § 8b KStG, DStR 2002, 1202

Schneider/Hommelhoff/Schmidt/Timm/Grunewald/Drygala
Deutsches und europäisches Gesellschafts-, Konzern- und Kapitalmarktrecht, Festschrift für Marcus Lutter, Köln 2000

Scholz
Kommentar zum GmbH-Gesetz, 10. Auflage 2006

Schorlemer/Stupp
Kapitalerhöhung zu Sanierungszwecken – zur Reichweite der Zustimmungspflicht des Mehrheitengesellschafters mit Sperrminorität, NZI 2003, 345

Schwintowski/Dannischewski
Eigenkapitalersetzende Darlehen durch den gesellschaftergleichen Dritten nach § 32a Abs. 3 GmbHG, ZIP 2005, 840

Semler/Stengel
Umwandlungsgesetz – Kommentar, 2. Auflage 2007

Siegel
Stille Reserven beim Unternehmens- oder Anteilsverkauf, Geschäftswert und Teilwert – Ergänzungen zu Hörger/Stobbe und Fußnoten zu Schult/Richter, DStR 1991, 1477

Spieker
Unternehmensveräußerung zwischen Insolvenzeröffnung und Berichtstermin (Anfangsphase), NZI 2002, 472

Steinecke
Anmerkung zu OLG Dresden, Beschluss v. 25.02.2002 – 13 W 2009/01, EWiR 2002, 489

Sternal
Das Gesetz zur Vereinfachung des Insolvenzverfahrens, NJW 2007, 1909

Tipke/Kruse/Loose
Kommentar zur Abgabenordnung und Finanzgerichtsordnung, Stand 2007

Uhländer
Eigenkapitalersetzende Darlehen im Steuer- und Gesellschaftsrecht – ein systematischer Überblick, BB 2005, 70

Uhlenbruck
Fünf Jahre Insolvenzordnung – Meilenstein in der Praxis, BB-Special 4/2004, 2

ders.
Insolvenzordnung – Kommentar, 12. Auflage 2003

Ulmer
Die Kompetenz zur Bildung einer Ersatzfirma bei Firmenveräußerung im Konkurs der GmbH, NJW 1983, 1698

Vallender
Unternehmenskauf in der Insolvenz I, GmbHR 2004, 543

ders.
Unternehmenskauf in der Insolvenz II, GmbHR 2004, 642

ders.
Gefahren für den Insolvenzstandort Deutschland, NZI 2007, 129

Vogt
Gesellschaftssanierung: Erhaltung des Verlustabzugs und dessen Nutzung, DStR 2002, 1432

Volk
Mezzanine Capital: Neue Finanzierungsmöglichkeit für den Mittelstand?, BB 2003, 1224

Wallner
Sonstige Rechte in der Verwertung nach §§ 166ff. InsO, ZInsO 1999, 453

Weimar
Die Anfechtbarkeit der Veräußerung eines Handelsgeschäftes nach dem Anfechtungsgesetz und der KO, MDR 1964, 566

Wellensiek
Übertragende Sanierung, NZI 2002, 233

Wessels
Unternehmenskauf im Vorfeld der Verkäuferinsolvenz, ZIP 2004, 1237

Westerburg/Schwenn
Rangrücktrittsvereinbarungen für Gesellschafterdarlehen bei der GmbH –
Entwicklung zu mehr Rechtssicherheit?, BB 2006, 501

Wiese
Untergang des Verlust- und Zinsvortrages bei Körperschaften, DStR
2007, 741

Wiese
Unternehmensbewertung und Abgeltungssteuer, WPg 2007, 368

Willemsen/Hohenstatt/Schweibert/Seibt
Umstrukturierung und Übertragung von Unternehmen, 2. Auflage 2003

Wimmer
Frankfurter Kommentar zur Insolvenzordnung, 4. Auflage 2006

I. Phasen für den Unternehmenskauf in der Krise/Insolvenz

Dem Unternehmenskauf in der Krise bzw. aus der Insolvenz kommt aufgrund der wirtschaftlichen Gesamtsituation immer größere Bedeutung zu. 1

Verschiedene Unternehmensbeteiligungsgesellschaften haben sich sogar ausschließlich auf den Erwerb von Unternehmen in der Krise oder aus der Insolvenz spezialisiert, um nach erfolgreicher Sanierung einen Veräußerungsgewinn zu realisieren.

Im Folgenden werden die rechtlichen und steuerlichen Besonderheiten des 2 Unternehmenskaufs in den jeweiligen Phasen der Krise und unter Berücksichtigung der jeweiligen Transaktionsstruktur dargestellt.

1. Abwicklungsoptionen des Unternehmenskaufs aus der Krise/Insolvenz

Unabhängig vom Bestehen einer wirtschaftlichen Krise des Verkäufers bzw. 3 seines Unternehmens oder einer bereits eingetretenen Insolvenz kommen für einen Unternehmenskauf grundsätzlich zwei Transaktionsstrukturen in Betracht: „asset deal" und „share deal".

a) Asset deal

Beim Unternehmenskauf als asset deal erwirbt der Käufer sämtliche zum 4 Unternehmen gehörende geschäftsbedeutsamen Vermögensgegenstände als Inbegriff von Sachen, Rechten und sonstigen Vermögenswerten und lässt sich von dem Träger des Unternehmens eine Option zur Übernahme solcher Rechtsverhältnisse mit Dritten einräumen, die für den Fortbetrieb des Unternehmens wesentlich sind.

In der Insolvenz des Unternehmensträgers ist der asset deal der praktische 5 Regelfall. Dabei wird der Kaufvertrag über die zu übertragenden Vermögenswerte (assets) mit dem zur Verfügung Berechtigten, nach Insolvenzeröffnung wegen § 80 Abs. 1 InsO also mit dem Insolvenzverwalter, abgeschlossen.

b) Share deal

aa) Grundform

Im Gegensatz dazu erwirbt der Käufer beim Unternehmenskauf als share 6 deal Anteile an dem Unternehmensträger; ist dieser z. B. eine GmbH, also die Geschäftsanteile. Dabei wird der Käufer meist sämtliche Gesellschaftsanteile erwerben. Notwendig ist dies jedoch nicht. Insbesondere in der wirtschaftlichen Krise eines Unternehmens – außerhalb der Insolvenz – kann auch der Erwerb einer Teilbeteiligung die Ziele des Erwerbers, die Geschicke des Zielunternehmens je nach der Höhe der Beteiligung maßgeblich mitzubestimmen und vom künftigen Erfolg im Rahmen einer erfolgreichen Sanierung der Unternehmung zu profitieren, mit den Zielen des Anteilsveräußerers zusammenführen, die etwa darin bestehen können, der Unternehmung zusätzliche finanzielle Mittel des neuen Teilhabers zuzuführen oder – insbesondere bei Personengesellschaften – das Risiko einer persönlichen Haftung zu streuen.

7 Der share deal ist ein Rechtskauf im Sinne von § 453 BGB. Für die Frage, ob der Käufer beim share deal neben Rechtsmängeln des gekauften Mitgliedschaftsrechts ausnahmsweise auch Sach- und Rechtsmängel der durch den share deal erworbenen Vermögensgegenstände des Unternehmens geltend machen kann, ist entscheidend, ob der erworbene Anteil so bedeutend ist, dass sich der Erwerb nach den Umständen des Einzelfalls als Erwerb des gesamten Unternehmens darstellt. Die Höhe der erforderlichen Beteiligungsquote differiert je nach Einzelfall, darf aber nach Rechtsprechung des BGH nicht unter 50 % liegen.

> BGH, Urteil v. 12.11.1975 – VII ZR 142/74, NJW 1976, 236, 237 li. Sp.
> BGH, Urteil v. 23.11.1979 – I ZR 161/77, DB 1980, 679, 681 li. Sp.: Erwerb der anderen Hälfte durch einen schon zur Hälfte beteiligten Aktionär als Unternehmenskauf.
> BGH, Urteil v. 02.06.1980 – VIII ZR 64/79, NJW 1980, 2408, 2409 re. Sp. oben: 60% reichen nicht aus.
> OLG München, Urteil v. 25.03.1998 – 7 U 6364/97, DB 1998, 1321, 1321 li. Sp.: Erwerb von 75 % als Unternehmenskauf, wegen der damit verbundenen Möglichkeit des Käufers, satzungsändernde Beschlüsse durchzusetzen.

8 Der share deal kommt sowohl auf der Ebene des in die Krise geratenen Unternehmensträgers als auch auf der Ebene von dessen Tochtergesellschaften in Betracht. In der Insolvenz ist insbesondere der share deal hinsichtlich einer Tochtergesellschaft praktisch bedeutsam. Dabei kann es sich sowohl um den marktgerechten Erwerb der Beteiligung an einer nicht insolventen Tochtergesellschaft vom Insolvenzverwalter als auch um eine Beteiligung an einer Tochtergesellschaft handeln, auf die der Verwalter seinerseits durch einen asset deal Vermögensteile des Schuldners übertragen hat.

9 Der im Rahmen des share deals zu vollziehende Erwerb der Anteile am Träger des Unternehmens lässt dessen rechtliche Identität unberührt. Das ist immer dann erforderlich, wenn der Unternehmensträger Inhaber zivilrechtlicher oder öffentlich-rechtlicher Rechtspositionen ist, die für den Betrieb des Unternehmens unentbehrlich sind und, sei es aufgrund unüberwindbarer rechtlicher Hindernisse oder aus Kostengründen, nicht auf einen neuen Unternehmensträger übertragen werden können. So sind z. B. öffentlich-rechtliche Genehmigungen zum Betrieb bestimmter Anlagen, aber auch Konzessionen, Lizenzen oder besondere Gewerbegenehmigungen grundsätzlich auf den das Unternehmen betreibenden Rechtsträger bezogen. Das gleiche gilt für die Beteiligung an Ausschreibungsverfahren über öffentliche Aufträge. Häufig sollen dem Unternehmen aber auch zivilrechtliche Verhältnisse, z. B. ein günstiger Mietvertrag, erhalten bleiben, deren Übertragung auf einen neuen Unternehmensträger der Vertragspartner nicht zu-

stimmen würde. Dagegen ist, wie § 23 HGB zeigt, eine Übertragung der Firma auf einen neuen Unternehmensträger möglich, so dass allein zwecks Fortführung einer am Markt bereits etablierten Firma der share deal dem asset deal nicht vorgezogen werden muss.

Soll ein neuer Erwerber das Unternehmen im Rahmen eines share deals 10 übernehmen, nachdem bereits ein Insolvenzgrund eingetreten oder sogar schon das Insolvenzverfahren über das Vermögen des Unternehmensträgers eröffnet worden ist, so kann der Unternehmenskauf nur dann erfolgreich abgeschlossen werden, wenn es gelingt, die Insolvenzgründe zu beseitigen und den Rechtsträger aus einem etwa schon eröffneten Insolvenzverfahren im Rahmen der gesetzlichen Möglichkeiten wieder herauszuführen. Die Notwendigkeit, die Insolvenzgründe zu beseitigen, ergibt sich für Kapitalgesellschaften und Personenhandelsgesellschaften, bei denen kein persönlich haftender Gesellschafter eine natürliche Person ist, bereits aus den die Geschäftsführer treffenden Insolvenzantragspflichten (§ 64 Abs. 1 GmbHG, § 92 Abs. 2 AktG, § 130a HGB).

Für die Beendigung eines bereits eröffneten Insolvenzverfahrens kommen 11 dabei nur drei Möglichkeiten in Betracht: Die Einstellung des Verfahrens auf Antrag des Unternehmensträgers (Schuldners) wegen Wegfall des Eröffnungsgrunds nach § 212 InsO, mit Zustimmung sämtlicher angemeldeter Insolvenzgläubiger nach § 213 InsO und die Aufhebung des Insolvenzverfahrens durch die rechtskräftige Bestätigung eines Insolvenzplans nach § 258 Abs. 1 InsO.

bb) Sonderfall: Debt-equity-swap

Der Anteilserwerb lässt sich insbesondere in Sanierungsfällen auch durch ei- 12 nen so genannten *debt-equity-swap* erreichen. Dabei erklärt sich eine hinreichende Anzahl Gläubiger in einem mindestens der bilanziellen Überschuldung entsprechenden Forderungsvolumen damit einverstanden, auf ihre Forderungen gegen Gewährung von Anteilen an dem Unternehmensträger zu verzichten, diese Forderungen also gegen Anteile am Unternehmensträger einzutauschen.

Die gegen den Unternehmensträger bestehende Forderung wird dabei nach 13 einer Kapitalerhöhung als Sacheinlage eingebracht. Hierfür ist jedoch bei Kapitalgesellschaften neben dem entsprechenden Kapitalerhöhungsbeschluss grundsätzlich die Werthaltigkeit der Sacheinlage erforderlich, die durch einen Prüfungsbericht nachzuweisen ist.

Näher *Kestler/Striegel/Jesch*, Distressed Debt Investments, Rn. 109 ff.;
Bauer, ZInsO 2002, 153, 159;
Schorlemer/Stupp, NZI 2003, 345, 346;
Vallender, NZI 2007, 129, 132,133;
vgl. auch *Redeker*, BB 2007, 673, 674.

14 Denn bei dem Verzicht auf eine Forderung gegenüber der Gesellschaft, durch den eine übernommene Stammeinlageverpflichtung erfüllt werden soll, handelt es sich um eine Sacheinlage.

> Scholz-*Winter*, GmbHG, § 5 Rn. 48;
> Baumbach/Hueck-*Fastrich*, GmbHG, § 5 Rn. 28;
> Roth-*Altmeppen*, GmbHG, § 5 Rn. 45.

15 In der Praxis wird der debt-equity-swap auch mit Anleihegläubigern realisiert. Dabei macht man sich für die Dauer der Verhandlungen mit den Anleihegläubigern über die Umtauschbedingungen das noch aus dem Jahr 1899 stammende Gesetz betreffend die gemeinsamen Rechte der Besitzer von Schuldverschreibungen (SchVerschrG) zunutze, nach dessen § 11 Abs. 1 SchVerschrG zur Abwendung eines Insolvenzverfahrens in einer Gläubigerversammlung auf drei Jahre beschränkte Änderungen der Anleihebedingungen zu Lasten aller Anleihegläubiger mit einer Drei-Viertel-Mehrheit beschlossen werden können (§ 1 Abs. 3, § 3 Abs. 1, § 10 Abs. 1, § 11 Abs. 2 bis 4 SchVerschrG).

> Näher *Penzlin/Klerx*, ZInsO 2004, 311 ff. und BB 2004, 791 ff.

16 Das Gesetz gilt allerdings nur für in Deutschland emittierte Schuldverschreibungen mit von Anfang an feststehenden Rückzahlungsansprüchen deutscher Aussteller. Auf Genussscheine, deren Rückzahlungsansprüche aufgrund einer vereinbarten Gewinn- und Verlustbeteiligung von Anfang an bedingt und der Höhe nach unbestimmt sind, ist das SchVerschrG dagegen nicht anwendbar.

> Vgl. OLG Frankfurt, Beschluss v. 28.04.2006 – 20 W 158/06, ZIP 2006, 1388.

2. Mögliche Phasen für einen Unternehmenskauf

17 Der zeitliche Verlauf einer Krise bis hin zur Liquidation des Unternehmensträgers im Rahmen eines Insolvenzverfahrens lässt sich in drei Phasen unterteilen: in Phase 1 vor der Stellung des Insolvenzantrags, in die Zeit nach dem Insolvenzantrag bis zur Entscheidung über Eröffnung des Insolvenzverfahrens (Insolvenzantragsverfahren, Phase 2) sowie in das eröffnete Insolvenzverfahren (Phase 3).

18 In Phase 1 kann der Unternehmensträger uneingeschränkt über sein Vermögen verfügen. Doch besteht unter bestimmten Voraussetzungen das Risiko einer insolvenzrechtlichen Anfechtung nach §§ 129 ff. InsO. Dabei ist der Zeitraum der letzten drei Monate vor Eingang des Insolvenzantrags beim Insolvenzgericht besonders gefährlich, weil in dieser Zeit eine Anfechtung unter den vergleichsweise geringen Anforderungen der §§ 130 bis 132 InsO droht. Der Zeitraum jeglichen Anfechtungsrisikos reicht – wenn der Schuldner eine Benachteiligung der Insolvenzgläubiger zumindest für möglich hielt – sogar bis zu zehn Jahre vor dem Insolvenzantrag zurück (vgl. § 133 InsO).

Im Rahmen eines Unternehmenskaufs, sei es im Wege eines asset deals oder eines auf Beteiligung an einer Tochtergesellschaft bezogenen share deals mit dem Schuldner, kann das Risiko einer Anfechtung auch in der kritischen Zeit der letzten drei Monate vor Antragstellung dadurch minimiert werden, dass die betreffenden Vermögensgegenstände zeitnah und zu einem marktgerechten Preis übertragen werden. In einem solchen Fall liegt ein so genanntes Bargeschäft vor, bei dem eine Anfechtung nach § 142 InsO nur zulässig ist, wenn der Schuldner trotz der adäquaten Gegenleistung gemäß § 133 InsO mit dem Vorsatz handelte, seine Gläubiger zu benachteiligen. **19**

Ob die Verfügungsmacht auch in Phase 2 noch bei dem eigentlichen Träger des Unternehmens liegt, hängt davon ab, ob das Insolvenzgericht einen vorläufigen Insolvenzverwalter bestellt und dem Schuldner schon für das Insolvenzantragsverfahren ein allgemeines Verfügungsverbot auferlegt. In diesem Fall geht mit dem entsprechenden Beschluss des Insolvenzgerichts nach § 22 Abs. 1 Satz 1 InsO die Verwaltungs- und Verfügungsbefugnis über das Vermögen des Schuldners auf den vorläufigen Insolvenzverwalter über. Dieser hat nach § 22 Abs. 1 Satz 2 Nr. 2 InsO insbesondere ein vom Schuldner betriebenes Unternehmen bis zur Entscheidung über die Verfahrenseröffnung fortzuführen und kann ein solches Unternehmen nur mit Zustimmung des Insolvenzgerichts stilllegen. Angesichts dessen ist äußerst umstritten, ob der mit Verfügungsbefugnis nach § 22 Abs. 1 InsO ausgestatte vorläufige Insolvenzverwalter (so genannter starker vorläufiger Verwalter) überhaupt berechtigt ist, das vom Schuldner betriebene Unternehmen als Ganzes zu veräußern. Über die grundsätzliche Aufgabe auch des starken vorläufigen Verwalters, den notleidend gewordenen Betrieb zu bewahren und die vorhandenen Werte zu erhalten, geht dies deutlich hinaus (s. u.). **20**

Das Insolvenzantragsverfahren wird zeitlich durch die InsO nicht beschränkt. Für Schuldner, die noch Arbeitnehmer beschäftigen, ergibt sich eine solche Begrenzung jedoch aus dem Umstand, dass § 183 Abs. 1 SGB III die Zahlung von Insolvenzgeld auf die drei Anstellungsmonate vor der Eröffnung des Insolvenzverfahrens bzw. einer Antragsabweisung mangels Masse begrenzt. Vor allem der starke vorläufige Insolvenzverwalter ist deshalb gehalten, über diese drei Monate hinaus keine Arbeitsentgeltverbindlichkeiten des Schuldners zu begründen, weil diese nach § 55 Abs. 1 Nr. 2 Alt. 2 InsO als Masseverbindlichkeiten zu erfüllen sind. Denn nach § 55 Abs. 3 Satz 1 InsO sind nur die aufgrund einer Zahlung von Insolvenzgeld nach § 187 SGB III auf die Bundesanstalt für Arbeit übergegangenen Ansprüche auf Arbeitsentgelt von der Qualifizierung als Masseverbindlichkeiten ausgenommen. Für den starken vorläufigen Insolvenzverwalter würde sich aus einer Überschreitung der durch Insolvenzgeld abgesicherten Dreimonatsfrist nach § 21 Abs. 2 Nr. 1, § 61 InsO ein erhebliches Haftungsrisiko ergeben. **21**

Die mit der Eröffnung des Insolvenzverfahrens beginnende dritte Phase lässt sich noch einmal in die nach § 29 Abs. 1 Nr. 1 InsO nicht über drei Monate hinausgehende Zeit vor dem Berichtstermin, in dem der Insolvenzverwalter **22** über die wirtschaftliche Lage des Schuldners und ihre Ursachen zu berichten hat, und die Zeit danach unterteilen. Im Berichtstermin hat der Insolvenzverwalter nach § 156 Abs. 1 Satz 2 InsO insbesondere darzulegen, ob Aussichten bestehen, das Unternehmen des Schuldners im Ganzen oder in Teilen zu erhalten, welche Möglichkeiten für einen Insolvenzplan bestehen und welche Auswirkungen jeweils für die Befriedigung der Gläubiger eintreten würden. Aus diesen Angaben lassen sich wertvolle Informationen für den Erwerb von Unternehmensteilen entnehmen.

23 Während der asset deal grundsätzlich während aller drei Phasen in Betracht zu ziehen ist, ist ein share deal in den Phasen 2 und 3 nur im Rahmen eines Insolvenzplans nach §§ 217 ff. InsO sinnvoll. Denn da der share deal die Identität des (insolventen) Unternehmensträgers nicht berührt, wäre eine Beteiligung an der Schuldnergesellschaft bei Fortbestand aller gegen diese gerichteten und im Verfahren angemeldeter Forderungen unattraktiv. Von den die Erfüllung dieser Forderungen regelnden Bestimmungen der InsO kann gemäß § 217 InsO nur im Rahmen eines Insolvenzplans abgewichen werden.

3. Phase 1: Unternehmenskauf vor Insolvenzantragsstellung

24 Wird der Verkauf eines Unternehmens durch eine wirtschaftliche Krise des Verkäufers bzw. seines Unternehmens veranlasst, so ist der Erwerber einer Anschlussinsolvenzgefahr ausgesetzt. Bei Unternehmenskäufen in der Krise muss daher aufgrund der regelmäßig im Rahmen der Due Diligence erworbenen konkreten Kenntnis über die wirtschaftlichen Schwierigkeiten des Verkäufers das Risiko einer nachfolgenden Insolvenz beurteilt werden. In Abhängigkeit von der Transaktionsstruktur – share oder asset deal – sind insoweit die etwaigen Rechtsfolgen einer späteren Insolvenz zu beachten.

a) Share deal

25 Für die Frage, welche Vertragsgestaltung für den Unternehmenskauf vor Antragstellung gewählt wird, wirkt sich zugunsten des share deals aus, dass eine Übertragung von Vermögensgegenständen, die dem in die Krise geratenen Unternehmensträger gehören, im Gegensatz zum asset deal nicht vollzogen wird. Der Erwerber wird bei uneingeschränkter Fortsetzung der Identität des Unternehmensträgers lediglich dessen Anteilseigner. Dies schließt vor allem Anfechtungsrisiken aus, denen ein asset deal unterliegt, wenn nach der Veräußerung der erfassten Vermögensgegenstände der Unternehmensträger in die Insolvenz fällt (vgl. unten b)).

26 Da nicht nur die Vermögensgegenstände, Know-how und ein etwaiger Firmenwert, sondern auch alle Verbindlichkeiten beim Unternehmensträger verbleiben, beträgt der Kaufpreis häufig nur 1 Euro oder ist sogar negativ, so dass der Anteilsverkäufer zusätzlich einen negativen Kaufpreis an den Anteilskäufer zahlt. Der Erwerb wird hierdurch für einen Investor attraktiv, wenn dieser mit zusätzlichen eigenen Mitteln und Know-how ein etwaiges

Ertragspotenzial ausschöpfen kann. Allerdings müssen spätestens nach dem Kauf zumindest bei Kapitalgesellschaften und Personengesellschaften ohne eine natürliche Person als persönlich haftendem Gesellschafter die Insolvenzgründe Überschuldung und Zahlungsunfähigkeit (§§ 17, 19 InsO) beseitigt werden, weil anderenfalls für die geschäftsführenden Organe die Insolvenzantragspflicht aus § 64 Abs. 1 GmbHG, § 92 Abs. 2 AktG bzw. § 130a Abs. 1 HGB bestehen bleibt. In den seltensten Fällen ist für den Erwerber ein unveränderter Fortbestand aller Aktiva und Passiva attraktiv. Deshalb gilt es für alle Beteiligten, vor dem Vertragsschluss mit Gläubigern über Kapitalmaßnahmen, Verzichte oder Stundungen zu verhandeln, um dem Erwerber einen wirtschaftlich attraktiven Einstieg zu ermöglichen.

b) Asset deal

Neben den Insolvenzanfechtungsrisiken des Unternehmenskaufs in der **27** Form des asset deals ist bei einer nachfolgenden Insolvenz des Verkäufers das **Erfüllungswahlrecht** des Insolvenzverwalters gem. § 103 InsO zu berücksichtigen. Das Erfüllungswahlrecht des Insolvenzverwalters gem. § 103 InsO besteht, wenn der Unternehmenskaufvertrag im Zeitpunkt der Eröffnung des Verfahrens von keiner Seite vollständig erfüllt ist.

Maßgeblich für die Erfüllung ist der Eintritt des vertraglich geschuldeten **28** Leistungserfolgs, vgl. § 362 Abs. 1 BGB. Beim Kaufvertrag muss folglich der Verkäufer die Sache übergeben und übereignen, der Käufer schuldet die Kaufpreiszahlung und die Annahme der Sache. Werden im Rahmen des Unternehmenskaufs auch Grundstücksobjekte übertragen, so sollte neben der Auflassung der Eintragungsantrag von beiden Parteien gestellt werden, da aufgrund des hierdurch entstehenden unentziehbaren Anwartschaftsrechts des Käufers § 103 InsO nicht mehr anwendbar ist.

> MüKo-*Huber*, InsO, 2. Aufl. 2008, § 103 Rn. 132.

Des Weiteren ist § 106 InsO zu berücksichtigen, wonach der Vormerkungs- **29** berechtigte vom Insolvenzverwalter trotz späterer Insolvenz Erfüllung des Grundstücksübertragungsanspruchs verlangen kann.

Lehnt der Insolvenzverwalter bei Anwendbarkeit von § 103 InsO die Erfül- **30** lung des Kaufvertrages ab, so sind die Erfüllungsansprüche des Erwerbers nicht mehr durchsetzbar.

> BGH, Urteil v. 25.04.2002 – IX ZR 313/99, ZIP 2002, 1093;
> Urteil v. 27.05.2003 – IX ZR 51/02, ZIP 2003, S. 1208;
> Gottwald-*Huber*, 3. Aufl. 2006, § 34 Rn. 42 ff.

Der Vertragspartner kann gem. § 103 Abs. 2 Satz 1 InsO einen Schadenser- **31** satzanspruch wegen Nichterfüllung als Insolvenzforderung geltend machen. Auch bereits erbrachte Kaufpreiszahlungen sind als Vorleistungen lediglich Insolvenzforderungen, jedoch kann der Käufer insoweit mit Forderungen des Insolvenzverwalters aufgrund von Vorleistungen des Verkäufers – unabhängig von der streitigen rechtlichen Dogmatik – verrechnen.

Gottwald-*Huber*, 3. Aufl. 2006, § 35 Rn. 41;
Uhlenbruck-*Berscheid*, InsO, § 103 Rn. 88 ff.;
HambKo-*Ahrendt*, InsO, 2. Aufl. 2007, § 103 Rn. 46.

32 In diesem Zusammenhang ist zu berücksichtigen, dass im Rahmen des asset deals regelmäßig eine Vielzahl von Übertragungsakten als Erfüllungshandlungen des Verkäufers realisiert werden müssen. Die schnelle vollständige Erfüllung des Verkäufers kann daher im Rahmen eines asset deals regelmäßig nicht gewährleistet werden. Auf der anderen Seite führt auch die Verwendung von üblichen Kaufpreisanpassungsklauseln – variable Kaufpreisteile nach Bilanzaufstellung oder Earn-Out-Klauseln – zu einer Hinauszögerung der vollständigen Erfüllung durch Kaufpreiszahlung des Erwerbers und erhöhen insoweit das Risiko der Erfüllungsablehnung gem. § 103 InsO bei einer Anschlussinsolvenz.

33 Das Risiko einer Erfüllungsablehnung bei einer Anschlussinsolvenz des Verkäufers ist im Ergebnis grundsätzlich erst ausgeschlossen, wenn dieser die dinglichen Vollrechte im Rahmen des Unternehmenskaufs wirksam übertragen hat oder der Erwerber den gesamten Kaufpreis gezahlt hat. Die Vorleistung des Erwerbers hinsichtlich der Kaufpreiszahlung sollte selbstverständlich nur gegen hinreichende Sicherung erfolgen, die allerdings nicht erfüllungsschädlich sein darf (z. B. selbstschuldnerische Bankbürgschaft).

Vgl. *Wessels*, ZIP 2004, 1237, 1243.

aa) Insolvenzanfechtung

34 Sowohl die Veräußerung des kaufmännischen Unternehmens als Ganzes als auch die jeweiligen Verfügungen über die einzelnen Vermögensgegenstände können gem. §§ 129 ff. InsO angefochten werden, sofern durch die angefochtene Rechtshandlung eine Gläubigerbenachteiligung eingetreten ist.

MüKo-*Kirchhof*, InsO, 2. Aufl. 2008, § 129 Rn. 94 zur Anfechtung der Unternehmensveräußerung als Ganzes.

35 Außer in den Fällen der §§ 132, 133 Abs. 2 InsO genügt bereits eine mittelbare Benachteiligung, bei welcher nicht durch die anfechtbare Rechtshandlung selbst (unmittelbar), sondern durch weitere – bis zum Schluss der mündlichen Tatsachenverhandlung im Anfechtungsprozess hinzutretende – Umstände die (mittelbare) Gläubigerbenachteiligung verursacht wird.

BGH, Urteil v. 09.12.1999 – IX ZR 102/97, BGHZ 143, 246, 254, ZIP 2000, 238, 241;
MüKo-*Kirchhof*, InsO, 2. Aufl. 2008, § 129 Rn. 122 mit Beispielen zur mittelbaren Gläubigerbenachteiligung.

36 Die übrigen Voraussetzungen, unter denen ein späterer Insolvenzverwalter Rechtshandlungen im Zuge eines Unternehmenskaufs vor der Insolvenz anfechten kann, hängen davon ab, ob der Kaufvertrag in den letzten drei Monaten vor Antragstellung oder davor wirksam wurde. Zum Zeitpunkt des Vertragsschlusses ist selbstverständlich noch nicht bekannt, ob und wann ein

Insolvenzantrag gestellt wird. Deshalb sind beide Alternativen, ein Vertragsschluss vor oder innerhalb der kritischen Drei-Monats-Frist zu betrachten.

(1) Unternehmenskaufvertrag mehr als drei Monate vor Antragstellung

Wird ein Insolvenzantrag erst mehr als drei Monate nach dem Unternehmenskaufvertrag gestellt, so kommen gemäß § 133 InsO die Vorsatzanfechtung sowie nach §§ 130, 131 InsO die Anfechtung von zur Erfüllung des Kaufvertrags vorgenommenen Verfügungen über Vermögensgegenstände des Schuldners in Betracht. **37**

Eine Anfechtung kommt gemäß § 133 InsO in den letzten 10 Jahren vor Insolvenzantragstellung in Betracht, wenn dem Insolvenzverwalter der Nachweis gelingt, dass der Schuldner mit der Unternehmensveräußerung vor der Insolvenz die Möglichkeit einer Benachteiligung seiner übrigen Gläubiger billigend in Kauf nahm und der Käufer hiervon Kenntnis hatte. Die Kenntnis des Käufers wird gemäß § 133 Abs. 1 Satz 2 InsO vermutet, wenn er die drohende Zahlungsunfähigkeit (vgl. § 18 Abs. 2 InsO) und die Gläubigerbenachteiligung kannte. Auch wenn die Ausschöpfung der Zehnjahresfrist in der Praxis nicht relevant ist, kann die lange Anfechtungsfrist des § 133 InsO von erheblicher Bedeutung sein. Maßgeblich ist insoweit, dass der Erwerber aufgrund der Informationen im Rahmen der Due Diligence Kenntnis von einer drohenden Zahlungsunfähigkeit erlangen kann und zudem das Risiko einer Gläubigerbenachteiligung besteht, wenn im Rahmen des asset deal auch einzelne Verbindlichkeiten übernommen werden. Kommt es dann nach dem Unternehmensverkauf zur Insolvenz des Verkäufers, so erhalten die Insolvenzgläubiger nur die Insolvenzquote, die Gläubiger der übernommenen Verbindlichkeiten werden dagegen vom Erwerber vollständig befriedigt. **38**

> Vgl. MüKo-*Kirchhof*, 2. Aufl. 2008, § 129 Rn. 104, 123 zur mittelbaren Gläubigerbenachteiligung bei Erfüllung von Verbindlichkeiten des Schuldners.

Wegen des Risikos der mittelbaren Gläubigerbenachteiligung der Insolvenzgläubiger bei einer Anschlussinsolvenz sollte der Erwerber grundsätzlich entweder keine oder alle Verbindlichkeiten des Verkäufers im Rahmen des asset deals übernehmen. Lediglich die Übernahme von Verbindlichkeiten, deren Gläubigern ein Aussonderungsrecht zusteht (vgl. § 47 InsO) ist unschädlich, da insoweit objektiv keine Gläubigerbenachteiligung eintreten kann. Bei Gläubigern mit Absonderungsrechten (vgl. §§ 49, 50, 51 InsO) kommt ebenfalls keine Gläubigerbenachteiligung in Betracht, sofern deren Wert nicht den Nominalwert der übernommenen Verbindlichkeit überschreitet. **39**

> BGH, Urteil v. 17.06.2004 – IX ZR 124/03, ZIP 2004, 1511;
> BGH, Urteil v. 13.01.2005 – IX ZR 457/00, ZIP 2005, 587;
> HK-*Kreft*, InsO, 4. Aufl. 2006, § 129 Rn. 57;
> Graf-Schlicker/*Huber*, InsO, 1. Aufl. 2007, § 129 Rn. 25.

40 Kommt mangels Gläubigerbenachteiligungsabsicht nur die Anfechtung der Erfüllungshandlungen in Betracht, so ist zwischen der kongruenten und der inkongruenten Deckung gemäß § 130 InsO bzw. § 131 InsO zu differenzieren. Hat der Käufer lediglich das erhalten, was er aufgrund des Unternehmenskaufvertrages vom Schuldner verlangen konnte („kongruente Deckung"), so besteht gemäß § 130 InsO das Risiko einer Anfechtung der Vermögensverfügung nur dann, wenn die Verfügung in den letzten drei Monaten vor Antragstellung vorgenommen wurde, der übertragende Unternehmensträger bereits zu diesem Zeitpunkt zahlungsunfähig war und der Erwerber zu diesem Zeitpunkt die Zahlungsunfähigkeit kannte. Die positive Kenntnis des Erwerbers von der Zahlungsunfähigkeit, wird vermutet, wenn der Erwerber Umstände kannte, die zwingend auf die Zahlungsunfähigkeit schließen lassen. Diese Kenntnis wird der Erwerber häufig aufgrund der ihm im Rahmen der Due Diligence erschlossenen Informationen haben. Erfolgt die den Vertrag erfüllende Verfügung erst nach Insolvenzantrag, was der Unternehmensträger selbst freilich nur kann, solange noch kein vorläufiger Verwalter eingesetzt ist, so genügt es, wenn der Erwerber zum Zeitpunkt der Verfügung den Eröffnungsantrag kannte.

41 Hat der Erwerber etwas anderes erhalten, als er aufgrund des Unternehmenskaufvertrags verlangen konnte (inkongruente Deckung), so ist die Verfügung, soweit sie im letzten Monat vor Antragstellung vorgenommen worden ist, in jedem Fall anfechtbar (§ 131 Abs. 1 Nr. 1 InsO); wenn sie im zweiten oder dritten Monat vor dem Eröffnungsantrag vorgenommen worden ist, schon dann, wenn der Veräußerer zur Zeit der Handlung objektiv zahlungsfähig war *oder* dem Erwerber zum Zeitpunkt der Verfügung Umstände bekannt waren, die auf eine Benachteiligung der Insolvenzgläubiger schließen lassen (§ 131 Abs. 1 Nr. 2 bzw. 3 InsO).

42 Eine Anfechtung der Verfügungsgeschäfte gemäß §§ 130, 131 InsO ist allerdings nach § 142 InsO ausgeschlossen, wenn die gleichwertigen Leistungen und Gegenleistungen der Parteien des Unternehmenskaufvertrages zeitnah ausgetauscht werden. Der Erwerber ist aber hinsichtlich der Voraussetzungen des Bargeschäfts gemäß § 142 InsO darlegungs- und beweisbelastet.

BGH, Urteil v. 01.10.2002 – IX ZR 360/99, NJW 2003, 360, 362;
MüKo-*Kirchhof*, InsO, 2. Aufl. 2008, § 142 Rn. 25.

43 Das Anfechtungsrisiko der Verfügungsgeschäfte gemäß §§ 130, 131 InsO kann zudem durch Vorverlagerung des Vornahmezeitpunkts im Rahmen der Gestaltung des Unternehmenskaufvertrages gemindert werden, sofern hierdurch die Rechtshandlung außerhalb des Dreimonatszeitraums verlagert werden kann. Zu berücksichtigen ist insoweit, dass bei bedingten oder befristeten Rechtshandlungen gemäß § 140 Abs. 3 InsO der anfechtungsrechtlich maßgebliche Zeitpunkt auf den Abschluss der rechtsbegründenden Tatumstände ohne den Eintritt der Bedingung oder des Termins vorverlegt wird. Mithin kann bereits durch Begründung eines Anwartschaftsrechts der Beginn der anfechtungsrechtlichen Dreimonatsfrist ausgelöst werden.

Vgl. *Wessels*, ZIP 2004, 1237, 1239.

Wann und wie der Erwerber das Anwartschaftsrecht erwirbt, hängt jeweils   44
von den zu übertragenen Vermögensgegenständen ab. Aus Sicht des Erwerbers sollte möglichst bereits mit Unterzeichnung des Unternehmenskaufvertrages das jeweilige Anwartschaftsrecht an den Kaufgegenständen entstehen.
Aus Sicht des Erwerbers sollte sichergestellt werden, dass der Zufluss des
Kaufpreises insoweit erst nach Ablauf der anfechtungsrechtlichen Dreimonatsfrist nach Entstehen des Anwartschaftsrechts erfolgt. Dies wird jedoch
häufig beim Verkäufer nicht durchsetzbar sein.

**(2) Unternehmenskaufvertrag erst in den letzten drei Monaten
vor Antragstellung**

Wird der Kaufvertrag erst in den letzten drei Monaten vor Antragstellung   45
wirksam, so sind die ihn erfüllenden Verfügungsgeschäfte nach den soeben
(1) geschilderten Voraussetzungen anfechtbar, der Kaufvertrag als die die
schuldrechtlichen Verpflichtungen begründende Rechtshandlung zudem unter den Voraussetzungen des § 132 Abs. 1 InsO. Dieser verlangt zusätzlich
eine unmittelbare Benachteiligung der Insolvenzgläubiger durch den abgeschlossenen Unternehmenskaufvertrag. Eine solche Benachteiligung liegt
vor, wenn nach dem Maßstab einer wirtschaftlichen ex-post-Betrachtung
nach einer Erfüllung des Kaufvertrags weniger Masse zur Verteilung zur Verfügung stünde als davor, wenn also insbesondere die vom Erwerber zu
erbringende Gegenleistung unangemessen niedrig ist. Ein Preisabschlag wegen krisenbedingter Eilbedürftigkeit des Unternehmenskaufvertrages erhöht
insoweit das Anfechtungsrisiko, da nachträglich ein höherer objektiver
Marktwert festgestellt werden kann.

> Uhlenbruck-*Hirte*, InsO, § 132, Rn. 10;
> a. A. Kübler/Prütting-*Paulus*, InsO, Stand Juli 2007, § 132
> Rn. 12.

Die Beweislast für die verursachte unmittelbare Gläubigerbenachteiligung   46
aufgrund des Unternehmenskaufvertrags nach § 132 InsO obliegt grundsätzlich dem Insolvenzverwalter.

§ 132 InsO ist Auffangtatbestand zu §§ 130 f. InsO. Deshalb richtet sich die   47
Anfechtung der zur Erfüllung eines Unternehmenskaufvertrags getroffenen
Verfügungen auch dann nach §§ 130 f. InsO (dazu bereits oben (1)), wenn
der zugrunde liegende Unternehmenskaufvertrag innerhalb der letzten drei
Monate vor dem Insolvenzantrag geschlossen wurde. Dagegen ist der Abschluss des Kaufvertrags selbst keine den Vertragspartner im Sinne von § 130
f. InsO befriedigende oder ihm Sicherung gewährende Rechtshandlung, weil
dessen Ansprüche durch den Vertragsschluss überhaupt erst begründet werden. Die Bedeutung einer an das zusätzliche Merkmal der unmittelbaren
Gläubigerbenachteiligung geknüpften Anfechtung nach § 132 InsO liegt darin, dass durch die auf die Vorschrift gestützte Anfechtung des Kaufvertrags
schon die vertragliche Grundlage für die in Erfüllung des Kaufvertrags geleis-

teten Verfügungen des Schuldners beseitigt wird, was die Inkongruenz dieser Leistungen im Sinne von § 131 Abs. 1 InsO und mithin ihre nach Nr. 1 bis 3 dieser Vorschrift erleichterte Anfechtung begründet. Denn wird der Kaufvertrag erfolgreich nach § 132 Abs. 1 InsO angefochten, so konnte der Erwerber mangels wirksamen Vertrags etwa zu seinen Gunsten gemachte Verfügungen des Schuldners nicht beanspruchen (vgl. § 131 Abs. 1 InsO). Nicht zu beanspruchen im Sinne dieser Vorschrift ist auch die Befriedigung einer Forderung, deren Rechtsgrundlage der Insolvenzverwalter durch eine erfolgreiche Insolvenzanfechtung beseitigt hat.

> BGH, Urteil v. 16.03.1995 – IX ZR 72/94, ZIP 1995, 630,
> 635 li. Sp.;
> Uhlenbruck-*Hirte*, InsO, § 131, Rn. 4;
> Kübler/Prütting-*Paulus*, InsO, Stand Juli 2007, § 131 Rn. 7.

bb) Der Erstattungsanspruch des Insolvenzverwalters aus § 143 Abs. 1 InsO

48 Die aufgrund des Unternehmenskaufvertrags auf den Erwerber übertragenen Vermögensgegenstände, für deren Verfügung ein Anfechtungsgrund besteht, muss der Erwerber nach § 143 Abs. 1 InsO zur Insolvenzmasse zurückgewähren.

49 Der Umfang des Anspruchs entspricht dem Verlust, den die Insolvenzmasse durch die angefochtene Rechtshandlung erlitten hat, nicht jedoch der beim Anfechtungsgegner eingetretenen Bereicherung. Die Erstattungspflicht kann deshalb über das vom Anfechtungsgegner durch die Rechtshandlung unmittelbar Erlangte hinausgehen und ist unabhängig davon, inwieweit der Anfechtungsgegner noch bereichert ist.

> BGH, Urteil v. 29.01.1964 – I b ZR 197/62, NJW 1964, 1319,
> 1321 li. Sp.;
> Uhlenbruck-*Hirte*, InsO, 12. Aufl. 2003, § 143 Rn. 19;
> vgl. auch OLG Hamm, Urteil v. 16.04.1996 – 27 U 197/95, ZIP
> 1996, 1140, 1141 li. Sp.: Rückgewähranspruch nach § 37 Abs. 1
> KO ist kein Bereicherungsanspruch, § 818 weder unmittelbar
> noch entsprechend anwendbar.

50 Die Erstattungspflicht besteht auch unabhängig davon, ob der Anfechtungsgegner durch die Herausgabe gegenüber Dritten ersatzpflichtig wird.

> BGH, Beschluss v. 24.05.2005 – IX ZR 77/03, NJW-RR 2005,
> 1283.

51 Problematisch ist der Umfang des Erstattungsanspruchs, wenn – was bei einer Betriebsfortführung fast immer der Fall ist – sich der Wert des veräußerten Unternehmens zwischen der Übertragung an den Erwerber und Rückerstattung in die Insolvenzmasse verändert hat. Grundsätzlich gilt: durch die Übertragung des Unternehmens und die zwischenzeitliche Fortführung durch den Erwerber darf der Masse kein Nachteil, aber auch kein unberechtigter Vorteil erwachsen, in dessen Genuss sie ohne die Übertragung des Unternehmens bei dessen Fortführung durch den Schuldner bzw. den (vorläufi-

gen) Insolvenzverwalter nicht gekommen wäre. Zwischenzeitliche Wertsteigerungen des Unternehmens erfasst der Anspruch aus § 143 Abs.
1 InsO deshalb nur dann, wenn sie auch bei einer Fortführung durch den Schuldner
angefallen wären. Soweit das nicht der Fall ist, sind dem Anfechtungsgegner
die von ihm erbrachten werterhöhenden Aufwendungen zu ersetzen und darf
dieser Erträge zurückhalten, die allein auf von ihm gemachte Aufwendungen
zurückgehen.

> So, allerdings allgemein für den Erstattungsanspruch aus § 143
> Abs. 1 InsO, Kübler/Prütting-*Paulus*, InsO, Stand Juli 2007,
> § 143 Rn. 34;
> vgl. auch BGH, Urteil v. 23.11.1995 – IX ZR 18/95, ZIP 1996,
> 83, 88, für den Fall notwendiger Verwendungen auf ein anfecht-
> bar übertragenes Grundstück.

Worauf vom Erwerber zwischen Übertragung und Rückübertragung erwirt- 52
schaftete Gewinne oder Wertsteigerungen bzw. Wertminderungen beruhen,
wird sich im Einzelfall selten eindeutig zuordnen lassen. Zumeist werden sie
dem Zusammenspiel der schon mit der Übertragung auf den Erwerber gegebenen Umstände mit dessen unternehmerischem Engagement erwachsen.
Ausgehend von der Rechtslage im allgemeinen Bereicherungsrecht lassen
sich jedoch Grundregeln für die Erstattung von Nutzungen bzw. die Anrechnung von Wertsteigerungen oder -minderungen im Rahmen eines An-
fechtungsanspruchs nach § 143 Abs. 1 InsO aufstellen.

Wertminderungen begründen grundsätzlich einen Wertersatzanspruch des 53
Insolvenzverwalters entsprechend § 818 Abs. 2 BGB. Der zur Rückübertragung verpflichtete Erwerber muss, will er diesem Nachzahlungsanspruch
entgehen, nachweisen, dass die Wertminderung auch bei Fortführung durch
den Schuldner entstanden wäre. Anderenfalls würde – nimmt man den Erstattungsanspruch des Erwerbers aus § 144 Abs. 2 Satz 1 InsO hinzu (dazu
näher unten, cc)) – im wirtschaftlichen Ergebnis die von § 144 Abs. 2 Satz 1
InsO vorgegebene Beweislast hinsichtlich der in der Masse auf Grund der
Kaufpreiszahlung noch vorhandenen Bereicherung umgekehrt.

Ebenso verbleiben Wertsteigerungen der zum Unternehmen gehörenden 54
Gegenstände bei der Masse, die nicht von der unternehmerischen Betätigung
des Unternehmensinhabers, sondern von der objektiven Marktentwicklung
abhängen, wie z. B. der durch ein allgemeines Anziehen der Immobilienprei-
se erhöhte Wert eines Betriebsgrundstücks. Auch sind entsprechend § 818
Abs. 1 BGB Nutzungen herauszugeben, von denen der Insolvenzverwalter
mindestens im Wege des ersten Anscheins nachweisen kann, dass sie ohne
Veräußerung vom Schuldner im gleichen Maße gezogen worden wären. Ein
solcher Anschein ist etwa dann begründet, soweit der Erwerber während der
Dauer der Unternehmensfortführung regelmäßige Einnahmen erzielt hat, die
zuvor bereits dem Schuldner in gleichem Maße zugeflossen waren.

Nicht ganz so klar ist die Frage nach dem Verbleib des vom Erwerber ver- 55
einnahmten Unternehmensgewinns. Das ist auch bei der Übertragung im

Rahmen der Insolvenz des Unternehmensträgers kein nur theoretisches Problem, weil häufig rentable Unternehmensteile abgetrennt und veräußert werden, auch wenn die dabei erzielte Liquidität nur einen begrenzten Zeitraum überbrückt und die Insolvenz des Unternehmensträgers letztlich doch nicht verhindert. Außerdem ist es nicht selten gerade das Verdienst des Erwerbers, das von ihm erworbene Unternehmen kraft eigener Anstrengungen wieder in die Gewinnzone geführt zu haben, z. B. unter Ausnutzung in seinem Konzernverbund verfügbarer gewerblicher Schutzrechte oder schlicht durch die Aufwendung dringend notwendiger Investitionen.

56 Der vom Anfechtungsgegner kraft eigenen unternehmerischen Engagements abgeschöpfte (zusätzliche) Gewinn muss beim Anfechtungsgegner verbleiben. Das ist für den Kondiktionsanspruch im normalen Bereicherungsverhältnis allerdings umstritten.

> MüKo-*Lieb*, BGB, § 818 Rn. 18 ff.;
> Unternehmenserträge fallen insoweit nach herrschender Auffassung unter den Begriff der Nutzungen im Sinne von § 818 Abs. 1 BGB, MüKo-*Lieb*, BGB, § 818 Rn. 25 m. w. N.

57 Auch dort befürwortet man jedoch zum Teil, dem Bereicherungsschuldner diejenigen Gewinnanteile zu belassen, die auf seiner eigenen Tätigkeit und Tüchtigkeit beruhen.

> MüKo-*Lieb*, BGB, § 818 Rn. 23;
> so auch für den Anspruch auf Herausgabe von Nutzungen nach Rücktritt (§§ 347, 987 BGB a. F.) BGH, Urteil v. 11.05.1978 – VII ZR 55/77, NJW 1978, 1578, 1578 li. Sp.

58 Dies muss umso mehr für den Anspruch aus § 143 Abs. 1 InsO gelten, der nicht den Schuldner als Partei des mit dem Erwerber geschlossenen unwirksamen Unternehmenskaufvertrags schützen soll, sondern dessen (Insolvenz-) Gläubiger, die vom Schuldner grundsätzlich nicht beanspruchen können, dass dieser sich über das bis zur Übertragung geübte Maß hinaus in seinem Unternehmen engagiere.

59 Die praktische Schwierigkeit dieser Lösung besteht, beim allgemeinen Bereicherungsanspruch ebenso wie bei § 143 Abs. 1 InsO, allerdings darin, denjenigen Gewinnanteil, der auf die Tätigkeit des neuen Erwerbers zurückgeht, von demjenigen Gewinnanteil zu trennen, der aus der schlichten Fortführung des erworbenen Unternehmens resultiert. Wo dies nicht punktgenau gelingt, hilft eine Schätzung nach § 287 ZPO.

> Dafür BGH, Urteil v. 11.05.1978 – VII ZR 55/77, NJW 1978, 1578, 1578 li. Sp. Dem folgend MüKo-*Lieb*, BGB, § 818 Rn. 23.

60 Immerhin spricht der Beweis des ersten Anscheins für den Verbleib desjenigen Gewinnanteils beim Erwerber, um den dieser den zuvor vom Schuldner mit dem übertragenen Unternehmen(steil) erwirtschafteten Gewinn steigern konnte. Ist es dem Erwerber gelungen, das Unternehmen für die Zeit seiner

Inhaberschaft aus der Verlust- in die Gewinnzone zu führen, so gebührt der gesamte in dieser Zeit erwirtschaftete Gewinn dem Erwerber.

cc) Der Anspruch des Erwerbers nach Erfüllung des Kaufpreisanspruchs

(1) Fall 1: Anfechtung des Unternehmenskaufvertrags nach § 132 Abs. 1 InsO

Konnte der Insolvenzverwalter hinsichtlich der Übertragung des Unterneh- 61
mens einen Erstattungsanspruch aus § 143 Abs. 1 InsO etwa in Verbindung mit §§ 130 f. InsO nur dadurch begründen, dass er den Unternehmenskaufvertrag selbst nach § 132 Abs. 1 InsO angefochten hat, so muss er auch einen bereits vom Erwerber gezahlten Kaufpreis erstatten. Dessen Anspruch ist nach § 144 Abs. 2 InsO Masseverbindlichkeit, soweit der Kaufpreis – etwa auf einem gesonderten Konto des Schuldners – noch in der Masse unterscheidbar vorhanden ist oder die Masse noch um seinen Wert bereichert ist. Der Erwerber trägt also das Entreicherungsrisiko des Schuldners und muss gegebenenfalls die noch bestehende Bereicherung der Masse im Prozess beweisen.

MüKo-*Kirchhof*, InsO, 2. Aufl. 2008, § 144 Rn. 17;
Uhlenbruck-*Hirte*, InsO, § 144 Rn. 11.

Nach herrschender Meinung ist die Bereicherung der Masse auf den Zeit- 62
punkt zu bestimmen, in dem der Anfechtungsgegner den zu erstattenden Vermögensgegenstand an den Verwalter herausgegeben hat. Der Erstattungsanspruch des Anfechtungsgegners entsteht erst mit Vollzug der Herausgabe.

Uhlenbruck-*Hirte*, InsO, § 144 Rn. 11;
wohl auch BGH, Urteil v. 29.04.1986 – IX ZR 145/85, ZIP 1986,
787, 790 li. Sp. a. A. Kübler/Prütting-*Paulus*, InsO, Stand Juli
2007, § 144 Rn. 7, wonach der Zeitpunkt der Verfahrenseröffnung maßgeblich sein soll.

Der Rückgewähranspruch des Insolvenzverwalters nach § 143 Abs. 1 InsO 63
und der Erstattungsanspruch des Anfechtungsgegners nach § 144 Abs. 2 Satz 1 InsO sind zwar keine in einem vertraglichen Gegenseitigkeitsverhältnis stehenden Ansprüche, doch steht dem Anfechtungsgegner gegen den Anspruch aus § 143 Abs. 1 InsO ein Zurückbehaltungsrecht nach § 273 BGB aufgrund seines Erstattungsanspruchs zu, weil dieser auf demselben rechtlichen Verhältnis wie der Rückgewähranspruch des Verwalters beruht.

BGH, Urteil vom 29.04.1986 – IX ZR 145/85, ZIP 1986, 787,
790 li. Sp., zu §§ 37, 38 KO;
BGH, Urteil v. 11.05.2000 – IX ZR 262/98, ZIP 2000, 1061,
1066 re. Sp.;
HK-*Kreft*, InsO, 4. Aufl. 2006, § 144 Rn. 6;
MüKo-*Kirchhof*, InsO, 2. Aufl. 2008, § 144 Rn. 18;
Uhlenbruck-*Hirte*, InsO, § 144 Rn. 12.;
Graf-Schlicker/*Huber*, InsO, 1. Aufl. 2007, § 144 Rn. 4.

64 Durch etwaige Wertminderungen des Unternehmens zwischen Übertragung auf den Erwerber und Rückerstattung in die Masse tritt jedoch keine Entreicherung der Masse ein, durch die sich der Anspruch des Anfechtungsgegners aus § 144 Abs. 2 Satz 1 InsO ermäßigen würde. Denn diese Wertminderungen sind, sofern sie Folge der Unternehmensfortführung durch den Erwerber sind und bei einer Fortführung durch den Schuldner bzw. den (vorläufigen) Insolvenzverwalter nicht aufgetreten wären, bereits beim Anspruch des Insolvenzverwalters aus § 143 Abs. 1 InsO zu berücksichtigen und erhöhen diesen um einen entsprechenden Wertersatzanspruch (§ 818 Abs. 2 BGB). Soweit der Erstattungsanspruch des Insolvenzverwalters nach § 143 Abs. 1 InsO in einem solchen Wertersatz besteht, ist streitig, ob der Anspruch aus § 144 Abs. 2 Satz 1 InsO, der Masseverbindlichkeit ist, mit dem Wertersatzanspruch des Insolvenzverwalters verrechnet werden kann.

> Befürwortend: Uhlenbruck-*Hirte*, § 144 Rn. 13, mit Ausnahme derjenigen Fälle, in denen nach § 209 Abs. 1 Nr. 2 und 3 InsO nur eine noch nicht feststehende verhältnismäßige Befriedigung verlangt werden kann; für eine generelle Verrechnung von Geldansprüchen nach Maßgabe der Saldotheorie sogar Kübler/Prütting-*Paulus*, InsO, Stand Juli 2007, § 144 Rn. 8. Dagegen, jedoch für die Möglichkeit einer Aufrechnung, HK-*Kreft*, InsO, 4. Aufl. 2006, § 144 Rn. 6, MüKo-*Kirchhof*, InsO, 2. Aufl. 2008, § 144 Rn. 16.

65 Im Ergebnis erscheint auch die Möglichkeit der Aufrechnung oder eines Zurückbehaltungsrechts ausreichend, um den Schutz des Erwerbers zu gewährleisten.

(2) Fall 2: Isolierte Anfechtung der Verfügungsgeschäfte

66 Ist dem Verwalter hingegen – ohne Vernichtung des Unternehmenskaufvertrags unter Rückgriff auf § 132 Abs. 1 InsO – die isolierte Anfechtung einer Rechtshandlung nach §§ 130 f. InsO gelungen, durch die der Schuldner in Erfüllung des Unternehmenskaufvertrags Vermögensgegenstände auf den Erwerber übertragen hat, so stellt sich die Situation für den Erwerber hingegen deutlich schlechter dar. Der gegen die Masse gerichtete Anspruch auf Rückgewähr des Kaufpreises nach § 144 Abs. 2 InsO besteht nur nach Anfechtung auch des (schuldrechtlichen) Unternehmenskaufvertrags nach § 132, unter Umständen auch nach § 133 InsO. Dagegen sieht man bei der isolierten Anfechtung von Erfüllungshandlungen die Gegenleistung des Gläubigers für die konkrete Verfügung nicht in der Kaufpreiszahlung, die schuldrechtlich als Gegenleistung versprochen wurde, sondern lediglich in der mit der Erfüllungshandlung verbundenen Befreiung des Schuldners von einer Verbindlichkeit. Für die „Erstattung" dieser Schuldbefreiung trifft § 144 Abs. 1 InsO eine abschließende Regelung. Deshalb lebt durch die Rückgewähr einer isoliert angefochtenen Verfügung über einen Vermögensgegenstand nach § 144 Abs. 1 InsO lediglich der Anspruch des Erwerbers auf diesen Gegenstand wieder auf.

MüKo-*Kirchhof*, InsO, 2. Aufl. 2008, § 144 Rn. 8;
HK-*Kreft*, InsO, 4. Aufl. 2006, § 144 Rn. 6;
Uhlenbruck/*Hirte*, InsO, § 144 Rn. 9;
HambKo-*Rogge*, InsO, 2. Aufl. 2007, § 144 Rn. 5.

Dieser Anspruch des Erwerbers auf die (erneute) Übertragung des Vermö- **67**
gensgegenstands ist dann nur Insolvenzforderung im Sinne von § 38 InsO,
wird nach § 45 Satz 1 InsO in Geld umgerechnet und bei der Verteilung lediglich mit der Quote bedient. Gelingt mithin dem Insolvenzverwalter nach
der Eröffnung des Insolvenzverfahrens die isolierte Anfechtung der zur Erfüllung des Unternehmenskaufvertrags vom Schuldner vorgenommenen Verfügungen über die in den Vertrag einbezogenen Vermögensgegenstände, so
muss der Erwerber diese an den Verwalter erstatten, während ein bereits ge-
zahlter Kaufpreis der Masse vollständig erhalten bleibt; der Anspruch des
Erwerbers aus dem Unternehmenskaufvertrag auf Übertragung der einbezogenen Vermögensgegenstände nimmt als Insolvenzforderung lediglich in
Höhe des nach § 45 Satz 1 InsO ermittelten objektiven Werts der zu übertragenden Vermögensgegenstände an der quotalen Verteilung des Schuldnervermögens teil.

Nicht selten wird der nach § 45 Satz 1 InsO nicht auf den Zeitpunkt des Ab- **68**
schlusses des Unternehmenskaufvertrages, sondern auf die Zeit der Eröffnung des Insolvenzverfahrens zu schätzende objektive Wert der zu übertragenden Vermögensgegenstände hinter dem vom Erwerber bezahlten Kaufpreis zurückbleiben. Diese Minderung tritt neben den Ausfall des Erwerbers,
den er ohnehin schon aufgrund der nur quotalen Bedienung seiner Forderung im Insolvenzverfahren des Verkäufers erfährt. Beide Komponenten
führen dazu, dass der Erwerber bei isolierter Anfechtung der Erfüllungshandlungen des insolventen Verkäufers einen erheblichen Schaden bis zur
Höhe des vollen von ihm gezahlten Kaufpreises erleiden kann.

Aber nicht nur im Falle einer isolierten Anfechtung der Verfügungsgeschäf- **69**
te, sondern auch dann, wenn der Unternehmenskaufvertrag nach § 132 InsO
angefochten ist, die Masse jedoch nicht zur Befriedigung des Anspruchs des
Erwerbers aus § 144 Abs. 2 InsO ausreicht, läuft der Erwerber Gefahr, nach
einem vor Insolvenzeröffnung abgeschlossenen asset deal die übertragenen
Vermögensgegenstände nach Verfahrenseröffnung in die Masse erstatten zu
müssen, mit seinem Anspruch auf Erstattung des Kaufpreises hingegen lediglich quotal bedient zu werden.

Im Ergebnis ist bei erheblichem Anschlussinsolvenzrisiko des Verkäufers **70**
nicht zu empfehlen, einen Unternehmenskaufvertrag im Rahmen eines asset
deals abzuschließen. Stattdessen kann der Erwerber unverbindliche Ver-
kaufsverhandlungen führen, um **sofort nach einem Insolvenzantrag** bereits
im Insolvenzantragsverfahren – vor der Verfahrenseröffnung – mit dem vorläufigen Verwalter über einen asset deal zu verhandeln. Es ist insoweit auch
nicht ratsam, mit dem Abschluss eines asset deals vor Insolvenzeröffnung
darauf zu spekulieren, dass das Insolvenzgericht die Verfahrenseröffnung
mangels Masse ablehnt.

c) Weitere Risiken beim Unternehmenskauf vor Insolvenzantrag

71 Weitere Risiken eines Unternehmenskaufs vor Stellung des Insolvenzantrags ergeben sich aus allgemeinen, nicht insolvenzspezifischen Regeln, die an die Übernahme eines Unternehmens oder eines einheitlichen Betriebsteils anknüpfen.

aa) § 75 AO

72 Der Erwerber eines Unternehmens oder eines in der Gliederung eines Unternehmens gesondert geführten Betriebs **haftet** nach § 75 Abs. 1 AO für Steuern, bei denen sich die Steuerpflicht auf den Betrieb des Unternehmens gründet und die im letzten, vor der Übereignung liegenden Kalenderjahr entstanden sind. Immerhin beschränkt sich die Haftung nach Satz 2 der Vorschrift auf das übernommene Vermögen. Neben dem Erwerb des Unternehmens als Ganzes greift die Haftung auch ein, wenn ein in der Gliederung des veräußernden Unternehmensträgers gesondert geführter Teilbetrieb im Sinne von § 16 EStG erworben wird.

73 Da die Haftung von der Kenntnis des Erwerbers unabhängig ist, sollte der Erwerber vor Abschluss eines Unternehmenskaufs mit Zustimmung des Verkäufers beim zuständigen Finanzamt eine Auskunft über etwaige Steuerschulden einholen. Ohne Zustimmung des Verkäufers ist die Finanzbehörde an einer solchen Auskunft durch das Steuergeheimnis (§ 30 AO) gehindert. Im Kaufvertrag vereinbarte Unbedenklichkeitsbescheinigungen durch den Veräußerer können lediglich Schadenersatzansprüche des Erwerbers gegen den Veräußerer auslösen, die in dessen Insolvenz wiederum nur quotal bedient werden.

74 Vertragliche Haftungsfreistellungen sind gegenüber den Finanzbehörden unwirksam. Ein aus ihnen erwachsener Freistellungsanspruch des Erwerbers ist in einem späteren Insolvenzverfahren nur dann Masseforderung, wenn der Erwerber den Unternehmenskaufvertrag mit dem verfügungsberechtigten („starken") Insolvenzverwalter geschlossen hat. Anderenfalls handelt es sich lediglich um eine Insolvenzforderung.

75 Sind erhebliche Steuerschulden zu befürchten, so lohnt es sich **schon** aus diesem Grunde, mit dem Unternehmenskauf zu warten, bis das Insolvenzverfahren eröffnet ist. Denn nach § 75 Abs. 2 AO besteht die Steuerschuld nicht bei einem Unternehmenserwerb aus der Insolvenzmasse.

bb) § 25 HGB

76 Sogar für alle in dem zu erwerbenden Handelsgeschäft begründeten Verbindlichkeiten des Verkäufers **haftet** der Erwerber nach § 25 Abs. 1 Satz 1 HGB, wenn er das erworbene Handelsgeschäft unter der bisherigen Firma mit oder ohne einen Nachfolgezusatz fortführt. Ob eine Firmenfortführung im Sinne des § 25 HGB vorliegt, ist aus der Sicht der maßgeblichen Verkehrskreise zu

beantworten, so dass die Fortführung des prägenden Teil der alten in der neuen Firmierung beibehalten bzw. übernommen wird. Auf eine wort- und buchstabengetreue Übernahme der Firma kommt es insoweit nicht an.

> Vgl. zuletzt BGH, Urteil v. 15.03.2004 – II ZR 324/01, NZG 2004, 716 f;
> OLG Düsseldorf, Beschluss vom 24.05.2004 – I-24 U 34/04, NZG 2005, 176 und BGH, Urteil vom 28.11.2005 – II ZR 355/03, NJW 2006, 1001, 1002.

Für die Anwendung von § 25 HGB genügt auch bereits der Teilerwerb eines   77 Unternehmens, sofern diejenigen Teile, die den nach außen in Erscheinung tretenden Unternehmenskern bestimmen, übertragen werden.

> OLG Köln, Urteil v. 11.11.2005 – 10 U 1325/04, NZG 2006, 477, 478.

Übernimmt der Erwerber die Firma des Verkäufers, so ist diesem Haftungs-   78 risiko, sofern die Übernahme der Verbindlichkeiten des Verkäufers durch den Erwerber nicht zugleich der Vereinbarung im Unternehmenskaufvertrag entspricht, durch eine abweichende Vereinbarung zu begegnen, die nach § 25 Abs. 2 HGB in das Handelsregister einzutragen und bekannt zu machen ist. Das Registergericht hat die Eintragung des Haftungsausschlusses bereits dann vorzunehmen, wenn die Möglichkeit der Haftungsvoraussetzungen nach § 25 Abs. 1 Satz 1 HGB zumindest ernsthaft in Betracht kommt.

> OLG Düsseldorf, Beschluss v. 06.06.2003 – 3 Wx 108I03, NZG 2003, 774, 776;
> OLG Frankfurt, Beschluss v. 23.06.2005 – 20 W 272/05, NZG 2005, 846, 847.

Ein späterer Insolvenzverwalter des Verkäufers kann den Haftungsaus-   79 schluss nicht nach §§ 129 ff. InsO anfechten. Soweit sich der Erwerber nicht im Sinne von § 25 Abs. 3 HGB gesondert zur Haftungsübernahme verpflichtet hat oder die Übertragung der Einzelobjekte oder des gesamten Unternehmenskaufvertrags anfechtbar ist, entgeht durch den nach § 25 Abs. 2 HGB vereinbarten, eingetragenen und bekannt gemachten Haftungsausschluss der Wert des veräußerten Unternehmens dem Zugriff des Insolvenzverwalters.

> Baumbach/Hopt/Merkt-*Hopt*, HGB, § 25 Rn. 16;
> *Weimar*, MDR 1964, 566, 567.

cc) § 613a BGB

Im Hinblick auf die mit dem veräußerten Betrieb oder Betriebsteil verbun-   80 denen Arbeitsverhältnisse besteht für den Erwerber das **Eintrittsrisiko** nach § 613a Abs. 1 BGB. Für die vor dem Betriebsübergang entstandenen Forderungen der Betriebsarbeitnehmer haftet der Erwerber nach § 613a Abs. 2 BGB. Nachdem der EuGH in ständiger Rechtsprechung ausgeführt hatte, dass die § 613a BGB zugrunde liegende Richtlinie (77/187/EWG) nicht den Betriebsübergang aufgrund eines Konkurses erfasse, das nationale Recht jedoch über die Richtlinie hinausgehen und deren Anforderungen auch an Veräußerungen in der Insolvenz anlegen dürfe, wendete das BAG § 613a BGB auf Betriebsveräußerungen durch den Insolvenzverwalter an.

> BAG, Urteil v. 17.01.1980 – 3 AZR 160/79, AP § 613a BGB
> Nr. 18;
> bestätigt durch BAG, Urteil v. 19. Mai 2005 – 3 AZR 649/03, AP
> § 613a BGB Nr. 283.

81 Der Gesetzgeber hat hieran durch die Einführung der Insolvenzordnung nichts geändert, wenngleich die noch in § 61 KO enthaltene Privilegierung von Arbeitsentgeltansprüchen entfallen ist.

> BAG, Urteil v. 20.06.2002 – 8 AZR 459/01, NZI 2003, 222, 225;
> Bamberger/Roth-*Fuchs*, BGB, 1. Aufl. 2003, § 613a Rn. 23.

82 Allerdings machte das BAG für die Betriebsveräußerung nach der Eröffnung des Insolvenzverfahrens über das Vermögen des Veräußerers eine entscheidende Einschränkung. § 613a BGB ist bei einer Betriebsveräußerung aus der Insolvenz nicht auf diejenigen Ansprüche der Arbeitnehmer anzuwenden, die bereits bei Insolvenzeröffnung entstanden waren. Grund ist, dass die übernommene Belegschaft anderenfalls auch für die bereits vor Verfahrenseröffnung entstandenen Ansprüche einen neuen zahlungskräftigen Haftungsschuldner erhielte. Dies würde sie nicht nur zu Lasten des Erwerbers begünstigen, sondern zudem – entgegen dem Grundsatz *par conditio creditorum* – auch die übrigen Insolvenzgläubiger benachteiligen, weil der Betriebserwerber mit Rücksicht auf die übernommene Haftung in der Regel einen entsprechend geringeren Kaufpreis zahlen würde. Deshalb könne ein Erwerber des notleidenden Betriebs z. B. durch Vereinbarung mit den übernommenen Arbeitnehmern die Grundsätze der betrieblichen Altersversorgung einschränken oder aufheben.

> BAG, Urteil v. 17.01.1980 – 3 AZR 160/79, AP § 613a BGB
> Nr. 18;
> Bamberger/Roth-*Fuchs*, 1. Aufl. 2003, § 613a Rn. 32;
> *Berkowsky*, NZI 2007, 386, 388.

83 Nach dieser Rechtsprechung stellt sich die Haftungssituation eines Unternehmenserwerbers – ähnlich wie bei § 75 AO – bei einem Erwerb aus der Insolvenzmasse deutlich **besser** dar. Hinzu kommt, dass in denjenigen Fällen, in denen der Betriebsübergang mit einer Betriebs*änderung* im Sinne von § 111 Satz 3 BetrVG einhergeht, die in §§ 111 ff. BetrVG geregelten Möglichkeiten der Mitbestimmung in der Insolvenz des (veräußernden) Betriebsinhabers durch §§ 121 ff. InsO deutlich eingeschränkt sind. Zwar ist der Betriebsübergang für sich genommen nach herrschender Meinung noch keine Betriebsänderung im Sinne von § 111 BetrVG.

> BAG, Urteil v. 17.02.1981 – 3 Ca 7572/98, AP § 111 BetrVG
> 1972 Nr. 9, für den Fall der Betriebsaufspaltung;
> BAG, Urteil v. 17.03.1987 – 3 AZR 64/84, AP § 111 BetrVG
> 1972 Nr. 18;
> ErfKoArbR-*Kania*, 6. Aufl. 2005, § 111 BetrVG Rn. 10.

Doch liegt eine Betriebsänderung im Sinne von § 111 BetrVG schon dann **84** vor, wenn anlässlich des Betriebsübergangs grundsätzlich neue Arbeitsstrukturen eingeführt (§ 111 Satz 3 Nr. 5 BetrVG) oder – was häufig sein wird – ein Personalabbau durchgeführt werden soll (§ 111 Satz 3 Nr. 1 BetrVG: Einschränkung wesentlicher Betriebsteile). Die Mitbestimmungsrechte gemäß §§ 111 ff. BetrVG schließt § 613a BGB, wenn es anlässlich eines Betriebsübergangs zu einer damit verbundenen Betriebsänderung kommt, nicht aus.

> BAG, Beschluss v. 25.01.2000 – 1 ABR 1/99, NZA 2000, 1069, 1070.

Zu einer Besserstellung bei einem Erwerb aus der Insolvenz führt auch, dass **85** – entgegen dem Grundsatz – ein Wiedereinstellungsanspruch gegenüber dem Erwerber in der Insolvenz nicht besteht, wenn trotz einer ursprünglich vorgesehenen Stilllegung des Betriebes oder eines Wegfalls der Beschäftigungsmöglichkeit aus anderen Gründen und einer infolge dessen wirksam ausgesprochenen Kündigung aus betriebsbedingten Gründen es nach Ablauf der Kündigungsfrist (vgl. § 113 InsO) zu einem Betriebsübergang und damit zur Fortführung des Betriebes oder der Entstehung einer anderen Weiterbeschäftigungsmöglichkeit für den Arbeitnehmer kommt (dazu ausführlich Rn. 469 ff.).

> BAG, Urteil v. 13.05.2004 – 8 AZR 198/03, AP BGB § 613a Nr. 264;
> BAG, Urteil v. 28.10.2004 – 8 AZR 199/04, NZA 2005, 405.

4. Phase 2: Unternehmenskauf im Insolvenzeröffnungsverfahren

a) Grundsatz

In der Zeit zwischen Insolvenzantrag und Insolvenzeröffnung setzen sich die **86** oben (3.) für einen Unternehmenskauf in der Zeit vor Stellung des Insolvenzantrags dargestellten Risiken fort, wobei der Insolvenzantrag wegen der zusätzlichen Anfechtungsmöglichkeiten (vgl. etwa § 130 Abs. 1 Nr. 2 InsO) insbesondere die Anfechtungsrisiken erhöht.

b) Besonderheit: Sicherungsanordnungen nach §§ 21 ff. InsO

Zumeist wird das Gericht von der durch §§ 21 ff. InsO gegebenen Möglich- **87** keit Gebrauch machen, Sicherungsmaßnahmen anzuordnen. Solche Anordnungen beschränken die Möglichkeit eines asset deals. Von den in § 21 Abs. 2 InsO genannten Anordnungen ist dabei lediglich die Bestellung eines vorläufigen Insolvenzverwalters (§ 21 Abs. 2 Nr. 1 InsO) relevant, dessen Befugnisse und mithin dessen notwendige Einbindung in den asset deal davon abhängen, ob das Gericht Verfügungen des Schuldners unter den Zustimmungsvorbehalt des vorläufigen Verwalters stellt (§ 21 Abs. 2 Nr. 2 Fall 2 InsO) oder mit der Auferlegung eines allgemeinen Verfügungsverbots für den Schuldner die Verwaltungs- und Verfügungsbefugnis über dessen Vermögen gänzlich dem vorläufigen Verwalter überträgt (§ 21 Abs. 2 Nr. 2 Fall 1, § 22 Abs. 1 Satz 1 InsO).

aa) Zustimmungsvorbehalt („schwacher" vorläufiger Verwalter)

88 Beim Zustimmungsvorbehalt bleibt die Veräußerung von Vermögensgegenständen durch den Schuldner und mithin auch des vollständigen Unternehmens oder abgeschlossener Unternehmensteile grundsätzlich möglich, doch ist die Verfügung ohne die Zustimmung des vorläufigen Insolvenzverwalters nach § 24 Abs. 1, § 81 Abs. 1 Satz 1 InsO unwirksam. Stimmt der vorläufige Verwalter nicht zu, kann der Erwerber einen bereits gezahlten Kaufpreis zwar nach § 81 Abs. 1 Satz 3 InsO als Masseforderung geltend machen, allerdings nur, soweit die Masse noch um den Kaufpreis bereichert ist. Der Umfang dieses Anspruchs richtet sich nach §§ 818, 819 BGB. Anders als § 144 Abs. 2 Satz 1 InsO gewährt § 81 Abs. 1 Satz 3 InsO, vorrangig zum Bereicherungsanspruch, keinen Anspruch auf Erstattung einer in der Insolvenzmasse noch unterscheidbar vorhandenen Gegenleistung. Deshalb kommt es hier nur auf die bereits oben (3. b) bb)) geschilderte bereicherungsrechtliche Rückabwicklung der bereits ausgetauschten Leistungen an. Dabei sind dieselben Maßstäbe anzusetzen, weil ein durch das Insolvenzgericht angeordneter Zustimmungsvorbehalt nach § 21 Abs. 2 Nr. 2 InsO ebenso wie die Anfechtungsansprüche nach §§ 129 ff. InsO den Insolvenzgläubigern entsprechend dem Grundsatz der *par conditio creditorum* den gleichrangigen Zugriff auf eine ungeschmälerte Insolvenzmasse sichern soll.

89 Selbst wenn der gegen die Masse gerichtete Bereicherungsanspruch nach § 88 Abs. 1 Satz 3 InsO der Höhe nach auf die Erstattung des gesamten Kaufpreises gerichtet ist, muss der Erwerber mit der nur quotalen Befriedigung seiner Rückzahlungsforderung rechnen, wenn die Masse unzulänglich im Sinne von § 208 Abs. 1 InsO ist.

bb) Übertragung der Verfügungsbefugnis („starker" vorläufiger Verwalter)

(1) Möglichkeit der Unternehmensveräußerung durch den vorläufigen Verwalter

90 Wird ein so genannter „starker" vorläufiger Insolvenzverwalter bestellt, so geht mit der Anordnung eines allgemeinen Verfügungsverbots nach § 22 Abs. 1 Satz 2 InsO die Verfügungsbefugnis über das Vermögen des Schuldners auf diesen über. Nach § 22 Abs. 1 Satz 2 Nr. 2 InsO hat der vorläufige Verwalter ein bis dahin vom Schuldner betriebenes Unternehmen bis zur Entscheidung über die Eröffnung des Insolvenzverfahrens fortzuführen, soweit nicht das Insolvenzgericht einer Stilllegung zustimmt, um eine erhebliche Verminderung des Vermögens zu vermeiden.

Häufig werden dem starken vorläufigen Insolvenzverwalter gerade unmittel- 91
bar nach Antragstellung besonders günstige Angebote für eine Unternehmensveräußerung unterbreitet. Denn zu diesem Zeitpunkt ist das Unternehmen zumeist noch werbend aktiv und das Vertrauen der Arbeitnehmer
und der Geschäftspartner in das Unternehmen noch nicht gänzlich verloren.
Auf der anderen Seite besteht bei einer allzu schnellen Veräußerung des Unternehmens die Gefahr, dass Insider wie Gesellschafter oder Geschäftsführer
des Schuldners ihren Wissensvorsprung vor anderen potenziellen Interessenten nutzen und dem vorläufigen Verwalter schon unmittelbar nach Antragstellung ein Übernahmeangebot etwa im Rahmen eines Management-Buy-
Outs unterbreiten, das der vorläufige Verwalter – zusätzlich zur Begutach-
tung der Insolvenzgründe und innerhalb der regelmäßigen dreimonatigen
Eröffnungsphase – nur unter großem Zeitdruck prüfen kann und das ihn unter Umständen davon abhält, nach Insolvenzeröffnung mit weiteren Kaufinteressenten zu verhandeln.

Ob angesichts des Fortführungsgebots in § 22 Abs. 1 Satz 2 Nr. 2 InsO der 92
starke vorläufige Verwalter nach geltendem Recht überhaupt die Möglichkeit
hat, das Unternehmen zu veräußern, ist umstritten. Eine Verwertung des zur
Insolvenzmasse gehörenden Vermögens sieht § 159 InsO erst für das eröffnete Verfahren und dort sogar erst für die Zeit nach dem ersten Berichtstermin vor, während das vorläufige Insolvenzverfahren durch den in §§ 21 ff.
InsO zum Ausdruck kommenden Sicherungszweck der in diesem Stadium
durch Insolvenzgericht oder vorläufigen Verwalter zu treffenden Maßnahmen geprägt ist. Zwar ist nicht jede Veräußerung eines einzelnen Massege-
genstands schon eine Verwertungshandlung, sondern kann auch im Rahmen
der nach § 22 Abs. 1 Satz 2 Nr. 1 InsO das Vermögen des Schuldners si-
chernden und erhaltenden Verwaltung erfolgen.

> Vgl. *Kirchhof,* ZInsO 1999, 436, 436 f. zur Abgrenzung zwischen
> erhaltender und fortführender Verwaltung einerseits und Verwer-
> tung andererseits.

Doch sprengt jedenfalls die Veräußerung des gesamten Schuldnerunterneh- 93
mens oder abgeschlossener Unternehmensteile den durch den Sicherungszweck vorgegebenen Rahmen.

> *Vallender,* GmbHR 2004, 543, 544 re. Sp. Mitte.

Der BGH ließ in einem früheren Urteil zum Sequester lediglich offen, ob 94
von diesem Grundsatz ausnahmsweise abgewichen werden kann, wenn die
Sicherung des Schuldnervermögens im Hinblick auf die unmittelbar bevor-
stehende Eröffnung des Verfahrens dies zwingend gebietet.

> BGH, Urteil v. 11.04.1988 – II ZR 313/87, ZIP 1988, 727, 728 f;
> für eine solche Ausnahme OLG Düsseldorf, Urteil v. 13.12.1991
> – 22 U 202/91, ZIP 1992, 344, 346.

Mit dem OLG Düsseldorf gestattet ein Teil des Schrifttums in seltenen Aus- 95
nahmefällen dem vorläufigen Insolvenzverwalter, bereits im Eröffnungsver-

fahren das Schuldnerunternehmen zu veräußern oder auf eine Auffanggesellschaft zu übertragen, wenn sich diese Maßnahme als für den Gläubiger günstigste Verwertungsart darstellt und gleichzeitig zur Erhaltung des „good will" erforderlich ist. Dies sei vor allem dann möglich, wenn sich eine „exorbitant günstige Verwertungsmöglichkeit" bietet und der Schuldner zustimmt. Zusätzlich wird dem vorläufigen Verwalter empfohlen, zur Haftungsabsicherung die Zustimmung des Insolvenzgerichts einzuholen.

> Uhlenbruck-*Uhlenbruck*, InsO, § 22, Rn. 33;
> MüKo-*Haarmeyer*, InsO, 2. Aufl. 2007, § 22 Rn. 81;
> zu entsprechenden Überlegungen der Bund-Länder-
> Arbeitsgruppe „Insolvenzrecht" vgl. *Graf-Schlicker/Remmert*,
> NZI 2001, 569, 573 f.

96 Selbst wenn man dem folgt, ist für die Praxis von einem Unternehmenserwerb vom starken vorläufigen Verwalter abzuraten, weil sich die Unsicherheit, ob die von der zitierten Ansicht aufgestellten Voraussetzungen für die Wirksamkeit eines Erwerbs gegeben sind, kaum beherrschen lässt und die Frage im übrigen höchstrichterlich noch nicht geklärt ist.

> Vgl. Jaeger/Henckel-*Gerhardt*, InsO, § 22 Rn. 89;
> HambKo-*Schröder*, InsO, 2. Aufl. 2007, § 22 Rn. 41.

97 Nur wenn die Investitionsrisiken überschaubar sind, lassen sich u. U. die bei einer Verfügung durch den starken vorläufigen Verwalter geringeren Anfechtungsrisiken (dazu näher unten, (3)) zu Nutze machen, indem der Kaufvertrag schon vor der Eröffnung des Insolvenzverfahrens mit dem starken Verwalter geschlossen wird. Die Ansprüche des Käufers sind dann Masseforderungen (§ 55 Abs. 2 Satz 1 InsO). Nach der Verfahrenseröffnung sollte sich der Käufer den Kaufvertrag vom Verwalter sicherheitshalber bestätigen lassen.

(2) Gesetz zur Vereinfachung des Insolvenzverfahrens

98 Der Ende April 2003 vom Bundesministerium der Justiz vorgelegte Entwurf eines Gesetzes zur Änderung der Insolvenzordnung sah eine neu zu fassende Nr. 2 des § 22 Abs. 1 InsO vor, die unter den Voraussetzungen, unter denen schon jetzt eine Stilllegung des Betriebs in Betracht käme, mit Zustimmung des Insolvenzgerichts die Veräußerung des Unternehmens an einen Dritten zulassen soll.

> Diskussionsentwurf eines Gesetzes zur Änderung der Insolvenz-
> ordnung, des Bürgerlichen Gesetzbuches und anderer Gesetze,
> abgedruckt in ZVI 2003, Beilage 1. Zu der darin vorgeschlagenen
> Möglichkeit einer Unternehmensveräußerung durch den starken
> vorläufigen Verwalter: Sabel, ZIP 2003, 781, 782 re. Sp.

99 Das Vorhaben ist allerdings aufgrund des Widerspruchs zu dem Grundsatz, dass der vorläufige Verwalter kein Recht zur Verwertung der Insolvenzmasse hat und insbesondere wegen der fehlenden Beteiligung des Schuldners an der zu treffenden Verkaufsentscheidung, in einer Phase, in der noch keineswegs

abzusehen ist, ob der – etwa von einem einzelnen Gläubiger gestellte – Insolvenzantrag Erfolg haben wird, auf Kritik gestoßen.

> Vgl. *Pape*, ZInsO 2003, 389, 391;
> *Pannen/Riedemann*, NZI 2006, 193, 195 unter 3.;
> Kübler-*Pape*, InsO, Stand Juli 2007, § 21 Rn. 9e ff.;
> vgl. *Pape*, NZI 2007, 425, 426;
> *Hagebusch/Oberle*, NZI 2006, 618, 621.

Das inzwischen am 1. Juli 2007 in Kraft getretene Gesetz zur Vereinfachung **100** des Insolvenzverfahrens hat die Möglichkeit der Unternehmensveräußerung durch den starken vorläufigen Verwalter nicht aufgenommen. Jedoch ist der Wortlaut des § 158 InsO, der bis zur Gesetzesänderung vor dem Berichtstermin nur die Stilllegung des Schuldnerunternehmens durch den Insolvenzverwalter erlaubte, um die Möglichkeit der Unternehmensveräußerung durch den Insolvenzverwalter vor dem Berichtstermin ergänzt worden.

(3) Anfechtbarkeit von Verfügungen durch den starken vorläufigen Verwalter

Immerhin ist das Risiko einer Anfechtung bei einer Veräußerung durch den **101** starken vorläufigen Verwalter eingeschränkt. Die in der Literatur wohl herrschende Meinung schließt die Anfechtung von Rechtshandlungen des starken vorläufigen Verwalters generell aus.

> *Kirchhof*, ZInsO 2000, 297, 297;
> Uhlenbruck-*Hirte*, InsO, § 129 Rn. 17;
> HK-InsO/*Kreft*, 4. Aufl. 2006, § 129 Rn. 31;
> Graf-Schlicker/*Huber*, InsO, 1. Aufl. 2007, § 129 Rn. 13. Anders
> für den Fall insolvenzzweckwidriger Zahlungen: OLG Dresden,
> Urteil v. 29.01.2004 – 13 U 2163/03, ZInsO 2005, 1221, 1222.

Die zum Teil eingeforderten Ausnahmen für den Fall eines vom Verwalter **102** bei Vornahme der Rechtshandlung gemachten Anfechtungsvorbehalts und einer vom Anfechtungsgegner erzwungenen Rechtshandlung werden bei der Unternehmensveräußerung nicht relevant.

cc) Anfechtbarkeit von Verfügungen durch den schwachen vorläufigen Verwalter

Rechtshandlungen eines ohne Übertragung der Verfügungsbefugnis bestell- **103** ten vorläufigen („schwachen") Insolvenzverwalters sind hingegen, soweit sie dem Schuldner zurechenbar sind, wie dessen eigene Rechtshandlungen grundsätzlich anfechtbar.

> BGH, Urteil v. 09.12.2004 – IX ZR 108/04, NZI 2005, 218, 219;
> BGH, Urteil v. 13.03.2003 – IX ZR 64/02, ZIP 2003, 810, 811 li.
> Sp. unten;
> BGH, Urteil vom 13.03.2003 – IX ZR 56/02, ZIP 2003, 855, 856
> li. Sp. unten;
> OLG Stuttgart, Urteil v. 24.07.2002 – 3 U 14/02, ZIP 2002, 1900,
> 1901 re. Sp.;

Uhlenbruck/*Hirte*, InsO, 12. Aufl. 2003, § 129 Rn. 17;
HK-*Kreft*, 4. Aufl. 2006, § 129 Rn. 30;
Graf-Schlicker/*Huber*, InsO, 1 Aufl. 2007, § 129 Rn. 14.

104 Etwas anderes gilt nur dann, wenn der Anfechtungsgegner berechtigterweise
auf die Insolvenzfestigkeit der Rechtshandlungen vertrauen durfte, tatsächlich darauf vertraut hat und dieses Vertrauen schutzwürdig ist, eine Anfechtung deshalb also treuwidrig wäre.

> BGH, Urteil v. 15.12.2005, IX ZR 156/04, ZIP 2006, 431, 433;
> BGH, Urteil v. 09.12.2004 – IX ZR 108/04, BGHZ 161, 315,
> 316f.;
> BGH, Urteil v. 13.03.2003 – IX ZR 56/02, ZIP 2003, 855,
> 856 li. Sp. unten;
> OLG Celle, Urteil v. 12.12.2002 – 13 U 56/02 ZIP 2003, 412,
> 413;
> OLG Stuttgart, Urteil v. 24.07.2002 – 3 U 14/02, ZIP 2002, 1900,
> 1902 li. Sp. oben.

105 Ein solcher Vertrauenstatbestand liegt vor, wenn der vorläufige Verwalter
der Erfüllung vertraglicher Ansprüche im Rahmen des Vertragsschlusses
vorbehaltlos zustimmt. Wegen der Einbindung des vorläufigen Insolvenzverwalters in den Vertragsschluss darf der Gläubiger davon ausgehen, die Er-
füllungsleistungen behalten zu dürfen (Fall des „venire contra factum
proprium"). Ein schutzwürdiger Vertrauenstatbestand scheidet grundsätzlich
aus, wenn die Rückforderung ausdrücklich vorbehalten wird oder der Insolvenzverwalter der Erfüllungshandlung zwar zustimmt, diese jedoch nicht im
Zusammenhang mit einem neuen Vertragsschluss steht.

> BGH, Urteil v. 09.12.2004 – IX ZR 108/04, NZI 2005, 218, 220.

106 Eine allein durch Ausnutzung besonderer Marktstärke oder sonstiger wirtschaftlicher Zwänge „erpresste" Zustimmung des vorläufigen Insolvenzverwalters schafft zwar keinen nach Treu und Glauben schützenswerten Vertrauenstatbestand, jedoch ist der Insolvenzverwalter im Rahmen eines
Anfechtungsprozesses für die entsprechenden Tatsachen darlegungs- und
beweispflichtig.

> BGH, Urteil v. 15.12.2005 – IX ZR 156/04, ZIP;
> vgl. auch de Bra, LMK 2005, 95.

107 Im Ergebnis besteht beim Unternehmenskauf mit Zustimmung des (schwachen) vorläufigen Insolvenzverwalters im Insolvenzeröffnungsverfahren
zwar nur ein geringes Anfechtungsrisiko, jedoch scheidet in der Praxis der
Erwerb regelmäßig aufgrund sonstiger Haftungsrisiken (§ 613 a BGB, § 25
HGB, § 75 AO) und der fehlenden Verwertungsbefugnis des vorläufigen Insolvenzverwalters aus.

5. Phase 3: Unternehmenskauf nach Eröffnung des Insolvenzverfahrens

108 Es wurde schon mehrfach angedeutet, dass die Risiken, die mit einem Unternehmenskauf in der Krise oder während des Insolvenzeröffnungsverfah-

rens verbunden sind, es häufig als ratsam erscheinen lassen, mit dem Erwerb des Unternehmens zu warten, bis das Insolvenzverfahren über den Unternehmensträger eröffnet ist. Tatsächlich gewährleisten die dem Insolvenzverwalter im Rahmen seiner mit Verfahrenseröffnung begründeten Verfügungsmacht (§ 80 InsO) in die Hand gelegten gesetzlichen Freiheiten für den Erwerber eine deutlich höhere Sicherheit und geben dem Insolvenzverwalter einen recht weiten Verhandlungsspielraum, den sich der Erwerber allerdings nur in Kenntnis der gesetzlichen Möglichkeiten und mit entsprechendem Verhandlungsgeschick zunutze machen kann.

So kann selbst die Tragweite des in der Insolvenz fortgeltenden § 613a BGB **109** durch entsprechende Gestaltungsmöglichkeiten abgeschwächt werden. Häufig gehen Kaufinteressenten in der Insolvenz des veräußernden oder zu veräußernden Unternehmensträgers jedoch mit einer „Schnäppchen-Haltung" in die Verhandlungen mit dem Verwalter und lassen sich – in Verkennung der Risiken und Gestaltungsmöglichkeiten häufig nicht anwaltlich beraten – vom Verwalter die Vertragskonditionen diktieren.

a) Unternehmensveräußerung vor dem Berichtstermin

In dem ersten Berichtstermin der Gläubigerversammlung, den das Insol- **110** venzgericht nach § 29 Abs. 1 Nr. 1 InsO im Eröffnungsbeschluss bestimmt, hat der Insolvenzverwalter nach § 156 Abs. 1 InsO über die wirtschaftliche Lage des Schuldners zu berichten und insbesondere darzulegen, ob es aussichtsreich ist, das Unternehmen des Schuldners vollständig oder in Teilen zu erhalten.

Die Verwertungsphase setzt nach § 159 InsO grundsätzlich erst nach dem **111** Berichtstermin ein, der möglichst sechs Wochen, längstens jedoch drei Monate nach der Insolvenzeröffnung festgesetzt werden soll (§ 29 Abs. 1 Nr. 1 InsO). Vor Inkrafttreten des Gesetzes zur Vereinfachung des Insolvenzverfahrens am 1. Juli 2007 eröffnete § 158 InsO dem Insolvenzverwalter vor dem Berichtstermin grundsätzlich nur die Möglichkeit, das Unternehmen stillzulegen, und zwar – soweit ein solcher bestellt ist – nur mit Zustimmung des Gläubigerausschusses. Nach überwiegender Meinung sollte jedoch auch eine Unternehmensveräußerung vor dem Berichtstermin zulässig sein, wenn der Schuldner zuvor gemäß § 161 InsO unterrichtet wird und die Zustimmung des Gläubigerausschusses oder, falls ein solcher nicht bestellt ist, der Gläubigerversammlung eingeholt wird. Denn dadurch würden in der Praxis die Chancen für eine übertragende Sanierung zwecks Erhaltung des operativen Geschäftsbetriebs erhöht.

Vallender, GmbHR, 2004, 643, 643 f;
Kübler/Prütting-*Onusseit*, InsO, Stand Juli 2007, § 158 Rn. 18;
a. A. HK-*Flessner*, InsO, 4. Aufl. 2006, § 158 Rn. 2.

Durch das Gesetz zur Vereinfachung des Insolvenzverfahrens, das am 1. Juli **112** 2007 in Kraft getreten ist, wurde § 158 InsO dahingehend geändert, dass nun auch vor dem Berichtstermin die Möglichkeit vorgesehen ist, das Unternehmen zu veräußern.

113 Die nunmehr zulässige Betriebsveräußerung vor dem Berichtstermin mit Zustimmung des Gläubigerausschusses begegnet keinen Bedenken. Durch sie wird es möglich, günstige Verwertungsmöglichkeiten in einem frühen Verfahrensstudium zu nutzen.

> *Pape*, NZI, 2007, 481, 484;
> HambKo-*Decker*, 2. Aufl. 2007, § 158 Rn. 6;
> *Sternal*, NJW 2007, 1909, 1913.

114 Denn regelmäßig werden die Verträge bereits im Insolvenzeröffnungsverfahren ausverhandelt und insoweit wird eine schnelle verbindliche Entscheidung vom Erwerbsinteressenten und etwaigen Finanzgebern erwartet.

115 Für den Erwerber ist ein unter Verstoß gegen die untersagende Entscheidung des Insolvenzgerichts oder ohne Zustimmung eines Gläubigerorgans vorgenommene Unternehmensveräußerung weitestgehend ungefährlich, weil sie trotz der Verstöße im Außenverhältnis wirksam ist. Das folgt aus der uneingeschränkten Verfügungsmacht des Verwalters nach § 80 InsO und aus § 164 InsO, der auch dem Verstoß gegen die Mitwirkungsgebote in §§ 160 bis 163 InsO bei einer Unternehmensveräußerung nach dem Berichtstermin jegliche Außenwirkung versagt. Hingegen haftet der Insolvenzverwalter den Gläubigern im Rahmen von § 60 InsO auf Schadensersatz.

> Uhlenbruck-*Uhlenbruck*, InsO, § 161, Rn. 11;
> *Vallender*, GmbHR, 2004, 643, 643 re. Sp. unten.

b) Unternehmensveräußerung nach dem Berichtstermin

116 Die nach dem Berichtstermin gemäß § 159 InsO einsetzende Verpflichtung des Insolvenzverwalters, unverzüglich das zur Insolvenzmasse gehörende Vermögen zu verwerten, schließt die Veräußerung des Schuldnerunternehmens selbstverständlich mit ein. Wie schon bei einer Veräußerung vor dem Berichtstermin führt eine Verletzung der insbesondere in §§ 160 bis 163 InsO dem Insolvenzverwalter auferlegten Pflichten, Gläubiger und Insolvenzschuldner in die geplanten Verfügungen einzubeziehen, keineswegs zur Unwirksamkeit der vom Verwalter getroffenen Verfügungen. Diese Rechtssicherheit gibt § 164 InsO dem Erwerber ausdrücklich.

117 Nur im Verhältnis zu den Insolvenzgläubigern ist der Verwalter deshalb nach § 160 Abs. 1, Abs. 2 Nr. 1 InsO verpflichtet, vor der Veräußerung des Schuldnerunternehmens oder auch nur eines Unternehmensteils die Zustimmung des Gläubigerausschusses oder, falls ein solcher nicht bestellt ist, die Zustimmung der Gläubigerversammlung einzuholen. Zudem hat der Insolvenzverwalter nach § 161 Satz 1 InsO vor der Beschlussfassung durch den Gläubigerausschuss oder die Gläubigerversammlung den Schuldner von der bevorstehenden Veräußerung zu unterrichten. Der Schuldner soll Gelegenheit haben, dem Verwalter und den Gläubigern seine Auffassung zu der be-

vorstehenden Veräußerung darzulegen. Die Mitteilung ist, wenn der Schuldner keine natürliche Person ist, an dessen gesetzlichen Vertreter zu richten, bei der GmbH also an die Geschäftsführer bzw. bei der Aktiengesellschaft an die Mitglieder des Vorstands.

Unterlässt der Verwalter die rechtzeitige Unterrichtung, beeinflusst dies jedoch weder die Wirksamkeit eines durch den Gläubigerausschuss oder die Gläubigerversammlung gefassten Beschlusses noch – nach § 164 InsO – die Wirksamkeit der vom Verwalter vorgenommenen Rechtshandlungen im Außenverhältnis.

> Uhlenbruck-*Uhlenbruck*, InsO, § 161 Rn. 9, Kübler/Prütting-*Onusseit*, InsO, Stand Juli 2007, § 161 Rn. 7.

Gänzlich unbeachtlich ist die Unterrichtungspflicht, wenn der Insolvenzverwalter – sei es vorsorglich oder weil kein Gläubigerausschuss bestellt ist – die Zustimmung der Gläubigerversammlung einholt. Denn selbst das vom Schuldner gemäß § 161 Satz 2 InsO gerichtlich geltend zu machende Interventionsrecht ist ausgeschlossen, sobald die Zustimmung der Gläubigerversammlung vorliegt. Die §§ 162, 163 InsO verpflichten den Insolvenzverwalter zudem in den Fällen einer Veräußerung an eine dem Schuldner nahe stehende Person oder an einen Insolvenzgläubiger, sowie dann, wenn ein günstigeres Alternativangebot vorliegt, die Zustimmung der Gläubigerversammlung zur Unternehmensveräußerung einzuholen. Die Zustimmung des Gläubigerausschusses genügt in diesen Fällen also nicht. **118**

Da § 164 InsO die Wirkungen der §§ 160 bis 163 InsO auf das Verhältnis des Insolvenzverwalters – im Ergebnis – zur Gläubigerversammlung beschränkt, ist es für den Erwerber grundsätzlich nicht von Bedeutung, ob bei Abschluss des Unternehmenskaufvertrags sowie der zu seiner Erfüllung vorgenommenen Rechtsgeschäfte mit dem Insolvenzverwalter ein zustimmender Beschluss des Gläubigerausschusses oder der Gläubigerversammlung vorlag. Dies gilt sogar dann, wenn der Erwerber vor Abschluss des Kaufvertrags bemerkt hat, dass die erforderliche Zustimmung des Gläubigerausschusses bzw. der Gläubigerversammlung fehlt. Lediglich bei einer objektiven Evidenz der Insolvenzzweckwidrigkeit der Handlung des Insolvenzverwalters, welche dem Geschäftspartner zumindest grob fahrlässig entsprechend den Grundsätzen über den Missbrauch der Vertretungsmacht vorwerfbar sein muss, ist diese unwirksam. **119**

> BGH, Urteil v. 25.04.2002 – IX ZR 313/99, NZI 2002, 375, 377;
> Uhlenbruck-*Uhlenbruck*, InsO, § 164 Rn. 3;
> FK-*Wegener*, InsO, § 164 Rn. 4;
> HK-*Eickmann*, InsO, 4. Aufl. 2006, § 80 Rn. 12;
> a. A. Kübler/Prütting-*Onusseit*, InsO, Stand Juli 2007, § 164 Rn. 3.

Dem Insolvenzverwalter droht, wenn er seine Verpflichtungen aus §§ 160 bis 163 InsO verletzt, eine Haftung nach § 60 InsO. Eine solche Haftung ist ausgeschlossen, wenn der Insolvenzverwalter den Gläubigerausschuss bzw. die Gläubigerversammlung vor dem Unternehmensverkauf ausreichend und **120** richtig über die Konditionen informiert hat und die Veräußerung nicht offensichtlich masseschädigend ist.

121 Grundsätzlich besteht neben einer bereits auf die einzelnen Vertragskonditionen bezogenen Zustimmung des zuständigen Gläubigerorgans auch die Möglichkeit, dass die Gläubigerversammlung schon im Berichtstermin den Insolvenzverwalter ermächtigt, das Schuldnerunternehmen zu veräußern. In diesem Fall überträgt die Gläubigerversammlung ihre Entscheidungsmacht hinsichtlich dieser Verwertungshandlung auf den Insolvenzverwalter.

Vallender, GmbHR, 2004, 643, 644 li. Sp.

122 In der Praxis wird sich die Gläubigerversammlung allerdings nur selten darauf einlassen, den Verwalter ohne Kenntnis der wesentlichen Vertragskonditionen zur Veräußerung des Schuldnerunternehmens zu ermächtigen.

c) Reduzierung der Risiken

123 Der Unternehmenserwerb nach Eröffnung des Insolvenzverfahrens bedeutet in den Fällen der übertragenden Sanierung (asset deal) für den Erwerber im Vergleich zu einem Erwerb in der Krise oder noch im Eröffnungsverfahren in mehrfacher Hinsicht eine Reduzierung seiner Risiken. Insbesondere hat er keine Anfechtung des Kaufvertrags oder der Verfügungen durch den Insolvenzverwalter nach §§ 129 ff. InsO zu befürchten. Dies gilt selbstverständlich auch für den Fall der Eigenverwaltung nach §§ 270 ff. InsO. Jegliche Anfechtungsmöglichkeiten sind nach § 129 Abs. 1 InsO ausdrücklich auf Rechtshandlungen beschränkt, die **vor** der Eröffnung des Insolvenzverfahrens vorgenommen worden sind.

124 Zudem ist § 75 AO gemäß Abs. 2 der Vorschrift im eröffneten Insolvenzverfahren nicht anwendbar (vgl. dazu bereits oben 3. c) aa)). Dies gilt freilich nicht für den Unternehmenserwerb durch share deal. Hier fehlt es an dem von §§ 75 Abs. 1 AO vorausgesetzten Wechsel des Unternehmensträgers; etwaige der Qualifizierung in § 75 Abs. 1 AO unterfallende Steuerschulden verbleiben selbstverständlich ohne besondere Vorschriften beim fortbestehenden Unternehmensträger. Der im Wege des share deals erwerbende Investor hat deshalb, will er eine Forthaftung der zu erwerbenden Gesellschaft für derartige Steuerschulden vermeiden, darauf hinzuwirken, dass die zu beteiligenden Finanzbehörden – etwa im Rahmen eines Insolvenzplans – auf die ausstehenden Steuerforderungen verzichten, soweit sie eine aus dem Verkaufserlös und der verbleibenden freien Masse zu deckende Quote übersteigen.

125 Nach herrschender Meinung kann der im Wege des asset deals erwerbende Investor zudem die Firma des insolventen Unternehmensträgers fortführen, ohne eine Haftung für die Verbindlichkeiten des Schuldners nach § 25 Abs. 1 HGB fürchten zu müssen (zu dieser Haftung vgl. oben 3. c) bb)). Nach Ansicht des BGH wäre es mit der Aufgabe des Verwalters, die Vermögensge-

genstände des Schuldners zu verwerten und dabei im Interesse der Gläubiger den höchstmöglichen Erlös für die anschließende Verteilung zu erzielen, unvereinbar, wenn der Erwerber eines zur Masse gehörenden Unternehmens nach § 25 Abs. 1 HGB haften müsste.

Denn dann wäre eine Veräußerung des Unternehmens mit sämtlichen Schulden, die zum Zusammenbruch des bisherigen Unternehmensträgers geführt haben, nur in den seltensten Fällen erreichbar. Der Verwalter wäre zumeist darauf beschränkt, das Schuldnervermögen durch Zerschlagung zu verwerten, was nicht nur dem Verwertungsinteresse der Insolvenzgläubiger im Rahmen von § 159 InsO, sondern nach Ansicht des BGH auch dem Sinn und Zweck des § 25 Abs. 1 HGB widerspricht.

> BGH, Urteil v. 11.04.1988 – II ZR 313/87, BGHZ 104, 151, 153.
> Zustimmend unter Geltung der InsO z. B. *Vallender*, GmbHR 2004, 643, 645 re. Sp.;
> bestätigend: BAG, Urteil v. 20. September 2006 – 6 AZR 215/06, NZI 2007, 252, 253.

Darüber hinaus sind die mit § 613a BGB verbundenen Haftungsgefahren bei einer Betriebsveräußerung durch den Verwalter im eröffneten Insolvenzverfahren deutlich eingeschränkt (vgl. dazu unten). **126**

d) Insolvenzplanverfahren

Vor allem für Unternehmensveräußerungen im Wege des share deals, bei denen der Unternehmensträger, über dessen Vermögen bereits das Insolvenzverfahren eröffnet ist, erhalten bleiben soll, bietet sich eine das Insolvenzverfahren beendende Auseinandersetzung mit den Insolvenzgläubigern im Rahmen eines Insolvenzplans nach §§ 217 ff. InsO an. Der Erhalt des Unternehmensträgers ist in vielen Fällen geboten, z. B. weil für die Fortführung des Unternehmens unentbehrliche öffentlich-rechtliche Genehmigungen auf den insolventen Unternehmensträger lauten. **127**

Aber auch zur Vorbereitung einer übertragenden Sanierung kann sich ein Insolvenzplanverfahren anbieten, wenn die Unternehmensveräußerung Vermögensgegenstände des Schuldners umfassen soll, an denen ein Absonderungsrecht besteht und einzelne Absonderungsberechtigte der Veräußerung nicht zustimmen oder die Zustimmung aufgrund der Vielzahl von Absonderungsberechtigten nicht innerhalb angemessener Zeit eingeholt werden kann. **128**

Nach § 227 Abs. 1 InsO wird der Schuldner mit der im Plan vorgesehenen Befriedigung der Insolvenzgläubiger von seinen restlichen Verbindlichkeiten gegenüber diesen Gläubigern befreit. In diesem Zeitpunkt endet nach § 227 Abs. 2 InsO auch die persönliche Haftung der Gesellschafter für diese Verbindlichkeiten. **129**

Im Planverfahren können die Konditionen für eine Übernahme des Unternehmens durch den Erwerber unter dessen frühzeitiger Beteiligung und unter Vermittlung des Insolvenzverwalters frei mit den Insolvenzgläubigern und insbesondere auch mit den Absonderungsberechtigten ausgehandelt **130** werden. Dabei verhindern die vom Gesetz differenziert angeordneten Mehrheitsverhältnisse (§ 244 InsO) sowie das Obstruktionsverbot (§ 245 InsO), dass Gläubigergruppen, für die sich die geplante sanierende Übertragung nicht nachteilig auswirkt, oder einzelne Gläubiger die Veräußerung des Unternehmens und dessen Fortführung durch den Erwerber blockieren.

131 Ziel ist auch im Falle des Insolvenzplanverfahrens die bestmögliche Gläubigerbefriedigung.

> Vgl. MüKo-*Eidenmüller*, 2. Aufl. 2008, Vorbemerkungen vor
> §§ 217 bis 269.

132 Im Rahmen eines Erwerbs in Verbindung mit einem Insolvenzplanverfahrens werden die einzelnen Bedingungen der Geschäftsanteilsübertragung sowie des Insolvenzplans im Geschäftsanteilskaufvertrag fixiert und dieser bereits aufschiebend bedingt auf den Zeitpunkt der Rechtskraft des Insolvenzplans abgeschlossen. Der Eintritt dieser Bedingung ist dann folglich von der Zustimmung zum Insolvenzplan durch die Gläubigerversammlung und Rechtskraft des Insolvenzplans abhängig.

133 Um zu verhindern, dass der Insolvenzplan von den Vorgaben im Angebot des Erwerbers abweicht, sind daher im Rahmen dieses aufschiebend bedingten Anteilskaufvertrages die wesentlichen Bedingungen des Insolvenzplans festzuhalten, insbesondere die weiterzuführenden Aufträge, das nach Annahme des Insolvenzplans zur Verfügung stehende freie Vermögen der Gesellschaft, gegebenenfalls Änderungen in Arbeitnehmerverhältnissen sowie weitere, für den Erwerber relevante Punkte.

134 Der Insolvenzplan enthält im erläuternden Teil gemäß § 220 InsO eine Beschreibung des Unternehmens, eine Analyse der wirtschaftlichen Lage des Schuldners und der Krisenursachen, das Sanierungskonzept des Erwerbers nebst Maßnahmenkatalog sowie eine Darstellung der bereits eingeleiteten und noch einzuleitenden Sanierungsmaßnahmen.

135 Im gestaltenden Teil des Insolvenzplans werden sodann gemäß § 221 Gläubigerrechte neu gestaltet bzw. die jeweiligen Eingriffe in die Gläubigerrechte dargestellt sowie nach § 222 InsO die Gläubigergruppen gebildet. Auch die gesellschaftsrechtlichen Änderungen – insbesondere die Übertragung von Geschäftsanteilen auf den Erwerber oder Kapitalerhöhungen – sind Bestandteil des gestaltenden Teils des Insolvenzplans. Gemäß § 223 Abs. 1 S. 1 InsO wird das Recht der absonderungsberechtigten Gläubiger zur Befriedigung aus den Gegenständen, an denen Absonderungsrechte bestehen, nicht vom Insolvenzplan berührt, es sei denn, im Insolvenzplan ist ausdrücklich etwas anderes bestimmt. Für die nicht nachrangigen Gläubiger ist gemäß § 224 InsO anzugeben, um welchen Bruchteil ihre Forderung gekürzt wird. Gemäß § 225 Abs. 1 InsO gelten die Forderungen nachrangiger Insolvenzgläubiger als erlassen, wenn im Insolvenzplan nichts anderes bestimmt ist.

Der Insolvenzplan muss zudem eine **Vergleichsrechnung** der Gläubigerbe- 136
friedigung bei Durchführung des Regelinsolvenzverfahrens mit der Gläubigerbefriedigung im Rahmen des vorgeschlagenen Insolvenzplans ausweisen.
Hierdurch soll sichergestellt werden, dass für alle Beteiligten nachweislich
das Insolvenzplanverfahren zu einer besseren Gläubigerbefriedigung führt.
Dies ist Mindestanforderung an den Insolvenzplan, da ein Gläubiger, der
durch den Plan schlechter gestellt wird als im regulären Insolvenzverfahren,
gemäß § 251 Abs. 1 InsO die Versagung der Bestätigung des Insolvenzplans
mit dieser Begründung beantragen kann, sofern er dem Plan spätestens im
Abstimmungstermin schriftlich oder zu Protokoll der Geschäftsstelle widersprochen hat.

Der Insolvenzplan wird gemäß § 218 Abs. 1 InsO dem Insolvenzgericht vor- 137
gelegt, welches zunächst formale und offensichtliche inhaltliche Anforderungen auf deren Vorliegen im Sinne des § 231 InsO prüft. Sodann wird der
Plan den in § 232 Abs. 1 InsO bezeichneten Personenkreisen (Gläubigerausschuss, Betriebsrat, Sprecherausschuss der leitenden Angestellten und je
nach Initiative Schuldner, Insolvenzverwalter/Sachwalter) zugeleitet. Das
Gericht setzt hierbei nach § 232 Abs. 3 InsO eine Frist für die Abgabe von
Stellungnahmen und bestimmt gemäß § 235 Abs. 1 InsO einen Erörterungs-
und Abstimmungstermin mit den Gläubigern.

Im Insolvenzplan sind bereits die im Abstimmungstermin zu bildenden 138
Gläubigergruppen aufgeführt. Gesetzlich vorgeschriebene Gläubigergruppen
sind hierbei gemäß § 222 Abs. 1 InsO:

• Gläubiger mit Absonderungsrechten, in welche eingegriffen wird;

• nicht nachrangige Insolvenzgläubiger;

• nachrangige Insolvenzgläubiger, die Forderungen nicht erlassen;

• Arbeitnehmer, wenn sie als Insolvenzgläubiger mit nicht unerheblichen
  Forderungen beteiligt sind.

Die Abstimmung erfolgt innerhalb jeder Gruppe gesondert, § 243 InsO. Die 139
Zustimmung einer Gruppe zum Insolvenzplan liegt nach § 244 Abs. 1 InsO
vor, wenn innerhalb dieser Gruppe:

• die Mehrheit der abstimmenden Gläubiger (= Anzahl nach Köpfen)

  sowie

• die Mehrheit der Summe der abstimmenden Gläubigerforderungen

dem Insolvenzplan zustimmt. Für das Ergebnis der Kopfmehrheit ist die
Mehrheit der tatsächlich abstimmenden Gläubiger maßgebend, nicht die der
anwesenden.

Vgl. MüKo-*Hintzen*, 2. Aufl. 2008, § 244 Rn. 9.

140 Zu berücksichtigen ist zudem, dass ein Gläubiger mehrere Kopfstimmen haben kann, da die Abstimmung Forderungs-/Rechteorientiert erfolgt. Ein Gläubiger, der z. B. Absonderungsrechtsinhaber und Ausfall-Insolvenzgläubiger ist, kann in beiden Gruppen abstimmen, wird also für die Kopfzahl in jeder Gruppe gezählt.

Frank/Braun, InsO, 3. Aufl. 2007, § 243 Rn. 6.

141 Zur Berechnung der Summenmehrheit wird die Höhe des jeweiligen Anspruchs eines Gläubigers vor Beginn der Abstimmung durch die Forderungsprüfung, die Festlegung des Stimmrechts und die Eintragung in die Stimmliste gemäß § 239 InsO festgelegt. Die Gesamtsumme der jeweiligen Gruppe ergibt sich aus der Addition der **abstimmenden** Gläubiger. Für die erforderliche Mehrheit ist mehr als die Hälfte der Gesamtsumme gefordert. Kopfmehrheit und Summenmehrheit müssen kumulativ vorliegen.

142 Stimmen alle Gläubigergruppen zu, gilt der Insolvenzplan als angenommen. Wird der Insolvenzplan durch die **Mehrheit der Gruppen abgelehnt**, so gilt dieser als nicht angenommen. In diesem Fall kann die fehlende Zustimmung der ablehnenden Gruppen auch nicht ersetzt werden.

143 Stimmt die **Mehrheit** der Gruppen dem Insolvenzplan zu, kann die fehlende Zustimmung der anderen Gruppen unter Beachtung des Obstruktionsverbotes ersetzt werden.

144 Sofern die Mehrheit der Gruppen zustimmt, gilt die Zustimmung einer ablehnenden Gruppe nach dem **Obstruktionsverbot** des § 245 Abs. 1 InsO dann als erteilt, wenn

* die Gläubiger dieser Gruppe durch den Insolvenzplan voraussichtlich nicht schlechter gestellt werden, als sie ohne einen Insolvenzplan stünden;

und

* die Gläubiger dieser Gruppe an dem wirtschaftlichen Wert beteiligt werden, der auf der Grundlage des Plan den Beteiligten zufließen soll.

145 Um ein Abstimmungsergebnis zu erreichen, bei dem zumindest die Mehrheit der Gläubigergruppen dem Plan zustimmt, können daher weitere Gruppen als die gesetzlich vorgesehenen gebildet werden. Diese Gruppenbildung obliegt dem Planersteller und ist bereits im Insolvenzplan auszuweisen. Mögliche weitere Gruppen sind hierbei zum Beispiel die Gruppe der Banken, der Lieferanten, der Kunden oder öffentlich-rechtlicher Gläubiger. Die Bildung sogenannter Mischgruppen, die Gläubiger mit unterschiedlicher Rechtsstellung in sich vereinen (z. B. Gläubiger mit Recht auf abgesonderte Befriedigung gemeinsam mit einfachen Insolvenzgläubigern) ist unzulässig.

BGH, Beschluss vom 7. Juli 2005 (IX ZB 266/04), NZI 2005, 619, 621.

Haben alle Gruppen dem Insolvenzplan mit den erforderlichen Mehrheiten **146** zugestimmt, prüft das Insolvenzgericht, ob der Schuldner dem Insolvenzplan gemäß § 247 Abs. 1 InsO zugestimmt hat. Ist dies der Fall, kann die Bestätigung des Insolvenzplan durch das Gericht nach § 248 InsO erfolgen, sofern kein Verstoß gegen die Verfahrensvorschriften des § 250 InsO vorliegt und kein Insolvenzgläubiger von seinem Recht auf Antrag nach § 251 InsO Gebrauch gemacht hat.

Nach § 251 Abs. 1 InsO ist die Bestätigung des Insolvenzplans auf Antrag **147** eines Gläubigers zu versagen, wenn der Gläubiger

• dem Plan spätestens im Abstimmungstermin schriftlich oder zu Protokoll der Geschäftsstelle widersprochen hat

und

• durch den Plan voraussichtlich schlechter gestellt wird, als er **ohne** einen Plan stünde.

Nach § 251 Abs. 2 InsO muss der Gläubiger die Schlechterstellung glaubhaft **148** machen.

Gegen den Beschluss, durch den der Insolvenzplan bestätigt oder die Bestä- **149** tigung versagt wird, steht den Gläubigern und dem Schuldner die sofortige Beschwerde nach § 253 InsO zu. Das Beschwerderecht steht hierbei allen Gläubigern, nicht nur den stimmberechtigten zu, und zwar unabhängig vom vorangegangenen Stimmverhalten.

Vgl. MüKo-*Sinz*, 2. Auflage 2008, § 253 Rn. 6.

Aus dem Wortlaut des Gesetzes ergibt sich, dass weder der Sachwalter noch **150** die Gesellschafter Beschwerdebefugte sind.

Die Beschwerde ist gemäß § 6 Abs. 2 InsO, § 577 ZPO innerhalb einer Not- **151** frist von zwei Wochen einzulegen. Die Frist beginnt mit der Verkündung der Entscheidung über den Plan zu laufen. Die Beschwerde kann durch Einreichung einer Beschwerdeschrift beim Insolvenzgericht oder beim Beschwerdegericht gemäß § 569 Abs. 2 S. 1 ZPO oder zu Protokoll der Geschäftsstelle erhoben werden (§ 569 Abs. 3 Nr. 1 ZPO). Vor dem Insolvenzgericht besteht kein Anwaltszwang, selbst wenn die Beschwerde an das Landgericht abgegeben werden (§ 4 i. V. m. mit § 78 Abs. 5 ZPO).

Die sofortige Beschwerde richtet sich gegen den Beschluss des Insolvenzge- **152** richts über den Insolvenzplan. Hierbei ist es unerheblich, ob der Beschluss vom Richter oder vom Rechtspfleger stammt.

Eickmann-*Flessner*, InsO, 4. Auflage 2006, § 253, Rn. 5.

Gemäß § 11 Abs. 1 Rechtspflegergesetz findet die sofortige Beschwerde **153** stets gegen alle Beschlüsse sowohl des Richters als auch des Rechtspflegers statt.

154 Die Beschwerde kann nur darauf gestützt werden, dass das Insolvenzgericht die Vorschriften über die Bestätigung des Insolvenzplans verletzt hat. Darüber hinaus muss der Beschwerdeführer durch die Entscheidung beschwert sein.

> Vgl. MüKo-*Sinz*, 2. Auflage 2008, § 253 Rn. 19; *Eickmann* u. a./-*Flessner*, InsO, 4. Auflage 2006, § 253, Rn. 6f.

155 Sofern die Zustimmung aller Gläubigergruppen vorliegt, kein Rechtsmittel eingelegt wurde beziehungsweise alle Rechtsmittel zurückgewiesen wurden, erwächst der Insolvenzplan nach Zustimmung des Schuldners und Bestätigung durch das Insolvenzgericht in Rechtskraft. Mit Rechtskraft des Bestätigungsbeschlusses werden alle Verfahrensmängel geheilt und die Rechtswirkungen des Insolvenzplans treten ein.

156 Vor der Aufhebung des Insolvenzverfahrens hat der Insolvenzschuldner die unstreitigen Masseansprüche zu befriedigen und für die streitigen Sicherheit zu leisten, § 258 InsO. Das Insolvenzgericht beschließt sodann nach Rechtskraft der Bestätigung des Insolvenzplans die Aufhebung des Insolvenzverfahrens, § 258 Abs. 1 InsO. Die im Insolvenzplan festgelegten Ansprüche der Insolvenzgläubiger sind entsprechend den Planangaben zu befriedigen. Im gestaltenden Teil des Insolvenzplans kann dabei vorgesehen werden, dass die Erfüllung des Insolvenzplans überwacht wird, § 259 InsO. Im Ergebnis soll der Erwerber mit Rechtskraft des Insolvenplans eine ausreichend entschuldete Gesellschaft erwerben.

II. Ausgewählte Problemstellungen und Sonderfälle

1. Relevante Beteiligtengruppen im Insolvenzverfahren

a) „Beteiligte" des Insolvenzverfahrens

Beteiligte des Insolvenzverfahrens im formellen Sinne sind der Schuldner, **157**
das Insolvenzgericht, der Insolvenzverwalter sowie die Insolvenzgläubiger
und deren Organe (Gläubigerversammlung und Gläubigerausschuss).

> *Kübler/Prütting*, InsO, Einl. 81 ff.

Im Hinblick auf die Konsequenzen namentlich für das Recht auf Aktenein- **158**
sicht gem. § 299 Abs. 1 ZPO i. V. m. § 4 InsO wird man jedenfalls im eröffneten Verfahren auch die Massegläubiger, Aus- und Absonderungsberechtigte sowie die Mitglieder des Gläubigerausschusses zu den Beteiligten des
Insolvenzverfahrens im formellen Sinne rechnen müssen.

> H. M.; z. B. MüKo-*Ganter*, § 4 Rn. 61;
> Jaeger/Henckel-*Gerhardt*, InsO, § 4 Rn. 21;
> *Heeseler*, ZinsO 2001, 873;
> HK-*Kirchhof*, 4. Aufl., § 4 Rn. 14; Uhlenbruck-*Uhlenbruck*,
> InsO, 12. Aufl., § 4 Rn 29.

Davon zu unterscheiden sind die „Beteiligten" gem. § 60 InsO, die potentiel- **159**
le Ersatzberechtigte im Rahmen der Verwalterhaftung sind. Hier gilt nach
ganz herrschender Ansicht der sog. materielle Beteiligtenbegriff: Beteiligte in
diesem Sinne sind alle Personen, denen gegenüber der Verwalter insolvenz-
spezifische Pflichten hat.

> HK-*Eickmann*, 4. Aufl., § 60 Rn. 5;
> *Häsemeyer*, Insolvenzrecht, 3. Aufl., Rn. 6.37 f.;
> Kübler/Prütting-*Lüke*, InsO, § 60 Rn. 5;
> Uhlenbruck-*Uhlenbruck*, InsO, 12. Aufl., § 60 Rn. 9;
> enger wohl MüKo-*Brandes*, § 60 Rn. 5.

Im Falle der übertragenden Sanierung spielen insbesondere aus Käufersicht **160**
noch weitere Personen oder Personengruppen eine Rolle, die weder im formellen noch im materiellen (Rechts-)Sinne Beteiligte des Insolvenzverfahrens, aber für die Fortführung des Unternehmens in einer Auffanggesellschaft unentbehrlich sind. Dies gilt namentlich für Arbeitnehmer, Kunden
und Lieferanten des Schuldnerunternehmens, auch wenn sie keine Insolvenzgläubiger sind.

> Zu der Gruppe der sog. Stakeholder und ihrer Einbeziehung im
> Rahmen der Unternehmenssanierung vgl. aus betriebswirtschaft-
> licher Sicht z. B. Bickhoff/Blatz/Eilenberger/Haghani/Kraus-
> *Buschmann*, Die Unternehmenskrise als Chance, 2004, S. 197 ff.

Im Folgenden wird der Begriff der „Beteiligten" als Oberbegriff sowohl für **161**
all diejenigen Personen bzw. Gruppen gebraucht, die im Rahmen einer übertragenden Sanierung zwingend zu beteiligen sind als auch für solche Dritte,
deren Interessen in besonderer Weise zu berücksichtigen sind.

Ausführliche systematische Darstellung der Beteiligten mit allen Rechten und Pflichten z. B. bei *Frege/Keller/Riedel*, Insolvenzrecht, 6. Aufl., Rn. 805 ff.; *Häsemeyer*, Insolvenzrecht, 3. Aufl., Rn. 6.01 ff.; Pape/Uhlenbruck, Insolvenzrecht, Rn. 138 ff.

b) Die Beteiligten einer übertragenden Sanierung im Einzelnen

aa) Der Insolvenzverwalter

162 Zentrale Figur des Insolvenzverfahrens ist der Insolvenzverwalter. Seine Auswahl gilt daher mit Recht als „Schicksalsfrage" des Insolvenzverfahrens.

Uhlenbruck-*Uhlenbruck*, InsO, 12. Aufl., § 56 Rn. 1 unter Bezugnahme auf die klassische Formulierung bei Ernst Jaeger.

163 „Die Aufgaben des Insolvenzverwalters im eröffneten Verfahren darzustellen, würde praktisch den Versuch bedeuten, eine Gesamtdarstellung des Insolvenzrechts zu geben."

Pape/Uhlenbruck, Insolvenzrecht, Rn. 188.

164 Die folgenden Ausführungen müssen sich daher auf eine holzschnittartige Darstellung der wesentlichen Fragen beschränken, die für eine Unternehmensveräußerung von Bedeutung sind.

(1) Rechtsstellung des Insolvenzverwalters

165 Die Rechtsstellung des Insolvenzverwalters ist in der Wissenschaft nach wie vor umstritten.

Darstellungen des Streitstandes bei *Häsemeyer*, Insolvenzrecht, 3. Aufl., 15. Kapitel und Uhlenbruck-*Uhlenbruck*, InsO, 12. Aufl., § 56 Rn. 66 ff.

166 Für die Praxis ist nach der ständigen Rechtsprechung des Reichsgerichts und des Bundesgerichtshofs von der sog. Amtstheorie auszugehen,

umfangreiche Nachweise bei *Uhlenbruck*, a. a. O., Rn. 72, vgl. auch BGH, Beschluss v. 27.10.1983 – I ARZ 334/83, ZIP 1984, 82,

nach welcher der Verwalter kraft des ihm übertragenen Amtes die Verwaltungs- und Verfügungsbefugnis über die Insolvenzmasse im eigenen Namen ausübt.

167 Daher ist der Insolvenzverwalter im eigenen Namen Vertragspartei des Unternehmenskaufvertrages. Er tritt weder als Vertreter noch als Organ des Schuldnerunternehmens bzw. des Unternehmensträgers oder der Insolvenzmasse auf. Sein Name ist – versehen mit einem Verwalterzusatz – ins Rubrum des Vertrages als Verkäufer aufzunehmen:

Kaufvertrag

zwischen

N. N. *handelnd als Insolvenzverwalter in dem Insolvenzverfahren über*
das Vermögen der XY-GmbH

– *Verkäufer* –

und

der Firma ABC GmbH

– *Käuferin* –

Für vertragliche und nachvertragliche Pflichten der Partcien ist er materiell 168
berechtigt und verpflichtet, für sich aus dem Unternehmenskauf eventuell
ergebende Prozesse ist er als Partei kraft Amtes aktiv- wie passivlegitimiert.

Seine Legitimation leitet der Insolvenzverwalter ausschließlich vom Insol- 169
venzgericht ab, selbst wenn er sein Amt durch Wahl der Gläubigerversammlung nach § 57 InsO erhält.

MüKo-*Graeber*, § 56 Rn. 103.

Alle seine Maßnahmen, einschließlich der Veräußerung des Schuldnerunter- 170
nehmens, unterstehen der Aufsicht des Insolvenzgerichts nach § 58 InsO.

(2) Aufgaben des Insolvenzverwalters/Verfahrensziele

Der Verwalter hat die vielfältigen unterschiedlichen Interessen der Beteilig- 171
ten miteinander in Einklang zu bringen, er ist „mehrseitig fremdbestimmter
Liquidator".

Pape/Uhlenbruck, Insolvenzrecht, Rn. 159.

Seine Aufgaben orientieren sich an den Zwecken des Insolvenzverfahrens 172
und ergeben sich mithin in erster Linie aus § 1 InsO. Danach stehen die Interessen der Gläubiger im Vordergrund, ihre „gemeinschaftliche Befriedigung"
bildet das Primärziel des Verfahrens.

Jaeger/Henckel, InsO, § 1, Rn. 3 ff.

Die Befriedigung der Gläubiger kann prinzipiell auf zwei verschiedene Wei- 173
sen erfolgen: durch Liquidation, also durch Verwertung des Schuldnervermögens, oder durch die Erhaltung und Sanierung im Rahmen eines Insolvenzplanes. Im Rahmen der Verwertung können die Wirtschaftsgüter einzeln
veräußert werden; damit ist die Zerschlagung des Unternehmens verbunden.
Daneben kann die Verwertung aber auch durch Veräußerung des Unternehmens als Ganzes erfolgen. Hierfür hat sich der Begriff der „übertragenden
Sanierung" eingebürgert.

Der Begriff wurde geprägt von *K. Schmidt*, ZIP 1980, 328/336.

Einige Autoren bevorzugen die Formulierung „sanierende Übertragung", 174

z. B. *Hölzle*, DStR 2004, 1433, insbes. Fußnote 14,

ohne dass damit ein Unterschied in der Sache verbunden wäre.

175 Die „sanierende Übertragung" oder „übertragende Sanierung" wird schon dem Namen nach durch zwei Elemente definiert:

176 Rechtstechnisch handelt es sich um eine „Übertragung", nämlich um die Übertragung der einzelnen Wirtschaftsgüter, die zur Masse eines insolventen Unternehmens gehören. Insoweit ist die übertragende Sanierung nichts anderes als ein sog. asset deal.

177 Es werden jedoch nicht – dies ist der Unterschied zum klassischen Unternehmenskauf – Aktiva und Passiva des Unternehmens übertragen. Die „Sanierung" besteht darin, dass die Aktivmasse von dem bisherigen Vermögensträger getrennt wird mit der Folge, dass die Verbindlichkeiten bei dem Vermögensträger verbleiben und der Erwerber die Aktivmasse ohne die Verbindlichkeiten erwirbt. Soll und Haben des Unternehmens werden gespalten, der Erwerber erhält das Haben, der Soll verbleibt in der Insolvenzmasse.

> *Hölzle*, DStR 2004, 1433/1434;
> Uhlenbruck-*Uhlenbruck*, InsO, 12. Aufl., § 159 Rn. 29.

178 Saniert wird also das Unternehmen als solches, nicht dessen Rechtsträger. Hinsichtlich des Rechtsträgers ist die übertragende Sanierung nichts anderes als eine Liquidation.

179 Die Begründung zum Regierungsentwurf definiert die übertragende Sanierung als „die Übertragung eines Unternehmens, Betriebs oder Betriebsteils von dem insolventen Träger auf einen anderen, bereits bestehenden oder neu zu gründenden Rechtsträger."

> Allgemeine Begründung des Regierungsentwurfs, BT-Drucks.
> 12/2443 v. 15.04.1993, S. 71 ff.;
> abgedruckt bei *Kübler/Prütting*, Das neue Insolvenzrecht, 2. Aufl.
> (RWS-Dokumentation 18), S. 115.

180 In diesem Sinne wird der Begriff der übertragenden Sanierung auch vorliegend verstanden und benutzt.

181 In der Begründung zum Regierungsentwurf wird die übertragende Sanierung ausdrücklich als gleichrangiges Instrument neben der Sanierung des Schuldners bezeichnet und allen rechtspolitischen Forderungen, die übertragende Sanierung gesetzlich zu erschweren und gegenüber dem Planverfahren zurückzudrängen, eine Absage erteilt.

> Allgemeine Begründung, bei *Kübler/Prütting*, a. a. O., S. 115.

182 Gemäß § 1 Satz 1 InsO hat der Insolvenzverwalter die Möglichkeit einer Sanierung des Schuldnerunternehmens in sein Kalkül einzubeziehen. Auch der Insolvenzplan ist freilich „Mittel der Gläubigerbefriedigung", die Sanierung des Unternehmensträgers ist als solche kein Selbstzweck.

> *Jaeger/Henckel*, a. a. O., Rn. 7.

183 Allerdings wäre im Rahmen der Gläubigerautonomie auch ein reiner Sanierungsplan denkbar, der die Sanierung des Schuldnerunternehmens zum pri-

mären Ziel hat. In der Praxis wird sich ein solcher Plan allerdings kaum durchsetzen lassen; die Regelungen der §§ 245, 251 InsO lassen die Obstruktion von Gläubigergruppen und einzelnen Gläubigern zu, die durch den Insolvenzplan schlechter gestellt werden, als sie ohne ihn stünden. Es besteht daher eine vom Gesetzgeber vorgegebene „Hierarchie der Insolvenzzwecke".

MüKo-*Stürner*, Einl., Rn. 3.

§ 1 InsO führt den „Erhalt des Unternehmens" als Beispiel für einen mög-   **184** lichen Inhalt eines Insolvenzplanes an. Hierunter wird gewöhnlich, in Übereinstimmung mit den Vorstellungen des Gesetzgebers, die Sanierung des Rechtsträgers verstanden. Der Gesetzgeber wollte mit dem Planverfahren den Beteiligten in erster Linie (aber nicht ausschließlich) die Möglichkeit eröffnen, auf eine Verwertung des Schuldnervermögens zu verzichten und die Befriedigung der Gläubiger in anderer Weise zu regeln.

Das Institut des Insolvenzplans kann jedoch unstreitig auch als Mittel für ei-   **185** ne Zerschlagung oder eine übertragende Sanierung eingesetzt werden.

Kübler/Prütting, InsO, § 1 Rn. 4;
Uhlenbruck-*Lüer*, InsO, 12. Aufl., vor §§ 217–269, Rn. 41.

In der Praxis stehen der Verwendung des Insolvenzplanverfahrens für eine   **186** Liquidation, vor allem aber für eine übertragende Sanierung, schwerwiegende Hindernisse entgegen.

Jaeger/Henckel, InsO, § 1 Rn. 15–17.

Die Nachteile des Insolvenzplanverfahrens zur Umsetzung einer übertra-   **187** genden Sanierung liegen auf der Hand: Die Aufstellung eines Insolvenzplanes bedarf einer gewissen Zeit. Das Verfahren zur Annahme und Bestätigung des Insolvenzplanes ist sehr aufwendig in inhaltlicher wie zeitlicher Hinsicht. Schuldner wie Gläubigern steht gegen die Bestätigung des Plans der Rechtsweg offen (§ 251 InsO).

Jaeger/Henckel, InsO, § 1 Rn. 15.

Auch wenn der Insolvenzverwalter mit einem sog. pre-packed-Plan in die   **188** Verhandlungen mit einem potentiellen Erwerber des Unternehmens eintritt, lösen sich diese Schwierigkeiten nicht auf. Der Insolvenzverwalter kann in diesem Fall weder die Annahme des Plans durch die Gläubigerversammlung garantieren noch absehen, ob Schuldner und/oder Gläubiger Rechtsmittel ergreifen werden und wie lange es ggf. bis zu einer Entscheidung über das Rechtsmittel dauert.

Jaeger/Henckel, a. a. O., Rn. 15.

Es wird daher eher selten vorkommen, dass ein Verwalter, der eine Möglich-   **189** keit sieht, das Unternehmen als Ganzes zu veräußern, hierzu das Planverfahren wählt.

Ebenso *Jaeger/Henckel*, a. a. O., Rn. 16.

190 In Frage wird dies vor allen Dingen dann kommen, wenn für die übertragende Sanierung in Absonderungsrechte eingegriffen werden muss, die Zustimmung der Absonderungsrechte aber nicht oder wegen der großen Zahl der Absonderungsberechtigten nur schwer zu erlangen ist.

Vallender, GmbHR 2004, 642, 646.

191 Ferner ist ein Insolvenzplanverfahren in Erwägung zu ziehen, wenn im Rahmen der übertragenden Sanierung das Unternehmen eines Einzelkaufmanns übertragen werden soll. Hier kann im Insolvenzplan geregelt werden, welche gegenwärtigen Vermögensgegenstände und welche Teile der künftigen Erträge dem Einzelkaufmann verbleiben sollen.

Wellensiek, NZI 2002, 233, 238.

192 Zu weiteren Fallgruppen, in denen eine übertragende Sanierung im Rahmen eines Insolvenzplanverfahrens in Betracht gezogen werden sollte:

Braun/Uhlenbruck, Unternehmensinsolvenz, S. 564 f.;
Vallender, GmbHR 2004, 642, 646.

(3) Verfügungs- und Verwertungsbefugnis des Insolvenzverwalters

193 Durch die Eröffnung des Insolvenzverfahrens geht gemäß § 80 Abs. 1 InsO das Recht des Schuldners, das zur Insolvenzmasse gehörende Vermögen zu verwalten und über dieses zu verfügen, auf den Insolvenzverwalter über. Auch durch einen Verstoß gegen Mitwirkungsrechte des Gläubigerausschusses, der Gläubigerversammlung und des Schuldners nach §§ 160–163 InsO wird die Wirksamkeit von Verfügungen des Verwalters nicht berührt (§ 164 InsO).

194 Was zur Insolvenzmasse gehört, ergibt sich aus der Legaldefinition in § 35 InsO: „das gesamte Vermögen, das dem Schuldner zur Zeit der Eröffnung des Verfahrens gehört und das er während des Verfahrens erlangt."

195 Weil nur pfändbare Gegenstände dem Haftungszugriff der Gläubiger unterliegen, beschränkt sich die Masse gemäß § 36 Abs. 1 Satz 1 InsO auf pfändbares Vermögen.

196 Das Unternehmen „als solches" ist selbst kein feststehender Rechtsbegriff. Nach einer verbreiteten Definition versteht man darunter eine „Gesamtheit von Sachen und Rechten, tatsächlichen Beziehungen und Erfahrungen sowie unternehmerischen Handlungen".

Ballerstedt, ZHR 134 (1970) 251, 260;
diese Definition wird z. B. benutzt von *Picot*, Unternehmenskauf und Restrukturierung, 2. Aufl., Teil 1, Rn. 6 (S. 16);
ähnlich *Holzapfel/Pöllath*, Unternehmenskauf in Recht und Praxis, 11. Aufl., Rn. 130: „Inbegriff von Sachen, Rechten, tatsächlichen Beziehungen, Vertragspositionen, Marktanteilen, Ressourcen, Geschäftschancen, Arbeitsverträgen und ähnlichem mehr".

Das Unternehmen bildet also einen Inbegriff von Vermögenswerten rechtli- 197
cher und tatsächlicher Art. Als solches unterliegt es nicht der Vollstreckung.
Gleiches gilt für die inbegriffenen „tatsächlichen Vermögenswerte". Gleichwohl gehört das Unternehmen nach allgemeiner Auffassung „als Ganzes"
zur Masse; dies folgt nach zutreffender Ansicht bereits aus den §§ 120 bis
128, 158, 160 Abs. 2 Satz 1, 162, 163 InsO.

> HK-*Eickmann*, 4. Aufl., § 35 Rn. 25;
> *Jaeger/Henckel*, InsO, § 35 Rn. 9;
> Kübler/Prütting-*Holzer*, InsO, § 35 Rn. 70;
> Uhlenbruck-*Uhlenbruck*, InsO, 12. Aufl., § 35, Rn. 46.

In dieser Hinsicht geht der Insolvenzbeschlag also weiter als die Beschlag- 198
nahme im Rahmen der Einzelzwangsvollstreckung.

Der Insolvenzverwalter ist mithin im Grundsatz befugt, über das Unterneh- 199
men im Ganzen zu verfügen.

Eine gewisse Schwierigkeit ergibt sich aus der Diskrepanz zwischen Soll- und 200
Istmasse. § 35 InsO definiert die Sollmasse als das gesamte der Zwangsvollstreckung unterliegende Vermögen des Schuldners. Nur die Sollmasse wird
vom Insolvenzbeschlag erfasst. Die Istmasse umfasst diejenige Masse, die der
Verwalter vorfindet, wenn er das Schuldnervermögen in Besitz nimmt, einschließlich derjenigen Gegenstände, die nicht im Eigentum des Schuldners
stehen. Die Istmasse ist daher vor einer Verwertung zunächst zur Sollmasse
zu bereinigen.

> Uhlenbruck-*Uhlenbruck*, InsO, 12. Aufl., § 35 Rn. 5.

Die Verwertung der Sollmasse ist gem. § 159 InsO die Pflicht des Insolvenz- 201
verwalters.

Eine Form der Verwertung nach § 159 InsO ist die übertragende Sanierung. 202

> Uhlenbruck-*Uhlenbruck*, InsO, 12. Aufl., § 35 Rn. 29.

Die Verwertungsbefugnis des Insolvenzverwalters umfasst nach Maßgabe 203
der §§ 165 ff. InsO in vielen Fällen auch die Verwertung von Gegenständen,
an denen ein Absonderungsrecht besteht. Namentlich sind dies Grundstücke
(§ 165 InsO), bewegliche Gegenstände, die der Verwalter im Besitz hat
(§ 166 Abs. 1 InsO), sowie Forderungen, die zur Sicherheit abgetreten sind
(§ 166 Abs. 2 InsO). Damit ist das Verwertungsrecht des Insolvenzverwalters im Gegensatz zur Rechtslage unter der Konkursordnung für drei wichtige Fälle von Absonderungsrechten, die auch im Rahmen übertragender Sanierungen eine Rolle spielen, gesetzlich anerkannt.

Anders ist die Rechtslage für diejenigen mit einem Absonderungsrecht be- 204
lasteten Gegenstände, die zumindest dem Wortlaut nach nicht von §§ 165,
166 InsO erfasst werden. Dabei geht es einerseits um rechtsgeschäftliche
Pfandrechte an beweglichen Sachen und an Rechten,

> Kübler/Prütting-*Kemper*, InsO, § 166 Rn. 6 f., 9,

andererseits um zur Sicherheit abgetretene Rechte, die keine Forderungen sind.

HK-*Landfermann*, 4. Aufl., § 166 Rn. 9, 22 u. 25.

205 Im Rahmen übertragender Sanierungen dürften innerhalb der zuletzt genannten Fallgruppe insbesondere Immaterialgüterrechte und Beteiligungen von besonderer Bedeutung sein. Auf die sich hieraus ergebenden Schwierigkeiten wird zurückzukommen sein.

bb) Schuldner/Geschäftsführer

206 Dem Schuldner – das wird in den meisten Fällen einer Unternehmensveräußerung aus der Insolvenz eine Gesellschaft sein – kommen im Regelinsolvenzverfahren grundsätzlich keine Befugnisse mehr zu. In der Praxis sieht dies oft anders aus, da das „Know-how" des Unternehmens in vielen Fällen mit der Person des Geschäftsführers eng verbunden ist. Faktisch leitet dann häufig der bisherige Geschäftsführer das Unternehmen unter Aufsicht des Insolvenzverwalters in dessen Auftrag weiter.

207 Wenn diese Situation gegeben ist, dann ist eine Abstimmung des Insolvenzverwalters mit der Geschäftsleitung vor und während einer Veräußerung des Unternehmens aus tatsächlichen Gründen unumgänglich, wenn man nicht Gefahr laufen will, den Know-how-Träger zu verlieren.

208 Umgekehrt ist auch ein Kontakt des Erwerbers mit der Geschäftsleitung dringend ratsam, da diese das Unternehmen in der Regel länger und besser kennt als der Insolvenzverwalter. Das ist insbesondere im Hinblick darauf von Bedeutung, dass der Insolvenzverwalter in aller Regel nicht die sonst bei Unternehmenskäufen üblichen Garantien abgeben wird.

Bernsau/Höpfner/Rieger/Wahl-*Bernsau*, Handbuch der übertragenden Sanierung, 2002, S. 40 f.

209 Aus rechtlicher Sicht ist der Schuldner vor einer Veräußerung des Unternehmens zu unterrichten, wenn sich die Veräußerung – was häufig der Fall sein wird – als „besonders bedeutsame Rechtshandlung" darstellt (§ 161 Satz 1 InsO). Ist der Schuldner keine natürliche Person, sind die organschaftlichen Vertreter zu informieren.

Uhlenbruck-*Uhlenbruck*, InsO, 12. Aufl., § 161, Rn. 2.

210 Sofern nicht die Gläubigerversammlung ihre Zustimmung erteilt hat, kann das Insolvenzgericht auf Antrag des Schuldners und nach Anhörung des Verwalters die Vornahme der „besonders bedeutsamen Rechtshandlung" gemäß § 161 Satz 2 InsO untersagen.

211 Ist Eigenverwaltung angeordnet, dann bleibt die Verwaltungs- und Verfügungsbefugnis beim Schuldner, § 270 Abs. 1 InsO. Dies gilt auch für das Verwertungsrecht an Sicherungsgut (vgl. § 270 Abs. 1 Satz 2 in Verbindung mit § 160 ff. InsO).

Der Schuldner steht in den Fällen der Eigenverwaltung unter der Aufsicht   212
eines Sachwalters (§§ 270, 275 InsO). Insbesondere dürfen Verbindlichkeiten, die nicht zum gewöhnlichen Geschäftsbetrieb gehören, nur mit Zustimmung des Sachverwalters eingegangen werden. Dies dürfte für den Verkauf des Unternehmens als Ganzes stets zutreffen.

Die Insolvenzgerichte sind nach wie vor gegenüber dem Institut der Eigen-   213
verwaltung sehr zurückhaltend. Maßgebend dürfte dabei der viel geäußerte
Gedanke sein, dass „der Bock nicht zum Gärtner gemacht" werden dürfe.

> Uhlenbruck-*Uhlenbruck*, InsO, 12. Aufl., § 270 Rn. 1.

cc) Gesellschafter des Schuldnerunternehmens

Die Gesellschafter der Schuldnerin zählen formell nicht zu den Beteiligten   214
des Insolvenzverfahrens. U. a. deswegen sind sie normalerweise nicht im besonderen Blickwinkel des Insolvenzverwalters im Hinblick auf den Unternehmensverkauf.

Anders ist dies insbesondere dann, wenn die „übertragende Sanierung" mit   215
Hilfe einer Auffanggesellschaft getätigt werden soll, die der/die Gesellschafter des Schuldnerunternehmens gründen. Das bietet sich aus Verkäufersicht
insbesondere dann an, wenn – wie häufig – der „Goodwill" des Unternehmens tatsächlich „Goodwill" des Gesellschafters ist, weil er in der Branche
und/oder Region, in der das Unternehmen tätig ist, besonderes Ansehen ge-
nießt. Umgekehrt können die Gesellschafter (oder ein Teil von ihnen) Interesse an einer derartigen Auffanglösung haben, weil sie hierdurch die Chance
wahren, aus zukünftigen Gewinnen einen Teil ihrer Investition zu amortisie-
ren.

Im Übrigen werden die Stellung und die gesellschaftsrechtlichen Befugnisse   216
der Gesellschafter von der Insolvenz der Gesellschaft im Grundsatz nicht berührt.

> Uhlenbruck-*Hirte*, InsO, 12. Aufl., § 11 Rn. 137.

Diese Rechte werden im eröffneten Verfahren zwar vielfach ins Lehre laufen,   217
z. B. ist das Weisungsrecht der GmbH-Gesellschafter gegenüber dem Geschäftsführer angesichts der alleinigen Verfügungsbefugnis des Insolvenzverwalters in der Regel kaum von Bedeutung. In der Literatur wird allerdings
mit Recht darauf aufmerksam gemacht, dass die Gesellschafter immerhin den
amtierenden Geschäftsführer abberufen und jederzeit neue Geschäftsführer
bestellen und damit dem Unternehmen u. U. erheblichen Schaden zufügen
können.

> Bernsau/Höpfner/Rieger/Wahl-*Bernsau*, Handbuch der übertra-
> genden Sanierung, 2002, S. 40 f.

Zwar wirkt sich dies, wenn der Insolvenzverwalter an dem bisherigen Ge-   218
schäftsführer als seinem Beauftragten festhält, nicht unmittelbar auf die ope-
rative Leitung des Unternehmens aus. Es kann jedoch nach innen wie außen

ein falsches Signal sein, gerade wenn der bisherige Geschäftsführer objektiv oder aus Sicht eines potentiellen Erwerbers, mit dem sich der Insolvenzverwalter in Verhandlungen über einen Verkauf des Unternehmens befindet, für das Unternehmen unentbehrlich ist.

219 Der in der einschlägigen Literatur den Insolvenzverwaltern gegebene Rat, mit den Gesellschaftern zumindest ein grundsätzliches Auskommen zu suchen, ist insoweit beherzigenswert.

Bernsau/Höpfner/Rieger/Wahl-*Bernsau*, a. a. O., S. 39.

dd) Gläubiger

220 Beteiligte des Insolvenzverfahrens sind ferner – und eigentlich in erster Linie – die Gläubiger.

221 Der Begriff des Insolvenzgläubiger ist definiert in § 38 InsO („persönliche Gläubiger, die einen zur Zeit der Eröffnung des Insolvenzverfahrens begründeten Vermögensanspruch gegen den Schuldner haben").

222 Keine Insolvenzgläubiger sind die Aussonderungsberechtigten (vgl. § 47 Satz 1 InsO). Sie werden außerhalb des Insolvenzverfahrens nach den allgemeinen (d. h. in der Regel nach zivilrechtlichen) Vorschriften befriedigt.

223 Am Verfahren teilnehmen können demgegenüber die Absonderungsberechtigten. Gemäß § 52 Satz 1 InsO sind sie Insolvenzgläubiger, soweit ihnen der Schuldner auch persönlich haftet. Sie partizipieren allerdings an der Befriedigung aus der Insolvenzmasse nur insoweit, als sie entweder auf abgesonderte Befriedigung verzichten oder mit einem Teil ihrer Forderung ausgefallen sind (§ 52 Satz 2 InsO). Die Absonderungsberechtigten nehmen entsprechend an der Gläubigerversammlung teil (§ 74 Abs. 1 InsO).

224 Gläubiger eigener Art sind die Massegläubiger nach § 53 InsO. Sie sind im Interesse einer ordnungsgemäßen Abwicklung des Insolvenzverfahrens gegenüber den Insolvenzgläubigern privilegiert. Die Geltendmachung der Ansprüche der Massegläubiger vollzieht sich außerhalb des Insolvenzverfahrens. Im Rahmen der übertragenden Sanierung spielen sie bzw. die Höhe der Masseverbindlichkeiten allenfalls im Rahmen der Kaufpreisfindung eine Rolle.

225 Nach ihren wirtschaftlichen Interessen sind die Insolvenzgläubiger eine heterogene Gruppe. Im Rahmen einer Unternehmensinsolvenz treten in der Regel als Gläubiger auf:

• Arbeitnehmer,

• Banken,

• Lieferanten,

• Vermieter/Verpächter,

• Steuergläubiger,

• Sozialversicherungsträger.

Im Rahmen einer übertragenden Sanierung sind aus Erwerbersicht insbeson- 226
dere die Gruppe der Lieferanten und die der Arbeitnehmer von Bedeutung.
Die Lieferanten des Schuldnerunternehmens stellen oft unentbehrliche Geschäftspartner des Unternehmens auch nach dem Erwerb aus der Insolvenz
dar. Hinsichtlich der Arbeitnehmer stellen sich aufgrund von § 613a BGB
besondere Fragen hinsichtlich der rechtlichen Gestaltung des Unternehmenskaufs, die an anderer Stelle behandelt sind.

ee) Organe der Gläubiger

Rechtlich sind die Gläubiger an Entscheidungen im Insolvenzverfahren durch 227
ihre Organe, Gläubigerversammlung und Gläubigerausschuss, beteiligt.

> Eingehend *Pape*, Gläubigerbeteiligung im Insolvenzverfahren,
> 2000, insbesondere S. 61 ff.

Nach der Konzeption des Gesetzes ist das (eröffnete) Insolvenzverfahren – 228
wie bereits dargestellt – in zwei Abschnitte geteilt. Der Insolvenzverwalter
hat nach dem gesetzlichen Modell (§ 156 InsO) bis zum Berichtstermin die
Masse zu sichern und zu verwalten. Durch seinen Bericht soll er die Entscheidung der Gläubigerversammlung über den weiteren Fortgang des Insolvenzverfahrens vorbereiten. Nach dem Berichtstermin ist es dann die Aufgabe des Insolvenzverwalters, die Entscheidungen der Gläubigerversammlung
umzusetzen und die Masse zu verwerten.

Das bisherige Recht hatte eine Verwertung der Masse vor dem Berichtster- 229
min im Gesetz nicht ausdrücklich vorgesehen. Hieraus wurde in der Literatur von der wohl noch herrschenden Meinung auf die Unzulässigkeit von
Verwertungshandlungen vor dem Berichtstermin geschlossen,

> Kübler/Prütting-*Onusseit*, InsO, § 159 Rn. 4;
> Uhlenbruck-*Uhlenbruck*, InsO, 12. Aufl., § 159 Rn. 26,

was auch für die übertragende Sanierung vor dem Berichtstermin gelten sollte.

> *Vallender*, GmbHR 2004, 642/643. Zu den Reformbestrebungen
> de lege ferenda vgl. oben Teil I.

Daran war problematisch, dass dies einen verlorenen Zeitraum von bis zu 230
drei Monaten (§ 29 Abs. 1 Nr. 1 InsO) mit sich brachte, was in vielen Fällen
die Chancen einer übertragenden Sanierung überhaupt zunichte macht oder
jedenfalls erschwert, weil bei vielen Verfahren nicht genug Liquidität vorhanden sein wird, um das Unternehmen so lange fortzuführen, insbesondere
Miete zu zahlen. Das gilt um so mehr, als die Personalkosten ab der Verfahrenseröffnung die Masse belasten. Daneben wird auch die Marktreaktion auf
die Insolvenz umso heftiger ausfallen, je länger mit einer Sanierung gewartet
wird. Schließlich wirkt sich in aller Regel ein längeres Zuwarten zum Nachteil der Masse auf den für das Unternehmen erzielbaren Preis aus. Der zunehmende Zeitdruck schwächt die Verhandlungsposition des Insolvenzver-

walters; überdies besteht die Gefahr, dass in der Zwischenzeit wichtige Arbeitnehmer, Lieferanten oder Kunden abspringen.

> Ähnlich Bernsau/Höpfner/Rieger/Wahl-*Bernsau*, Handbuch der übertragenden Sanierung, 2002, S. 55.

231 In der Insolvenzpraxis hatte sich dementsprechend schnell herausgestellt, dass der günstigste Zeitpunkt für eine übertragende Sanierung oft unmittelbar nach Eröffnung des Verfahrens liegt.

> Bork/Koschmieder-*Jaffé*, Fachanwaltshandbuch Insolvenzrecht, Rn. 31.55 und 31.73;
> *Menke*, BB 2003, 1133, 1138;
> *Vallender*, GmbHR 2004, 642, 643.

232 Daher wurde der Unternehmenskaufvertrag regelmäßig schon durch den vorläufigen Verwalter mit dem Erwerbsinteressenten ausgehandelt und dann als sog. Pre-packed-deal

> *Menke*, a. a. O., bei und in Fußnote 57

unmittelbar nach Eröffnung des Verfahrens unterzeichnet.

233 Diese Problemlage hat der Gesetzgeber durch das zum 1. Juli 2007 in Kraft getretene Gesetz zur Vereinfachung des Insolvenzverfahrens vom 13. April 2007 entschieden. Nach Änderung des § 158 Abs. 1 und 2. InsO ist nun eine Betriebsveräußerung vor dem Berichtstermin analog der Stilllegung mit Zustimmung des Gläubigerausschusses möglich. Dadurch erhält der Verwalter die Möglichkeit, schon vor dem Berichtstermin das Unternehmen im Ganzen zu veräußern, was, wie bereits ausgeführt, oft die beste Form der Verfahrensabwicklung darstellt,

> *Pape*, NZI 2007, 481, 484.

234 Mit der Neufassung des § 158 Abs. 2 InsO sind auch die Rechte des Schuldners gewahrt. Seiner Zustimmung zur Betriebsveräußerung bedarf es jedoch nicht, weil die Entscheidung über die Verfahrenseröffnung bereits vorher gefallen ist, was den Eingriff in die Recht des Schuldners legitimiert.

> *Pape*, a. a. O.

235 Die Gläubigerversammlung ist gem. § 160 Abs. 1 S. 2 InsO nur ersatzweise zuständig, wenn ein Gläubigerausschuss nicht bestellt ist.

> *Vallender*, GmbHR 2004, 642, 643.

236 Ggf. sollte der Verwalter beim Insolvenzgericht auf die Einsetzung eines vorläufigen Gläubigerausschusses gem. § 67 Abs. 1 InsO dringen.

237 Spätestens im Berichtstermin sollte der Insolvenzverwalter zur Vermeidung von Haftungsrisiken die Gläubigerversammlung um die Genehmigung der erfolgten übertragenden Sanierung bitten. In seinem Bericht sollte er dabei darlegen, warum ein Warten bis zum Berichtstermin nachteilige Folgen für die Masse gehabt hätte.

> *Vallender*, GmbHR 2004, 642, 644.

Aus Sicht des Erwerbers ist die Zustimmung des Gläubigerausschusses mit   238
Blick auf § 164 InsO nicht von zentraler Bedeutung.

ff) Insolvenzgericht

Das Insolvenzgericht wirkt am eröffneten Insolvenzverfahren durch die Be-   239
aufsichtigung des Insolvenzverwalters gemäß § 58 Abs. 1 InsO mit. Aus systematischer Sicht von besonderer Bedeutung ist die Prüfung der Schluss-
rechnung gem. § 66 Abs. 2 InsO, die als Vorprüfung stets der Prüfung durch
die Gläubigerversammlung vorauszugehen hat.

Im Rahmen einer übertragenden Sanierung kann das Gericht auf Antrag des   240
Schuldners oder einer bestimmten Anzahl von Gläubigern, wenn der Insolvenzverwalter die Zustimmung des Gläubigerausschusses gemäß § 161 InsO
zur Veräußerung des Unternehmens eingeholt hat, eine Gläubigerversammlung zur Entscheidung der Frage (an Stelle des Gläubigerausschusses) einbe-
rufen. Antragsbefugt sind neben dem Schuldner allein mindestens fünf absonderungsberechtigte oder nicht nachrangige Gläubiger, deren Forderungen
zusammen 1/5 der Summe aller Absonderungsrechte und nicht nachrangigen
Forderungsbeträge ergeben müssen.

gg) Arbeitnehmer

Nach einer gewichtigen Stimme in der Literatur sind im Rahmen des Insol-   241
venzverfahrens – auch wenn dies, anders als im Regierungsentwurf vorgesehen, im Text der Insolvenzordnung nicht ausdrücklich seinen Niederschlag
gefunden hat – die Interessen des Schuldners, seiner Familie sowie der Arbeitnehmer des Schuldners in angemessener Weise zu berücksichtigen. Der
Rechtsauschuss habe, so wird u. a. zur Begründung angeführt, die Streichung
des § 1 Abs. 2 Satz 1 des Regierungsentwurfs, der dies ausdrücklich normier-
te, mit einer „redaktionellen Straffung begründet, hat also eine sachliche Änderung nicht gewollt.

> Uhlenbruck-*Uhlenbruck*, InsO, 12. Aufl., § 1 Rn. 5 ff., insbes.
> Rn. 16.

In welcher Weise allerdings insbesondere die Arbeitnehmerinteressen über   242
die insolvenzarbeitsrechtlichen und sozialrechtlichen Spezialnormen hinaus
im Insolvenzverfahren berücksichtigt werden können, ist bislang ungeklärt.

Im Rahmen einer übertragenden Sanierung dürften die Interessen der Ar-   243
beitnehmer, insbesondere die Möglichkeit des Erhalts von Arbeitsplätzen,
faktisch häufig den Ausschlag dafür geben, dem Gebot eines bestimmten
Erwerbers den Vorzug zu geben. Dies gilt vor allem in Verfahren mit einer
gewissen regionalen oder überregionalen Öffentlichkeitswirkung.

Vom rechtsdogmatischen Standpunkt aus ist der Erhalt von Arbeitsplätzen   244
nach geltendem Recht kein selbständiger Verfahrenszweck,

> MüKo-*Ganter*, § 1, Rn. 71;
> *Jaeger/Henckel*, InsO, § 1 Rn. 5,

weswegen Arbeitnehmer und Arbeitnehmervertreter, wenn sie nicht selbst Gläubiger sind, keine Verfahrensbeteiligten sind.

MüKo-*Ganter*, a. a. O.

245 Sie sind daher, nicht anders als andere Interessierte, darauf angewiesen, die Beteiligten, insbesondere den Insolvenzverwalter und die Gläubiger, für Ihre Ziele zu gewinnen.

MüKo-*Ganter*, a. a. O.

246 Dies wird im Rahmen einer übertragenden Sanierung nur dann gelingen, wenn ein potentieller Erwerber an dem Erhalt von Arbeitsplätzen aus selbständigen Erwägungen interessiert ist und die Gläubiger sich bei Annahme seines Gebots nicht schlechter stellen als bei Annahme eines anderen Gebots oder bei Zerschlagung.

hh) Kunden

247 Auch wenn diese im Normalfall, d. h. wenn sie nicht zugleich aus irgendeinem Grunde Gläubiger sind, keine Beteiligten des Insolvenzverfahrens im Rechtssinne sind, spielen ihre Interessen gleichwohl eine Rolle für die Abwicklung einer übertragenden Sanierung.

248 Insbesondere führt das Interesse am Erhalt der Kundenbeziehungen in der Regel dazu, einen möglichst frühen Verkauf bzw. Erwerb des Unternehmens vorzunehmen, und zwar sowohl aus Verkäufer- wie aus Käufersicht.

2. Verhandlungspartner für Kaufinteressenten

249 Die Person des Verhandlungspartners für einen Kaufinteressenten in Krise und Insolvenz des Unternehmens ist formal abhängig vom Verfahrensstand.

Vgl. Teil I.

250 Wie bereits oben dargelegt, tritt im eröffneten Verfahren der Insolvenzverwalter im eigenen Namen als Verkäufer des Unternehmens auf. Im Eröffnungsverfahren ist es demgegenüber regelmäßig der Schuldner, der als Verkäufer auftritt, wobei er für den Abschluss die Zustimmung des (schwachen) vorläufigen Verwalters benötigt.

251 Zentrale Figur ist aber in sehr vielen Fällen bereits im Insolvenzeröffnungsverfahren der vorläufige Insolvenzverwalter. Dieser wird sich möglichst schon unverzüglich nach einer Bestellung, jedenfalls sobald er sich ein Bild von dem Unternehmen und dem relevanten Markt gemacht hat, um einen Kaufinteressenten bemühen. Häufig liegt schon bei Eröffnung des eigentlichen Verfahrens ein sog. Pre-packed-deal vor, der im Rahmen des eröffneten Verfahrens dann nur noch formal umgesetzt wird.

Menke, BB 2003, 1133, 1138;
Vallender, GmbHR 2004, 642, 643.

An den Verhandlungen über eine derartigen Pre-packed-deal ist regelmäßig   252
neben dem vorläufigen Insolvenzverwalter auch die Geschäftsführung des
Schuldnerunternehmens beteiligt, da sie es in erster Linie ist, die über die für
die Formulierung des Vertrages notwendigen Kenntnisse des Unternehmens
verfügt.

Ob ein Kaufinteressent den Erstkontakt besser zunächst mit dem Insolvenz-   253
verwalter oder mit dem Schuldnerunternehmen bzw. dessen Geschäftsleitung sucht,

> zu dieser Frage Bernsau/Höpfner/Rieger/Wahl-*Bernsau*, Hand-
> buch der übertragenden Sanierung, 2002, S. 38 f.,

hängt von den Umständen des Einzelfalles, von den Usancen des betreffenden Insolvenzverwalters und oft auch von Zufälligkeiten ab. Jedenfalls sollte
der Kaufinteressent Wert darauf legen, die Geschäftsleitung und ggf. weitere
sachkundige Mitarbeiter des Zielunternehmens in die Gespräche einzubeziehen und auf diese Weise Informationen über das Unternehmen zu gewinnen,
über die der Insolvenzverwalter und seine Mitarbeiter meist nach wenigen
Wochen noch nicht verfügen. In vielen Fällen sind die Kunden des insolventen Unternehmens wichtige Verhandlungspartner für den Kaufinteressenten.
Dieses ist von der Branche abhängig, trifft aber in jedem Fall für Branchen
wie die Kfz-Industrie, für Lebensmittelhersteller, die Logistikbranche u. a. zu.

Weiterhin sollte der Kaufinteressent auf sachkundige Beratung, sowohl in   254
rechtlicher wie in steuerlicher Hinsicht, achten. Besonders die anwaltliche
Beratung sollte dabei im Idealfall einer Kanzlei anvertraut werden, die selbst
Insolvenzverwalter in ihren Reihen hat, da dort das Gefühl für das spezifische Denken eines Insolvenzverwalters vorhanden ist.

> Ähnlich Bernsau/Höpfner/Rieger/Wahl-*Bernsau*, a. a. O., S. 38.

3. Risiken/Schwierigkeiten bei einem „Asset deal"

a) Probleme der Vertragsgestaltung

aa) Kaufgegenstand

(1) Übertragung von Einzelwirtschaftsgütern

Die übertragende Sanierung ist eine besondere, durch die Insolvenz des Ziel-   255
unternehmens geprägte Form des Unternehmenskaufs in der Gestalt des
sog. „asset deals".

Der Begriff des Unternehmens als solcher ist im deutschen Recht nicht defi-   256
niert. Bei allen Unterschieden im Detail besteht Einigkeit dahingehend, dass
das Unternehmen im Rechtssinne weder eine Sache noch ein Recht ist. Es
wurde bereits auf die Definition *Ballerstedts* verwiesen, der darunter eine Gesamtheit von Sachen und Rechten, tatsächlichen Beziehungen und Erfahrungen sowie unternehmerischen Handlungen versteht.

> *Ballerstedt*, ZHR 134 (1970) 251, 260.

257 Diese Umschreibung ist freilich keine Begriffsbestimmung im engeren Sinne, wie sich schon daran zeigt, dass sie selbst wiederum der Definition bedürftige Elemente („tatsächliche Beziehungen und Erfahrungen", „unternehmerische Handlungen") enthält.

258 Das „Unternehmen" ist daher zwar ein tatsächliches, wirtschaftliches Phänomen, aber kein genau bestimmbares Objekt des Rechtsverkehrs. Dementsprechend bezieht sich zwar die schuldrechtliche Verpflichtung aus dem „asset deal" auf das Unternehmen als Ganzes, das sachenrechtliche Bestimmtheitsgebot erfordert jedoch für den dinglichen Übergang die Übertragung aller zugehörigen Einzelwirtschaftsgüter.

(2) Genaue Bestimmung des Kaufobjekts

259 Mithin ist die genaue Bestimmung des Kaufobjekts für den asset deal von entscheidender Bedeutung.

> Bernsau/Höpfner/Rieger/Wahl-*Höpfner*, Handbuch der übertragenden Sanierung, S. 86 ff.;
> *Vallender*, GmbHR 2004, 642, 647.

260 Bei einem werbenden Unternehmen, welches eine Handelsbilanz aufgestellt hat, genügt für die genauere Bestimmung der zu übertragenden Sachen und Rechte in der Regel die Bezugnahme auf die Bilanz nebst Inventarverzeichnis. Lediglich Vermögensgegenstände, die entweder nicht bilanziert werden müssen oder nicht bilanzierungsfähig sind, müssen im Vertrag konkret bestimmt werden, z. B. die voll abgeschriebenen Wirtschaftsgüter.

> *Picot*, Unternehmenskauf und Restrukturierung, 2. Aufl., Teil I, Rn. 49.

261 Bei einer übertragenden Sanierung genügt die Bezugnahme auf Handelsbilanzen zur Bestimmtheit des Kaufobjektes allenfalls in seltenen Ausnahmefällen.

262 Grundlage für die Bestimmbarkeit des Kaufobjektes in der übertragenden Sanierung ist der Massebegriff der Insolvenzordnung. Hieraus ergeben sich zwei Konsequenzen:

263 Die Befugnis des Insolvenzverwalters zur Verwertung bezieht sich gemäß § 159 InsO ausschließlich auf das zur Insolvenzmasse gehörende Vermögen. Im ersten Schritt ist daher eine rechtliche Abgrenzung zwischen den zur Insolvenzmasse gehörenden Vermögensgegenständen und anderen, nicht in die Insolvenzmasse fallenden Gegenständen vorzunehmen. Nicht zur Insolvenzmasse gehören insbesondere die mit Aussonderungsrechten behafteten Vermögensgegenstände, § 47 InsO.

264 Sodann ist gemäß § 151 InsO durch den Insolvenzverwalter unter Hinzuziehung des Schuldners ein Verzeichnis der einzelnen Gegenstände der Insolvenzmasse aufzustellen. Dies kann nur im Wege einer Inventur erfolgen.

> Uhlenbruck-*Maus*, InsO, 12. Aufl., § 151 Rn. 3.

Gemäß § 154 InsO hat der Insolvenzverwalter das Verzeichnis der Massege-   **265**
genstände spätestens eine Woche vor dem Berichtstermin in der Geschäftsstelle des Insolvenzgerichts zur Einsicht der Beteiligten niederzulegen. Will
der Insolvenzverwalter, wie häufig, schon vorher veräußern, ist die Aufstellung des Masseverzeichnisses bereits vorher unumgänglich.

**(3) Verwertungsrechte des Insolvenzverwalters im Hinblick auf Gegen-
stände, an denen Absonderungsrechte bestehen**

Gegenstände, an denen ein Absonderungsrecht besteht, gehören wie erörtert   **266**
zur Insolvenzmasse. Hinsichtlich der Verwertungsbefugnis des Insolvenzverwalters ist zu differenzieren:

Unbewegliche Gegenstände kann der Insolvenzverwalter gem. § 165 InsO   **267**
im Wege der Zwangsversteigerung oder Zwangsverwaltung verwerten, auch
wenn an dem Gegenstand ein Absonderungsrecht besteht.

Nach einhelliger Ansicht ist der Insolvenzverwalter aber auch berechtigt, zur   **268**
Insolvenzmasse gehörende Grundstücke und Grundstücksanteile freihändig
zu verwerten, soweit nicht gesetzliche oder vertragliche Bindungen entge-
genstehen.

> Kübler/Prütting-*Kemper*, InsO, § 165 Rn. 7;
> Uhlenbruck-*Uhlenbruck*, InsO, 12. Aufl., § 165 Rn. 4;
> zum Sonderfall der Verfügungsbefugnis des Treuhänders in der
> Insolvenz von Verbrauchern und Kleinunternehmern vgl. *Kes-*
> *seler*, ZInsO 2006, 1029.

Dabei bedarf die freihändige Verwertung gem. § 160 Abs. 1, Abs. 2 Nr. 1   **269**
InsO der Mitwirkung von Gläubigerausschuss oder Gläubigerversammlung.
Das Fehlen dieser Mitwirkung berührt allerdings die Wirksamkeit der Ver-
wertungsmaßnahmen gem. § 164 InsO nicht.

Bewegliche Sachen, an denen ein Absonderungsrecht besteht, darf der Insol-   **270**
venzverwalter gem. § 166 Abs. 1 InsO freihändig verwerten, wenn er die Sachen in seinem Besitz hat. Zur Sicherheit abgetretener Forderungen darf der
Insolvenzverwalter gem. § 166 Abs. 2 InsO verwerten.

Die Insolvenzordnung enthält keine weiteren Regelungen über die Verwer-   **271**
tungsbefugnis, insbesondere nicht hinsichtlich beweglicher Sachen, die der
Verwalter nicht in seinem Besitz hat, sowie sonstiger, mit einem Absonderungsrecht belasteter Rechte, die nicht Forderungen sind. Hierunter fallen z.
B. die Immaterialgüterrechte oder gesellschaftsrechtliche Beteiligungen. In
der Literatur ist umstritten, wie das Schweigen des Gesetzes in dieser Hinsicht zu bewerten ist. Gleiches gilt für andere Sicherungsformen an Rechten
als die Sicherungsabtretung. § 166 Abs. 2 InsO erwähnt nur die Sicherungsabtretung, nicht hingegen insbesondere das rechtsgeschäftliche Pfandrecht.

Für die Praxis der übertragenden Sanierung stehen im Vordergrund die fol-   **272**
genden Fallgruppen:

- zur Sicherheit abgetretene oder verpfändete Patente, Marken, Lizenzen etc.;

- verpfändete GmbH-Geschäftsanteile und Aktien;

- sowie verpfändete oder sicherungsübertragene Miteigentumsanteile und Anwartschaften.

273 Die Diskussion in der Literatur ist mittlerweile nur noch schwer zu übersehen. Im Kern lassen sich drei Ansätze unterscheiden:

274 Entweder wird hinsichtlich der sicherungsübertragenen Rechte schlicht eine Analogie zu § 166 Abs. 2 InsO angenommen, da insoweit eine (unbewusste) Gesetzeslücke vorliege, die durch Analogie zu schließen sei.

> Nerlich/Römermann-*Becker*, InsO, § 166 Rn. 32, 33.

275 Insbesondere spreche die Gesetzeslücke dafür, dass am bisherigen Rechtszustand nach der Konkursordnung nichts geändert werden sollte.

> *Marotzke*, ZZP 109 (1996) 429 ff.

276 Dagegen wird angeführt, die vom Gesetzgeber bewusst gezogenen Grenzen des Verwertungsrechts dürften nicht im Wege der Analogie übersprungen werden.

> HK-*Landfermann*, 4. Aufl. § 166 Rn. 25;
> Uhlenbruck-*Uhlenbruck*, InsO, 12. Aufl. § 166 Rn. 14;
> *Wallner*, ZInsO 1999, 453 ff.

277 Demgegenüber wird eine Analogie des § 166 Abs. 2 InsO auf verpfändete Forderungen überwiegend abgelehnt.

> Uhlenbruck-*Uhlenbruck*, InsO, 12. Aufl., § 166 Rn. 13.

278 Ein mit guten Gründen vertretener innovativer Ansatz stellt sowohl für sicherungsübereignete wie für verpfändete Rechte nicht auf eine Analogie zu § 166 Abs. 2, sondern zu § 166 Abs. 1 ab. Zweck des § 166 Abs. 1 InsO sei es, die Chancen der Betriebsfortführung und der übertragenden Sanierung des Schuldnerunternehmens zu erhalten. Daher sei in analoger Anwendung des § 166 Abs. 1 InsO der Insolvenzverwalter zur Verwertung und Benutzung all derjenigen mit Absonderungsrechten belasteten Gegenstände befugt, die wegen ihrer Zugehörigkeit zur technisch-organisatorischen Einheit des schuldnerischen Unternehmens zur Fortführung oder übertragenden Sanierung erforderlich und daher betriebsnotwendig seien.

> *Häcker*, Abgesonderte Befriedigung aus Rechten, 2001, Rn. 1055.

279 Diese Auffassung löst gerade die im Zusammenhang einer übertragenden Sanierung auftretenden Zweifelsfälle überzeugend. Sie wird freilich in der Kommentarliteratur nur sehr vorsichtig aufgegriffen.

> Kritisch z. B. HK-*Landfermann*, 4. Aufl., § 166 Rn. 25;
> zweifelnd Uhlenbruck-*Uhlenbruck*, InsO, 12. Aufl., § 166 Rn. 14.

Im Ergebnis besteht in dieser Hinsicht eine erhebliche Rechtsunsicherheit, 280
die letztendlich nur durch den BGH beseitigt werden kann.

Ebenso *Uhlenbruck*, a. a. O.

Wirtschaftlicher Kern der Auseinandersetzung um die Verwertungsbefugnis 281
ist weniger das Recht zur Verwertung als solches, sondern die Vorschriften
der §§ 170, 171 InsO, nach denen die Insolvenzmasse bei einer Verwertung
von Gegenständen, an denen ein Absonderungsrecht besteht, einen Kosten-
beitrag in Höhe von 9 % des Verwertungserlöses erhält.

In der Praxis wird der Verwalter häufig schon aus diesem Grunde bei zur Si- 282
cherheit abgetretenen Rechten die Verwertungsbefugnis für sich reklamie-
ren. Andererseits wird gerade deshalb der Sicherungsgläubiger seinerseits die
Verwertung an sich zu ziehen.

Der Insolvenzverwalter wird seinerseits allerdings im Rahmen einer Veräu- 283
ßerung angesichts der unklaren Rechtslage vermeiden, seine Verwertungsbefugnis zu garantieren. Aus Sicht des Erwerbers empfiehlt es sich daher, wenn
z. B. der Erwerb einer Marke oder einer Gesellschaftsbeteiligung für den
wirtschaftlichen Erfolg dringend notwendig ist, den Sicherungsgläubiger an
den Vertragsverhandlungen zu beteiligen. Aufgabe des Insolvenzverwalters
ist es dann, einen internen Ausgleich zwischen Insolvenzverwalter und Ab-
sonderungsberechtigtem zu finden, der z. B. in einem pauschalen Kostenbei-
trag liegen kann, der deutlich hinter dem gesetzlichen Massebeitrag zurück-
bleibt.

(4) Firma

Die Firma ist Bestandteil der Insolvenzmasse. 284

> BGH Urt. v. 27.9.1982 – II ZR 51/82, ZIP 1983, 193 = BGHZ
> 85, 221;
> BGH Urt. v. 14.12.1989 – I ZR 17/88, ZIP 1990, 388;
> dazu *Lepsien*, EWiR 1990, 491;
> Uhlenbruck-*Uhlenbruck*, InsO, 12. Aufl., § 35 Rn. 100.

Das gilt nach heute herrschender Auffassung im Grundsatz auch für die 285
Firma, die den Namen des Geschäftsinhabers enthält, insbesondere auch die
Firma des Einzelkaufmanns.

> MüKo-*Lwowski*, § 35, Rn. 496, 502;
> *Uhlenbruck*, a. a. O. Rn. 100 f.;
> ausführlich *Barnert*, KTS 2003, 523 ff.

Die sich auf das allgemeine Persönlichkeitsrecht (§ 12 BGB, Art. 2 GG) 286
stützende Rechtsprechung,

> BGH, Urteil v. 26.02.1960 – I ZR 159/58, BGHZ 32, 103/108;
> BGH Urteil v. 27.09.1982 – II ZR 51/82, ZIP 1983, 221, 223

nach der die Firma, die den Namen des Geschäftsinhabers enthält, nur dann
in die Insolvenzmasse fällt, wenn sie den Familiennamen des Schuldners
nicht enthält, soll seit der Reform des Firmenrechts

Handelsrechtsreformgesetz vom 22. Juni 1998

als überwunden gelten. Gem. der Neufassung des § 18 Abs. 1 HGB ist die Firma des Einzelkaufmanns nicht mehr zwingend sein Name. Auch Einzelkaufleute können seitdem eine Sachfirma wählen. Wer gleichwohl seinen Namen als Firma verwende, sei der damit verbundenen Kommerzialisierung einverstanden und begebe sich damit des namensrechtlichen Schutzes.

> Kübler/Prütting-*Holzer*, InsO, § 35 Rn. 71a;
> *Hölzle*, DStR 2004, 1433/1436;
> MüKo-*Ott*, § 80 Rn. 57.

287 Die Frage ist jedoch weiterhin streitig,

> anderer Ansicht z. B. *Jaeger/Henckel*, InsO, § 35 Rn. 21: auch weiterhin ist die Zustimmung des Schuldners erforderlich, wenn die Firma seinen Namen enthält.

288 Die herrschende Ansicht erhebt den Anspruch, auch für Altfirmen zu gelten, da der Kaufmann es nach neuem Firmenrecht auch insoweit in der Hand habe, eine Firma zu wählen, in der sein Name nicht mehr vorkommt.

> Kübler/Prütting-*Holzer*, a. a. O., Rn. 71a;
> *Uhlenbruck*, a. a. O., Rn. 102.

289 Bei einer Unternehmensveräußerung aus der Insolvenz kann der Insolvenzverwalter daher auch die Firma des Handelsgeschäfts ohne Zustimmung des Schuldners veräußern.

> *Uhlenbruck*, a. a. O., Rn. 102.

290 Allerdings ist zu beachten, dass dem Schuldner schon aus verfassungsrechtlichen Gründen wohl nicht verwehrt werden kann, nach Abschluss des Insolvenzverfahrens im Geschäftsverkehr wieder mit seinem Namen zu werben.

> *Jaeger/Henckel*, a. a. O., Rn. 24.

291 Besondere Probleme ergeben sich durch die Veräußerung der Firma für den verbleibenden Rechtsträger. Der Erwerber im Rahmen einer übertragenden Sanierung, der auch die Firma erworben hat, hat einen vertraglichen Anspruch darauf, dass die Firma der insolventen Gesellschaft geändert wird, um Verwechselungen vorzubeugen und die negative Marktwirkung der Insolvenz von seinem neuerworbenen Unternehmen fernzuhalten. Für die Änderung der Firma sind und bleiben aber auch in der Insolvenz die Gesellschafter zuständig. Die herrschende Auffassung im Schrifttum geht jedoch davon aus, dass diese zur Satzungsgewalt zählende Zuständigkeit der Gesellschafter in der Insolvenz ihre Schranke insoweit findet, als sie zur Beeinträchtigung der Insolvenzmasse führt. Da die Firma in die Insolvenzmasse fällt, der Verwalter aber befugt ist, die Masse und damit auch die Firma ohne Zustimmung der Gesellschafter zu veräußern, gilt der Insolvenzverwalter daher als berechtigt, während der Dauer des Insolvenzverfahrens und für den Fall der Verfahrensbeendigung eine Ersatzfirma zu bestimmen.

> *Uhlenbruck*, a. a. O.;
> *Ulmer*, NJW 1983, 1702.

Anderes gilt nur für die Personalfirma des Einzelkaufmanns, die der Insol- 292
venzverwalter nicht aus eigener Machtbefugnis ändern kann.

Herchen, ZInsO 2004, 1112, 1116.

(5) Immaterialgüterrechte

Eine besondere Problematik stellte sich bisher im Hinblick auf die Behand- 293
lung von Lizenzverträgen. Bisher unterlagen Lizenzverträge dem Wahlrecht
des Insolvenzverwalters. Das stellte sich insbesondere für den Lizenznehmer
als problematisch dar, wenn der Insolvenzverwalter des Lizenzgebers die
Nichterfüllung des Vertrages wählt. In diesem Fall soll die Lizenz, selbst
dann wenn es sich um eine ausschließliche handelt, analog § 9 VerlG erlöschen,

Dahl/Schmitz, NZI 2007, 626;
LG Mannheim, Urteil v. 27.06.2003 – 7 O 127/03, ZIP 2004, 576.

In der Folge steht dem Vertragspartner nur noch ein Anspruch auf Scha- 294
densersatz wegen Nichterfüllung zu. Bei diesem handelt es sich um eine einfache Insolvenzforderung, so dass er im Regelfall auf eine geringe Quote
verwiesen wird. Der BGH hat den Versuchen des Schrifttums, dem Lizenz-
geber ein Aussonderungsrecht zuzubilligen,

z. B. *Bausch*, NZI 2005, 289;
Köhler-Ludwig, NZI 2007, 79, 82,

eine Absage erteilt.

BGH, Urteil v. 17.11.2005 – IX ZR 162/04, NJW 2006, 915.

Der Gesetzgeber hat dies zum Anlass genommen, den Anliegen der lizenz- 295
nehmenden Unternehmen Rechnung zu tragen. Das soll durch die Einführung eines § 108a InsO erfolgen. Diese Norm schreibt die grundsätzliche
Insolvenzfestigkeit von Lizenzverträgen fest. Danach unterliegt der Lizenzvertrag nicht mehr dem Wahlrecht des Verwalters, sondern behält im Insolvenzverfahren seine volle Gültigkeit. Nach dem geplanten § 108a Satz 2
InsO bleiben vertragliche Nebenpflichten nur insoweit bestehen, als deren
Erfüllung für die Nutzung des lizensierten Rechts durch den Lizenznehmer
zwingend erforderlich ist. Das soll einen angemessenen Ausgleich zwischen
dem Interesse des Lizenznehmers am Fortbestand des Vertrags sowie dem
Interesse der Gläubiger des Lizenzgebers am Erhalt der Insolvenzmasse
schaffen.

Begründung RegE, S. 58 f.;
Dahl/Schmitz, a. a. O. (629).

Nach dem zukünftigen § 108a Satz 3 InsO kann der Insolvenzverwalter bei 296
einem krassen Missverhältnis zwischen der vereinbarten und einer marktgerechten Vergütung eine Anpassung des Vertrags verlangen. Dem Lizenznehmer steht ein Recht zur außerordentlichen Kündigung zu.

(6) Gesellschaftsvertragliche Veräußerungsbeschränkungen

297 Die Abtretung von Geschäftsanteilen einer GmbH bedarf in vielen Fällen nach näherer Bestimmung der Satzung der Zustimmung der Gesellschafter bzw. der Gesellschafterversammlung. Nach herrschender Auffassung in der Literatur gelten im Gesellschaftsvertrag vorgesehene Zustimmungserfordernisse oder Veräußerungsbeschränkungen nicht bei einer Veräußerung aus der Insolvenz, weil die Veräußerung durch den Insolvenzverwalter zu Gunsten der Gläubiger das Insolvenzverfahren als Verwertung nicht durch gesellschaftsvertragliche Regelungen eingeschränkt werden kann.

> *Lutter/Hommelhoff*, GmbHG, 16. Aufl., § 15 Rn. 51;
> MükO-*Lwowski*, § 35 Rn. 243

298 Folglich kann der Insolvenzverwalter beim Unternehmensverkauf aus der Insolvenzmasse dem Erwerber auch ohne Einhaltung einer satzungsmäßigen Vinkulierungsvorschrift eine Beteiligung verkaufen und übertragen, die außerhalb eines Insolvenzverfahrens wegen fehlender Zustimmung der Gesellschafter unveräußerbar wäre.

bb) Forderungsmanagement

299 In der Regel stehen nach dem Unternehmenskaufvertrag sowohl der Insolvenzmasse als auch den Erwerbern Altforderungen bzw. Forderungen aus laufenden Verträgen zu. In einem solchen Fall sollten zur Vermeidung von Streitigkeiten möglichst eindeutige Regelungen zum Forderungsmanagement getroffen werden.

> *Vallender*, GmbHR 2004, 642; 647.

300 Kauft der Erwerber nicht den gesamten Forderungsbestand des Schuldnerunternehmens aus Lieferung und Leistung, so muss der Forderungseinzug eindeutig geregelt werden. Dies erfordert eine Abgrenzung dahingehend, ob und in welchem Umfang der Insolvenzverwalter bzw. Erwerber berechtigt bzw. verpflichtet sein soll, Forderungen einzuziehen bzw. bei dem Forderungseinzug mitzuwirken.

> Bernsau/Höpfner/Rieger/Wahl-*Höpfner*, Handbuch der übertragenden Sanierung, S. 116.

301 Soll nach dem Willen der Parteien der Insolvenzverwalter die Forderungen der Insolvenzmasse selbst einziehen, so stellt sich für ihn in tatsächlicher Hinsicht das Problem, dass er nicht über die sachlichen und personellen Mittel zum Forderungseinzug verfügt, weil auch diese im Rahmen der übertragenden Sanierung auf den Erwerber übergegangen sind. Auch werden die für den Forderungseinzug notwendigen Unterlagen regelmäßig im Rahmen des asset deals dem Erwerber übergeben werden. Ein effektiver Forderungseinzug durch den Insolvenzverwalter setzt daher voraus, dass der Erwerber sich im Vertrag verpflichtet, den Insolvenzverwalter gegen angemessene Vergütung bei dem Forderungseinzug mit sachlichen und personellen Mitteln zu unterstützen. Idealerweise sollte dabei dem Insolvenzverwalter ein eigen-

ständiges Weisungsrecht gegenüber den zuständigen Mitarbeitern einge-
räumt werden.

Bernsau/Höpfner/Rieger/Wahl-*Höpfner*, a. a. O., S. 119.

Kommen die Vertragsparteien demgegenüber überein, dem Erwerber den   **302**
Einzug der Forderungen der Insolvenzmasse zu übertragen, so wird in der
Regel zugunsten des Erwerbers für die Abrechnung und den Forderungsein-
zug ein Bearbeitungsentgelt in Höhe eines bestimmten Prozentsatzes des
Netto-Rechnungsbetrages vereinbart. Ferner wird man in diesem Fall eine
Verpflichtung des Erwerbers zur regelmäßigen Rechnungslegung sowie fixe
Zahlungstermine bzw. -fristen in den Vertrag aufnehmen.

Bernsau/Höpfner/Rieger/Wahl-*Höpfner*, a. a. O., S. 118.

b) Kaufpreisbemessung

Bei der Bestimmung des Kaufpreises im Rahmen übertragender Sanierungen   **303**
ergeben sich erhebliche Unterschiede zur üblichen Kaufpreisfindung bei Unternehmenskäufen.

Insbesondere kann die Bemessung des Kaufpreises bei einem Unterneh-   **304**
menskauf aus der Insolvenz nicht auf der Grundlage der sonst bei Kauf eines
lebenden Unternehmens üblichen Methoden erfolgen. Eine Bewertung anhand der vergangenen und erwarteten Erträge kommt nicht in Frage, da das
Unternehmen gerade keinen Gewinn erwirtschaftete. Auch die Substanz-
wertmethode scheidet im Falle der Überschuldung aus, da Eigenkapital nicht
vorhanden ist.

Bernsau/Höpfner/Rieger/Wahl-*Bernsau*, a. a. O., S. 50.

Die Bestimmung eines Gesamtkaufpreises anhand eines auf das Gesamt-   **305**
unternehmen bezogenen Kriteriums scheidet im Regelfall schon deshalb aus,
weil der Insolvenzverwalter wegen der Kostenbeiträge der Absonderungsberechtigten sowie eventueller Verwertungsabreden den vereinbarten Gesamtkaufpreis auf die einzelnen verkauften Gegenstände aufzuteilen hat, damit
jedem Gegenstand oder jeder zusammengehörigen Sachgesamtheit ein Kaufpreisanteil als Verwertungserlös zugeordnet werden kann.

Gesetzlicher Anhaltspunkt für die Kaufpreisermittlung ist der gesetzliche   **306**
Auftrag des Insolvenzverwalters gemäß § 1 InsO. Ziel muss es sein, für die
Gläubiger eine möglichst hohe Quote zu erreichen.

Für die Beurteilung eines Gebotes wird der Verwalter vor allem zwei Krite-   **307**
rien zugrunde legen: zum einen hat er die Liquidationswerte der einzelnen
Wirtschaftsgüter des Unternehmens als Bewertungsuntergrenze anzusetzen,
zum anderen wird er berücksichtigen, welche Masseverbindlichkeiten bei der
Liquidation des Schuldnerunternehmens oder bei einer weiteren Betriebsfortführung entstehen bzw. um welche Masseverbindlichkeiten die Insolvenzmasse bei einer übertragenden Sanierung entlastet wird.

Zu Einzelheiten der Kaufpreisbemessung vgl. Bernsau/Höpfner/
Rieger/Wahl-*Bernsau*, a. a. O., S. 51 ff. sowie unten Teil III.

c) Garantievereinbarungen

aa) „Garantiefeindlichkeit" des Insolvenzverwalters

308 Einer der wesentlichen Unterschiede zwischen einem „normalen" Unternehmenskauf und einem Unternehmenskauf aus der Insolvenz liegt darin, dass der Insolvenzverwalter in fast allen Fällen nicht bereit sein wird, die sonst bei Unternehmenskäufen üblichen Garantien zu übernehmen.

> Vgl. zu den sonst üblichen Garantien den umfangreichen Katalog bei *Holzapfel/Pöllath*, Unternehmenskauf in Recht und Praxis, 11. Aufl., Rn. 503–506.

309 Üblicherweise wird beim Verkauf eines lebenden Unternehmens die Richtigkeit der Bilanz einschließlich der Grundsätze ordnungsgemäßer Buchführung versichert. Ferner werden häufig Garantien dafür übernommen, dass das Unternehmen auch in Zukunft bestimmte Umsatz- und Ertragsgrößen erreicht. Derartige Garantien kann der Insolvenzverwalter nicht abgeben. Häufig wird er im insolventen Unternehmen keine ordnungsgemäße Buchhaltung vorfinden und nur in beschränktem Umfang auf aktuelle Bilanzen und betriebswirtschaftliche Auswertungen zurückgreifen können. Aber auch wenn solche Unterlagen vorhanden sind, wäre die Prüfung, ob diese Zahlenwerke den Grundsätzen ordnungsgemäßer Buchführung entsprechen, entweder unmöglich oder jedenfalls aufwendig und kostspielig.

> Bernsau/Höpfner/Rieger/Wahl-*Höpfner*, Handbuch der übertragenden Sanierung, S. 129.

310 Der Insolvenzverwalter wird es ferner vermeiden, das Bestehen bzw. die erfolgreiche Übernahme von Verträgen oder das Vorliegen von Aufträgen zum Gegenstand einer Garantie zu machen, da er nicht sicher sein kann, dass ihm hinsichtlich bestehender Verträge bzw. Kundenaufträge sämtliche relevanten Vertragserklärungen der Parteien zur Verfügung standen. Der Insolvenzverwalter kann nicht sicher ausschließen, dass Kunden ihre Aufträge gekündigt haben, Verträge zwischenzeitlich einvernehmlich aufgehoben wurden oder Willenserklärungen angefochten oder widerrufen wurden.

> Bernsau/Höpfner/Rieger/Wahl-*Höpfner*, a. a. O., S. 132.

311 Vergleichbare Gründe werden den Insolvenzverwalter auch von den meisten anderen, sonst bei Unternehmenskäufen üblichen Garantien abhalten.

312 Grund für diese „Garantiefeindlichkeit der Insolvenzverwalter" ist letztlich die Vermeidung der persönlichen Haftung des Verwalters. Der Insolvenzverwalter kennt den Kaufgegenstand in der Regel erst seit wenigen Wochen und nur rudimentär. Schließlich wird er in der Mehrzahl der Fälle auch nicht branchenkundig sein. Er wird daher in der Regel darauf bestehen, das Unternehmen in dem Zustand zu übertragen, in welchem er es vorgefunden hat. Er wird dem Erwerber eher mit dem Preis entgegenkommen als Garantien zu übernehmen.

bb) Gewährleistungsausschluss

Anstatt Garantien zu übernehmen, wird der Insolvenzverwalter in der Regel   313
auf einem Gewährleistungsausschluss bestehen. Unternehmenskaufverträge
aus der Insolvenz sehen daher regelmäßig vor, dass der Verkäufer keine Ge-
währleistungs- oder Schadensersatzverpflichtungen irgendwelcher Art über-
nehme. In der Literatur wird ferner empfohlen, auch die Nacherfüllungsan-
sprüche nach § 439 BGB ausdrücklich auszuschließen.

> *Vallender*, GmbHR 2004, 642, 648.

Im Hinblick auf die Regelung des § 444 BGB wird geraten, in den Vertrag   314
eine weitere Klausel aufzunehmen, nach welcher der Verkäufer Einsicht in
alle notwendigen und relevanten Unterlagen erhalten hat und auch alle Gegenstände in Augenschein genommen hat.

> *Vallender*, a. a. O., 648.

Es ist aus Erwerbersicht nicht sinnvoll, an diesem Punkt die Verhandlungen   315
in die Länge zu ziehen. Die Insolvenzmasse wird ohnedies nur in wenigen
Fällen in der Lage sein, auftretende Gewährleistungsansprüche zu befriedigen. Zeigt der Insolvenzverwalter nach Geltendmachung von Gewährleistungsansprüchen des Erwerbers nach § 208 InsO Masseunzulänglichkeit an,
sind die Käuferrechte nicht mehr durchsetzbar.

Es verbleiben dem Erwerber daher allenfalls Ansprüche gegen den Insol-   316
venzverwalter persönlich.

Voraussetzung hierfür wäre, dass ein die persönliche Haftung des Verwalters   317
auslösendes Verhalten die Gewährleistungsansprüche begründet hat.

Denkbar ist zum einen der Fall, dass der Insolvenzverwalter wesentliche   318
Umstände, die ihm bekannt waren und zu den Gewährleistungsansprüchen
führten, verschwiegen hat.

Ferner kann der Insolvenzverwalter als Sachwalter nach den Grundsätzen der   319
Vertreterhaftung wegen Inanspruchnahme besonderen persönlichen Ver-
trauens (§ 311 Abs. 3 BGB) haften.

> BGH, Urteil v. 12.10.1989 – IX ZR 245/88, ZIP 1989, 1584;
> Urteil v. 12.11.1987 – IX ZR 259/86, ZIP 1987, 1586;
> Urteil v. 14.04.1987 – IX ZR 260/86, ZIP 1987, 650;
> dazu *Baur*, EWiR 1987, 609.

Ebenso kommt eine persönliche Haftung des Insolvenzverwalters nach   320
§§ 60, 61 InsO wegen Masseunzulänglichkeit in Frage. Der Verwalter kann
sich jedoch exkulpieren, wenn er beweist, dass er bei Eingehung der Verbindlichkeit nicht erkennen konnte, dass die Masse voraussichtlich zur Erfüllung
nicht ausreichen würde. Das wird bei Gewährleistungsansprüchen wohl nicht
der Fall sein.

> MüKo-*Brandes*, §§ 60, 61 Rn. 34.

cc) Mögliche Garantien

321 Möglich und häufig verwendet ist eine Klausel, mit der der Insolvenzverwalter seine Verfügensbefugnis garantiert und nachweist.

322 Zu empfehlen wäre eine Vertragsklausel dahingehend, dass sich die Parteien einig sind, dass die verkauften Vermögensgegenstände im Eigentum der Schuldnerin stehen, es von den Parteien jedoch nicht ausgeschlossen werden kann, dass es sich bei einigen Vermögensgegenständen um Eigentum Dritter (z. B. Leasinggüter oder gemietete Gegenstände) handelt. Ferner kann die Regelung aufgenommen werden, dass die mögliche Mitveräußerung von Gegenständen, die nicht zur Masse gehören, auf den Vertrag keinen Einfluss hat und auch keine Schadensersatzansprüche auslöst.

323 Ferner gewährleistet der Verwalter die Existenz des verkauften Anlagevermögens und der verkauften Roh-, Hilfs- und Betriebsstoffe.

324 Eine typische Gewährleistungsklausel des vom Verwalter vorbereiteten Unternehmenskaufvertrages lautet:

> *Der Käufer hatte ausreichend Gelegenheit, sich von den Rechten, dinglichen Berechtigungen und Ansprüchen an den Vermögensgegenständen, die Gegenstand dieses Vertrages sind, sowie über Zustand und Beschaffenheit der Vermögensgegenstände, Vertrags- und Rechtsverhältnisse, die Gegenstand dieses Vertrages sind, zu überzeugen.*

> *Der Verkäufer garantiert ausschließlich die Existenz des in Anlage 1 aufgeführten beweglichen Anlagevermögens und die Existenz der veräußerten Roh-, Hilfs- und Betriebsstoffe. Im Zusammenhang mit dem vorgenannten beweglichen Anlagevermögen und den Roh-, Hilfs- und Betriebsstoffen erstreckt sich die Gewährleistung des Verkäufers nicht auf Abtretungen zu Sicherungszwecken im Rahmen des gewöhnlichen Geschäftsbetriebs und nicht auf irgendeine Art von Eigentumsvorbehalten von Lieferanten, verlängerte Eigentumsvorbehalte eingeschlossen.*

> *Sämtliche mit diesem Kaufvertrag verkauften und übertragenen Gegenstände gem. Anlage 1 sind gebraucht und möglicherweise beschädigt. Die Gegenstände gem. Anlage 1 werden deshalb verkauft wie besichtigt. Der Käufer ist daher nicht verpflichtet, die Gegenstände frei von Sachmängeln zu verschaffen. Eine bestimmte Beschaffenheit ist nicht vereinbart. Eine Haftung für Sachmängel jeder Art ist, so nicht arglistige Täuschung vorliegt, ausgeschlossen. Dem Käufer stehen, so nicht arglistige Täuschung vorliegt, die Rechte aus §§ 437 ff. BGB nicht zu. Dies gilt auch dann, wenn Mängel im Zeitraum zwischen Vertragsschluss und Gefahrübergang auftreten sollten, es sei denn, der Verkäufer hätte diese grob fahrlässig zu vertreten. Soweit dem Verkäufer Ansprüche gegen Dritte (Schädiger, Versicherung) zustehen, tritt der Verkäufer – unter Ausschluss jeder Gewährleistung – seine möglichen Ansprüche an die den Abtretung bereits jetzt annehmenden Käufer ab.*

Für die Frage, ob arglistige Täuschung vorliegt und/oder welches Wissen zuzurechnen ist, ist allein der Wissenstand des Verkäufers oder des von ihm mit den Vertragsverhandlungen Beauftragten entscheidend. Eine Zurechnung des Wissens der Schuldnerin, sei es aus deren Unterlagen, von deren Organen, Mitarbeitern oder sonst von ihr beauftragten, findet nicht statt.

Rein vorsorglich sind Ansprüche des Verkäufers auf Nacherfüllung ausgeschlossen, der Verkäufer ist jedoch dazu berechtigt.

Darüber hinaus ist der Verwalter in der Regel bereit, die Zusage abzugeben, **325** dass der Betrieb bis zum Übertragungsstichtag in ordnungsgemäßer Weise geführt wurde und Maßnahmen außerhalb des gewöhnliche Geschäftsbetriebes nicht stattgefunden haben.

d) Besonderheiten der Due Diligence inkl. beihilferechtlicher und umweltrechtlicher Fragen

aa) Check-Liste für übertragende Sanierungen

Eine Prüfung des Zielunternehmens (Due Diligence) ist wegen des Zeit- **326** drucks, häufig auch wegen der mangelhaften Dokumentation nur eingeschränkt möglich. Gleichwohl ist sie in vielen Fällen gerade im Hinblick auf die fehlenden Garantien des Verkäufers unentbehrlich.

Eine Due-Diligence-Prüfung erfolgt in der Regel anhand von Checklisten. **327** Diese enthalten jedoch zahlreiche Punkte, die im Rahmen eines Unternehmenserwerbs aus der Insolvenz ohne Belang sind. Im Anhang wird eine typische Due-Diligence-Checkliste abgedruckt, bei der die im Rahmen einer übertragenden Sanierung irrelevanten Punkte durchgestrichen sind.

Eine auf den Unternehmenskauf in der Insolvenz zugeschnittene Checkliste findet sich auch bei *Fiebig/Undritz*, MDR 2003, 254.

Information	Relevanz/Prüfungs-umfang	Fundort bzw. vor-handen ja/nein
Gesellschaftsstruktur		
Name, Rechtsform, Gesell-schaftsvertrag, Eintragung im Handelsregister		
Beteiligungen an anderen Ge-sellschaften	Besonders relevant bei Kon-zerninsolvenzen, da Kon-zern in Insolvenz in Einzel-teile zerfällt und jedes Un-ternehmen der individuellen insolvenzrechtlichen Prü-fung unterzogen wird. Gehören sie mit zum Kauf-gegenstand?	
	Wenn ja, muss die DD auch bzgl. der Töchter durchge-führt werden! Achtung: Haftungserleich-terungen (zB keine Geltung der § 25 HGB, § 75 AO in Insolvenz) gelten nur für insolvente Mutter.	
Niederlassungen	Gehören sie mit zum Kauf-gegenstand? Das zu Tochtergesellschaf-ten bemerkte gilt ebenso. Sofern die Niederlassung rechtlich unselbständig ist, greifen allerdings die Haf-tungserleichterungen des Mutterhauses.	
Unternehmensverträge, Be-herrschungsverträge, Ergebnis-abführungsverträge	Gehen Beteiligungen an Tochtergesellschaften mit über, haben die Verträge keinen Bestand mehr.	

Fortsetzung

Information	Relevanz/Prüfungs-umfang	Fundort bzw. vor-handen ja/nein
Umsatzgrößen	Relevant für die Fusions-kontrolle.	
Sonstige gesellschaftsrecht-liche Verträge und Absichts-erklärungen		
Aktueller HR-Auszug		
Aktuelle beglaubigte Kopie des Gesellschaftsvertrages sowie aller nichteingetragener, satzungsändernder Gesell-schafterbeschlüsse	Bedeutung ausschließlich im Share Deal. Der Nor-malfall der übertragenden Sanierung ist ein Asset Deal.	
Versammlungs- und Beschluss-protokoll	Bedeutung ausschließlich im Share Deal. Der Nor-malfall der übertragenden Sanierung ist ein Asset Deal.	
Öffentliche Erklärungen und Anmeldungen	Beispielsweise kartellrecht-lich.	
Betriebsgenehmigungen		
Geprüfte Jahresabschlüsse der letzten 5 Jahre		
Für die Gesellschaft bisher tätige Rechts- und Patentanwälte, Steuerberater, Wirtschafts-prüfer und Notare		

Kapitalstruktur und Steuern

Die Kapitalstruktur der Gesellschaft hat Bedeutung im Share Deal. Der Normalfall der übertragenden Sanierung ist der Asset Deal. Steuerverbind-lichkeiten werden bei einem Verkauf aus einem eröffneten InsoVerf heraus gem. § 75 AO vom Erwerber nicht übernommen. Anderes gilt jedoch z. B. bei einem Verkauf aus dem Eröffnungsverfahren heraus, bzw. bei einem Share Deal.

Fortsetzung

Information	Relevanz/Prüfungs-umfang	Fundort bzw. vor-handen ja/nein
Gezeichnetes und genehmigtes Kapital, Kapitalerhöhungen, Leistung der Bar- und Sachein-lage, lückenlose Urkunden über den Stand und die Entwicklung der Gesellschaftsanteile		
Bilanzen und finanzwirtschaft-liche Lage: Konzernabschluss, Bilanzen der Einzelunterneh-men, Jahresabschlüsse, Gewinn- und Verlustrechnung, Buch-führung, BWAs, etc.		
Vereinbarungen zwischen Ge-sellschaftern untereinander und/oder mit der Gesellschaft		
Optionen, Bezugsrechte oder sonstige kapitalbezogenen Rechte		
Überschuldungsstatus und Liquiditätsübersichten		
Zuständiges Finanzamt, Steuer-nummer, Umsatzsteuer-Iden-tifikationsnummer		
Steuererklärungen und -be-scheide		
Steuerschulden		
Prüfungsberichte		
Arbeitsverhältnisse		
Liste der Mitarbeiter, Führungs-kräfte und Organmitglieder		
Arbeitsverträge		

Fortsetzung

Information	Relevanz/Prüfungs-umfang	Fundort bzw. vorhanden ja/nein
Muster-Anstellungsverträge/ Standardvereinbarungen		
Vereinbarungen über Zusatz-vergütungen, Abfindungszah-lungen		
Verträge mit freien Mitarbeitern (Individual- und Standardver-träge, Zusatzvereinbarungen)		
Pensionspläne		
Arbeitgeber- und Arbeitneh-merbeiträge		
Einzelpensionsvereinbarungen		
Gruppenversicherungen		
Arbeitnehmern gewährte Darlehen		
Darstellungen von Verstößen der Gesellschaft gegen arbeits-rechtliche Bestimmungen		
Schwerbehinderte		
Altersstruktur der Arbeit-nehmer		
Ausfallzeiten der Arbeitnehmer		
Existenz, Identität und Vergü-tung von Gesellschaftsorganen (Geschäftsführer, Aufsichtsrat, Beirat, Vorstand)	Bedeutung bei Share Deal oder bei (vorläufiger) Mit-nahme der Geschäftsfüh-rung bzw. der Organe.	
Identität und Vollmachten der Prokuristen und Bevollmäch-tigten	Auch bei Asset Deal wichtig wegen § 613a BGB.	

Fortsetzung

Information	Relevanz/Prüfungs-umfang	Fundort bzw. vorhanden ja/nein
Mögliche Interessenkonflikte dieser Personen		
Im Betrieb tätige Betriebsräte und Gewerkschaften, existente Betriebsvereinbarungen und sonstige kollektivrechtlichen Regelungen		
Grundvermögen		
Grundbuchauszüge für Grundstücke und Erbbaurechte		
Dingliche und öffentlich-rechtliche Belastungen		
Gemietete/vermietete Grundstücke		
Unerfüllte Verträge über Immobilienerwerb bzw. -verkauf		
Gewerbliche Schutzrechte		
Patente und -anmeldungen		
Warenzeichen und -anmeldungen		
Urheberrechte		
Geschmacks- und Gebrauchsmuster bzw. -anmeldungen		
Geheimes Know-how		
Internationale Rechte		
Markennamen		
Lizenzverträge für Schutzrechte und Know-how		

Fortsetzung

Information	Relevanz/Prüfungsumfang	Fundort bzw. vorhanden ja/nein
Sonstiges Vermögen		
Bankkonten	Der Bestand von Bankkonten bzw. die Kontoauszüge der Vergangenheit können zwar evtl. Hinweise über Kostenstrukturen des Unternehmens geben, die alten Konten sind jedoch im Regelfall zum Verkaufszeitpunkt bereits durch den (vorläufigen) Insolvenzverwalter aufgelöst bzw. die Guthaben auf das Verwalter-Anderkonto überführt.	
Sicherungsrechte (Grundpfandrechte, Sicherungsübereignungen und -abtretungen, Bürgschaften, Pfändungen und Verpfändungen)	Sicherheiten, die noch auf Assets des Unternehmens liegen, sind i.d.R. bereits durch den Verwalter festgestellt worden, da ihm die Verwertungsrechte zustehen. Trotzdem sollte auch ein Käufer darauf achten, dass wirklich alle Sicherheiten erfasst wurden, da hier die Gläubiger in eine Vereinbarung miteinbezogen werden müssen, um einen wirksamen, lastenfreien Übergang der Vermögensgegenstände sicherzustellen.	

Fortsetzung

Information	Relevanz/Prüfungs-umfang	Fundort bzw. vorhanden ja/nein
Darlehen und Vorschüsse	Sofern nicht ein Share Deal stattfindet (im Regelfall nicht!), haben die Verbindlichkeiten des Unternehmens bei der Prüfung keine Relevanz, da eine übertragende Sanierung ja gerade dazu dient, Vermögensgegenstände und Verbindlichkeiten zu trennen. Sie verbleiben also bei dem insolventen Unternehmen. Dennoch kann eine Analyse der Verbindlichkeiten dazu dienen, die „Knackpunkte", die letztlich zur Insolvenz führten, näher zu bestimmen.	
Finanzielle Verbindlichkeiten	Siehe Kommentar zu Darlehen und Vorschüsse.	
Subventionen, Prämien, Investitionszulagen, Zuschüsse	Siehe Kommentar zu Darlehen und Vorschüsse.	
Kraftfahrzeuge und -briefe		
Computersysteme und sonstige Maschinen		
Mangelhafte Gegenstände des Anlage- und Umlaufvermögens		
Zahlungsverzüge	Siehe Kommentar zu Darlehen und Vorschüsse.	

Fortsetzung

Information	Relevanz/Prüfungs- umfang	Fundort bzw. vor- handen ja/nein
Umwelt		

Ausführliche Checklisten zur umweltrechtlichen DD bei *Sietz/ Sondermann*, Umweltaudit und Umwelthaftung, 3 ff.

Insbesondere soweit Grundstücke mit veräußert werden, ist eine mögliche Kontamination mit Altlasten sorgfältig zu prüfen, da gem. § 4 BBSchG auch der Grundstückseigentümer als Rechtsnachfolger für die Altlastenbeseitigung haftet. Hier besteht also für den Erwerber trotz eines eröffneten Insolvenzverfahrens ein erhebliches Haftungsrisiko.

Angaben über das Betriebsgelände		
Auf dem Betriebsgelände hergestellte Produkte		
Abfall- und Abwasserbeseitigung		
Grundwassergefährdende Substanzen		
Umweltrechtliche Vorkommnisse		
Gefahr- und Giftstoffe		
Emissionen		
Genehmigungspflichtige Anlagen		
Umweltrechtliche Lizenzen		
Arbeitsschutzuntersuchungen		
Umweltrechtliche Verstöße		
Drohende, anhängige und abgeschlossene umweltrechtliche Untersuchungen		

Fortsetzung

Information	Relevanz/Prüfungs-umfang	Fundort bzw. vorhanden ja/nein
Umweltschutz-, Arbeitsschutz und Sicherheitspolitik, jährlicher Kostenaufwand		
Sanierung von Umweltschäden		
Dauerrechtsverträge		
Versicherungsverträge		
Verträge mit Lieferanten		
Verträge mit Kunden		
Handelsrechtliche Verträge mit Vertriebsmittlern (Vertragshändler, Handelsvertreter, Kommissionäre usw.)		
Kooperationsvereinbarungen/ Joint Venture		
Miete/Leasing/Gebrauchsüberlassung		
Factoring		
Ver- und Entsorgungsverträge		
Unternehmenskaufverträge		
Wettbewerbsbeschränkungen		
Staatliche Verträge		
Change of Control Klauseln	Alle Verträge, die durch die Änderung der Beteiligungsverhältnisse verändert werden oder verändert werden können (z. B. Kündigungsrechte, Unwirksamkeitsklauseln etc.)	

3. Risiken/Schwierigkeiten bei einem „Asset deal"

Fortsetzung

Information	Relevanz/Prüfungs-umfang	Fundort bzw. vor-handen ja/nein
Sonstige wirtschaftlich relevante Verträge		

Internet

Internetdomains		
Beschreibung der technischen Voraussetzungen/Sicherheits-standards des Zahlungsverkehrs		
Beschreibung der Sicherstellung des Datenschutzes bei Tele-dienstes	Angebote von Waren- und Dienstleistungen mit un-mittelbarer und interaktiver Bestellmöglichkeit	
Kopie aller Web-Seiten bzw. der Oberflächen der Bestell-seiten bei Telediensten	Anbieterkennzeichnung § 6 TDG	

Rechtsstreitigkeiten (drohende und anhängige)

Finanzrechtliche Streitigkeiten		
Verfahren wegen Schutzrechts-verletzungen		
Arbeitsrechtliche Streitigkeiten, insb. Kündigungsverfahren		
Sozialrechtliche Streitigkeiten		
Umweltrechtliche Verfahren		
Sonstige Zivilrechtsstreitig-keiten		
Straf- und Bußgeldverfahren		

73

Fortsetzung

Information	Relevanz/Prüfungs-umfang	Fundort bzw. vor-handen ja/nein
Sonstiges		
Laufende Genehmigungsver-fahren		
Mitteilungen/Studien/Produkt-informationen		
Qualitätsmanagement (Existiert ein lizenziertes oder zertifizier-tes Qualitätssicherungshand-buch (DIN ISO 9000-9004)?)		
Mitgliedschaften (Betriebsbe-zogene Mitgliedschaften in Organisationen und Vereini-gungen sowie Verbänden)		
Besondere Geschäftsidee		

bb) Haftung für Altlasten

(1) Verantwortlichkeit des Insolvenzverwalters für Altlasten

328 Die Kosten der Altlastenbeseitigung in Insolvenz beschäftigt seit vielen Jah-ren Insolvenzverwalter, Behörden, Gerichte und Wissenschaft. Die Frage der Zuordnung dieser Kosten ist nicht nur von erheblicher Bedeutung für die Befriedigungschancen der Gläubiger, sondern auch für die Chancen einer (übertragenden) Sanierung.

329 In der bisherigen Diskussion standen sich eine „massefreundliche" und eine „massefeindliche" Lösung gegenüber. Nach dem massefreundlichen Ansatz traf den Insolvenzverwalter keine Ordnungspflicht für Verunreinigungen des Bodens vor der Eröffnung des Insolvenzverfahrens. Nach dieser Auffassung waren folglich auch die Kosten der Ersatzvornahme keine Masseschulden nach § 55 InsO, sondern einfache Insolvenzforderungen. Der „massefeind-liche" Ansatz sah den Insolvenzverwalter kraft dessen umfassender Sachherr-schaft als Zustandsstörer an und begriff infolgedessen die Haftung für Bo-denverunreinigungen als Masseverbindlichkeit. Auch die Freigabe von Mas-

segrundstücken sollte nach dieser Auffassung sittenwidrig sein und damit keine enthaftende Wirkung entfalten.

Zum Meinungsstreit vgl. MüKo-*Lwowski*, § 35 Rn. 96 ff.

Das Bundesverwaltungsgericht hat durch eine Grundsatzentscheidung vom 23. September 2004 hier für eine gewisse Klarheit gesorgt,   330

vgl. BVerwG Urteil v. 23.09.2004 – 7 C 22/03, ZIP 2004, 2145; dazu ausführlich *Hess*, InsO, 2007, § 55 Rn. 65 ff.

Nach der Lösung des Bundesverwaltungsgerichts kann der Insolvenzverwal-   331 ter bis zur Freigabe des Grundstücks aus dem Insolvenzbeschlag für die Altlastensanierung herangezogen werden. Seine bodenrechtlichen Verpflichtungen gem. § 4 Abs. 3 Satz 1 BBodSchG sind Masseverbindlichkeiten i. S. von § 55 Abs. 1 Nr. 1 InsO. Das Bundesverwaltungsgericht bekräftigt in seiner Entscheidung die Trennung von Insolvenzrecht und öffentlichem Recht. Das Insolvenzrecht bestimme, wie Ordnungspflichten im Insolvenzverfahren einzuordnen seien (also z. B. als Masseverbindlichkeit oder Insolvenzforderung), das öffentliche Recht bestimme, ob den Insolvenzverwalter eine Ordnungspflicht für die vom Massegegenstand ausgehende Störung trifft. Deshalb sei auch die Frage, ob allein die dem Übergang der Verwaltungs- und Verfügungsbefugnis folgende Inbesitznahme der Masse durch den Insolvenzverwalter nach § 148 Abs. 1 InsO eine Ordnungspflicht für von der Masse ausgehende Störungen bekundet, ausschließlich nach den Tatbestandsmerkmalen des jeweils einschlägigen Ordnungsrechts zu bestimmen,

Hess, a. a. O., Rn. 68.

Nach Auffassung des Bundesverwaltungsgerichts kann der Insolvenzverwal-   332 ter aber die betroffenen Grundstücke freigeben und darf nach der Freigabe nicht mehr zu deren Sanierung herangezogen werden. Die Möglichkeit der Freigabe sei insolvenzrechtlich anerkannt. Durch die Freigabe entfalle die tatsächliche Gewalt über die Flächen und damit die bodenschutzrechtliche Voraussetzung für eine Inanspruchnahme.

Da die Schonung der Masse Pflicht des Insolvenzverwalters ist, kann die   333 Freigabe von Vermögenswerten, die die Masse belasten, durchaus eine Amtspflicht des Insolvenzverwalters nach § 60 InsO sein,

Hess, a. a. O., Rn. 70;
Blum, Ordnungsrechtliche Verantwortlichkeit in der Insolvenz, S. 214.

Zum Pflichtenprogramm des Insolvenzverwalters bei Altlastenverdacht vgl. *Küpper/Heinze*, ZInsO 2005, 409 ff.

(2) Verantwortlichkeit des Investors bei übertragender Sanierung

Mit der Übereignung des kontaminierten Grundstücks trifft den Erwerber   334 die Zustandshaftung des Grundstücks. Eventuelle Ordnungsverfügungen richten sich vom Zeitpunkt der Übereignung an gegen den Rechtsnachfolger,

Runkel-*Undritz*, Anwaltshandbuch Insolvenzrecht, § 14 Rn. 100, 102.

335 Dies ist im Falle eines Unternehmens(teil)kaufs der Erwerber. Im Rahmen von übertragenden Sanierungen stellt also die bodenrechtliche Verantwortlichkeit eine ernste Gefahr für die Sanierungschance und für den potenziellen Investor dar. Das gilt um so mehr, als der Insolvenzverwalter sich regelmäßig weigern wird, irgendwelche Gewährleistungen zu übernehmen.

336 Die Freigabe des Grundstücks ist dann keine Lösung, wenn das Grundstück betriebsnotwendig ist und daher im Rahmen der übertragenden Sanierung in jedem Fall mitveräußert werden soll.

337 Eine für alle Fälle passende Lösung kann hierfür nicht angeboten werden. Mögliche Ansätze für eine praktische Bewältigung können sein:

• Im Rahmen der Vertragsgestaltung ist darauf zu achten, dass der Investor nicht Gesamtrechtsnachfolger des insolventen Unternehmens wird, da andernfalls die Gesamtrechtsnachfolgerhaftung nach § 4 Abs. 3 Satz 1 BBodSchG einschlägig ist.

• In Frage kommt ferner der Abschluss eines öffentlich-rechtlichen Vertrages mit der zuständigen Behörde und dem Insolvenzverwalter zur Regelung des Haftungsumfangs des Erwerbers. Einzelne Länder (z. B. Bayern) haben bereits allgemeine Verwaltungsanweisungen erlassen, mit denen derartige öffentlich-rechtliche Verträge faktisch als Rechtsinstitut anerkannt werden.

In derartigen Verträgen wird die Haftungshöchstgrenze des Erwerbers festgeschrieben, darüber hinaus erklärt die Behörde die Freistellung.

• Es besteht ferner die Möglichkeit einer Versicherung der Bodensanierungskosten. Wenn es dem Insolvenzverwalter im Zusammenwirken mit dem Investor gelingt, eine derartige Versicherung abzuschließen, ist das Betriebsgrundstück ohne Risiko für den Erwerber veräußerbar. Auch Gewährleistungen des Insolvenzverwalters werden hierdurch entbehrlich.

Allerdings sind derartige Versicherungen im deutschen Versicherungsmarkt ein relativ neues Produkt. Es fehlt insoweit an praktischen Erfahrungen.

cc) Haftung für rechtswidrig gewährte Beihilfen

(1) Rückforderung gewährter Beihilfen für das insolvente Unternehmen

338 Seit den Entscheidungen der Europäischen Kommission in den Sachen „Seleco", „Gröditzer Stahlwerke", „CDA Datenträger Albrechts" und „System Mikroelektronik Innovation" ist in Deutschland die Unsicherheit über die gemeinschaftsrechtliche Behandlung der Rückforderung zu Unrecht gewährter Beihilfen in der Insolvenz des Beihilfeempfängers sehr groß. In den ge-

nannten Entscheidungen hat die Kommission die Haftung für die Rückforderung der Beihilfen auf die Erwerber von wesentlichen Vermögenswerten erweitert. Damit würde in derartigen Fällen eine übertragende Sanierung mit erheblichen Rückforderungsansprüchen der Kommission belastet und im Ergebnis praktisch häufig undurchführbar.

In der Entscheidung „Seleco" hat sich der EuGH mit einer Kommissionsent-   **339**
scheidung befasst, die neben dem ursprünglichen Beihilfeempfänger auch
den Erwerber des beihilfebegünstigten Unternehmens zur Rückzahlung der
Beihilfe verpflichtete,

> EuGH, Urteil v. 08.05.2003 – verb. Rs. C-328/99 – Italienische
> Republik ./. Kommission, und C-399/00 – SIM2 Multimedia
> SPA/Kommission, EuZW 2003, 368.

Der EuGH hat in dieser Entscheidung die Rechtsansichten der Kommission   **340**
bestätigt, wonach der Mitgliedsstaat verpflichtet sei, alle verfügbaren Mittel
juristischer Art zur Rückforderung der Beihilfe einzuleiten, inklusive der Liquidation des Unternehmens, wenn es anders nicht zur Rückzahlung der
rechtswidrig gewährten Beihilfe in der Lage sein sollte.

Die Entscheidung des Europäischen Gerichtshofs vom 29. April 2004,   **341**

> Rs. C-277/00, ZIP 2004, 1013 ff.,

hat hier für eine gewisse Klärung gesorgt. Voraussetzung dafür, dass von einer Auffanggesellschaft, die einen Teil der Tätigkeit des insolventen Unternehmens, welches Beihilfe erhalten hat, nach dem Insolvenzverfahren fortführt, die Beihilfe zurückgefordert werden kann, ist es, dass der tatsächliche Nutzen des mit dem Erhalt der Beihilfen verbundenen Wettbewerbsvorteils bei dieser Auffanggesellschaft verblieben ist. Dies ist nach Auffassung des EuGH insbesondere dann der Fall, wenn die Auffanggesellschaften die Aktiva der insolventen Gesellschaft erwerben, ohne dafür einen den Marktbedingungen, sich aus einem Bieterverfahren ergebenden entsprechenden Preis zu zahlen, oder wenn feststeht, dass mit der Gründung dieser Gesellschaften die Pflicht zur Rückerstattung der Beihilfen umgangen wurde.

Es wird also im Rahmen der Due Diligence bei einer übertragenden Sanie-   **342**
rung entscheidend darauf ankommen, derartige Rückforderungsrisiken zu
entdecken und ggf. im Sinne der zitierten Rechtsprechung des EuGH Vorsorge zu treffen.

(2) Rückforderungsanspruch als einfache Insolvenzforderung

Rechtswidrig gewährte Beihilfen sind nach der Entscheidung der Kommissi-   **343**
on von der Bundesrepublik Deutschland nach Maßgabe des deutschen
Rechts zurückzufordern. Die nationalen Regelungen dürfen aber die Rückforderung nicht ausschließen oder faktisch unmöglich machen. Im Fall von
rechtswidrigen, mit dem gemeinsamen Markt unvereinbaren Beihilfen muss

ein wirksamer Wettbewerb wieder hergestellt und dazu die betreffende Beihilfe unverzüglich zurückgefordert werden,

vgl. jüngst BGH, Urteil v. 05.07.2007 – IX ZR 221/05, ZIP 2007, 1760 ff.

344 Die Verpflichtung zur Rückforderung besteht aber nicht uneingeschränkt. Befindet sich das Unternehmen in der Insolvenz, genügt es, dass der Beihilfegeber seine Rückerstattungsforderung zur Tabelle anmeldet. Denn durch das Insolvenzverfahren und die Liquidation des Beihilfeempfängers wird die durch die unerlaubte Beihilfe hervorgerufene Beeinträchtigung des Wettbewerbs in aller Regel bereinigt,

BGH, Urteil v. 05.07.2007 – IX ZR 221/05, ZIP 2007, 1760, 1763.

345 Der BGH hat in einem neueren Urteil der in der Literatur teilweise vertretenen Auffassung, der Rückforderungsanspruch für staatliche Beihilfen, die als eigenkapitalersetzende Gesellschafterdarlehen zu werten seien, gewähre gemäß § 89 Abs. 1 Nr. 5 InsO nur eine nachrangige Insolvenzforderung, was auch durch das Europarecht nicht modifiziert werde,

Festschrift Lutter-*Bock*, S. 301, 315 f., *Geuting/Michels*, ZIP 2004, 12, 15,

eine Absage erteilt. Der Beihilfegeber sei auch in der Insolvenz des Beihilfeempfängers zur Rückforderung verpflichtet, da nur so die unerlaubte Beeinträchtigung des Wettbewerbs bereinigt werden könne. An der Verpflichtung des Mitgliedsstaats, die Beihilfe effektiv und unverzüglich zurückzufordern, ändere die Insolvenz des Beihilfeempfängers grundsätzlich nichts, so dass auch dann die Anwendung des deutschen Insolvenzrechts die Rückforderung nicht faktisch verhindern dürfe,

Lühe/Lösler, ZIP 2002, 1752, 1758;
BGH, a. a. O., 1763.

346 Wenn die Rückforderung aber nur zu einer nachrangigen Insolvenzforderung führte, hätte der Beihilfegeber nicht einmal die uneingeschränkte Möglichkeit, die Rückforderung zur Tabelle anzumelden, sondern könnte der entsprechenden Pflicht nur nachkommen, wenn das Insolvenzgericht ihn zur Anmeldung aufforderte, so dass er noch schlechter stünde, als dies wegen der Zahlungsunfähigkeit des Beihilfeempfängers ohnehin schon der Fall ist. Die Einordnung als nachrangige Insolvenzforderung würde selbst die auf der Zahlungsunfähigkeit beruhende quotale Rückforderung faktisch unmöglich machen, denn auch die nur teilweise Befriedigung nachrangiger Insolvenzforderungen sei regelmäßig nicht zu erwarten. Dies würde darüber hinaus die Einflussnahem des Rückforderungsgläubigers auf das Insolvenzverfahren ausschalten. Gerade diese ist jedoch nötig, um den mit der Beihilfe erlangten Wettbewerbsvorteil vollständig abschöpfen zu können. Als nachrangiger Insolvenzgläubiger wäre der Beihilfegeber nicht berechtigt, die Einberufung einer Gläubigerversammlung zu beantragen, er wäre in ihr auch nicht stimmberechtigt.

(3) Bietverfahren des EG-Beihilferechts bei der übertragenden Sanierung

Nach Auffassung der Europäischen Kommission soll der Käufer eines   347
rechtswidrig durch Beihilfen begünstigten Unternehmens unter bestimmten
Voraussetzungen auch dann für die Rückzahlung der Beihilfe einzustehen
haben, wenn er von dem Insolvenzverwalter des Beihilfeempfängers erwirbt.
Auch dieses Haftungsrisiko droht Investoren im Rahmen übertragender Sanierungen abzuschrecken.

Ob eine Umgehung vorliegt, prüft die Europäische Kommission unter ande-   348
rem anhand des Gegenstandes der Übertragung, der Marktüblichkeit des
Übertragungspreises und des Verkaufs "über den Markt" sowie des zeitlichen
Zusammenhangs zwischen der Übertragung und der Eröffnung des Beihil-
fenverfahrens. Kann der Erwerber des Unternehmens die beihilfenbegünstig-
te Tätigkeit praktisch unverändert am Markt fortsetzen, dann soll seine Haf-
tungsfreistellung davon abhängen, ob der Verkauf in einem transparenten
und offenen Verfahren zu Marktbedingungen erfolgt ist.

Bei der Veräußerung eines Unternehmens, das durch rechtswidrige Beihilfen   349
begünstigt wurde, im Rahmen einer übertragenden Sanierung ist daher bis zu
einer abschließenden Klärung durch den Europäischen Gerichtshof in der
Praxis ein offenes und transparentes Bietverfahren nach den Regeln des Europäischen Vergaberechts zu empfehlen.

4. Exkurs: Abweichende Gestaltungsmöglichkeiten

Neben der klassischen übertragenden Sanierung im Wege des asset deals sind   350
auch alternative Gestaltungen durch Nutzung von umwandlungs- und gesellschaftsrechtlichen Möglichkeiten zur Sanierung eines Unternehmens oder
Unternehmensteils in Betracht zu ziehen. Diese werden im Regelfall eher in
der Unternehmenskrise zur Vermeidung der Insolvenz in Betracht kommen.

Im Folgenden werden die in der Praxis wichtigsten Gestaltungen kurz erläu-   351
tert.

a) Verschmelzung

Bei der Verschmelzung gehen mehrere Gesellschaften in einer neuen Gesell-   352
schaft auf, d. h. das oder die übertragenden Unternehmen transferieren im
Wege der Gesamtrechtsnachfolge alle Aktiva und Passiva auf eine weitere
Gesellschaft und erlöschen. Die Gesellschafter der hiernach aufgelösten Gesellschaften erhalten die Anteile der neuen Gesellschaft. Möglich sind Ver-
schmelzungen zur Aufnahme oder durch Neugründung.

Die Möglichkeiten der Verschmelzung ergeben sich aus § 3 UmwG. Gläubi-   353
ger können nach § 22 Abs. 1 Satz 2 UmwG Sicherheitsleistungen verlangen
und haben im Einzelfall Schadensersatzansprüche gegen die Organe und den
Verschmelzungsprüfer, §§ 11, 25 ff. UmwG.

354 Im Wege der Verschmelzung besteht die Möglichkeit, die gesunde Mutter-
auf die Tochterfirma oder die Tochter- auf die gesunde Mutterfirma zu verschmelzen.

> vgl. auch K. Schmidt/Uhlenbruck-*Schmidt*, Die GmbH in Sanie-
> rung und Insolvenz, 3. Aufl. 2003

aa) Verschmelzung durch Aufnahme

355 Eine Gesellschaft wird hier mit einer bereits bestehenden Gesellschaft, die
danach alleine weiterexistiert, verschmolzen. Diese Gesellschaft führt eine
entsprechende Kapitalerhöhung durch, die daraus resultierenden Gesellschaftsanteile erhalten die Gesellschafter der alten Gesellschaft.

> Semler/Stengel-*Stengel*, UmwG, § 2 Rn. 24.

356 Zu beachten ist, dass für den Fall, dass die aufnehmende Gesellschaft schon
an der aufzunehmenden Gesellschaft beteiligt ist, eine Kapitalerhöhung ausgeschlossen ist und die bisherige Beteiligung untergeht,

> Buth/Hermanns-*Hermanns*, Restrukturierung, Sanierung, Insol-
> venz, 2. Aufl., § 14 Rn. 37.

bb) Verschmelzung durch Neugründung

357 Notwendig hierfür sind zwei Rechtsträger, die zusammen zu einem dritten
Rechtsträger verschmolzen werden. Die Gesellschafter der beiden anfängli-
chen Gesellschaften erhalten gemeinsam die Anteile an der neu gegründeten,
dritten Gesellschaft.

> Semler/Stengel-*Stengel*, a. a. O., § 2 Rn. 29.

b) Ausgliederung

aa) Begriff

358 Die Ausgliederung wird in § 123 III UmwG legaldefiniert.

359 Es handelt sich um eine Art der Spaltung, bei der ein Teil der Gesellschaft
von dieser abgespalten wird, die Anteile jedoch nicht von den Gesellschaftern des Ausgangsunternehmens (vom Gesetzgeber „übertragender Rechtsträger" genannt) sondern vielmehr von dem Ausgangsunternehmen selbst
erworben werden.

> Kallmeyer-*Kallmeyer*, UmwG, § 123 Rn. 11, 3. Aufl. 2006.

360 Durch diese Vorgehensweise wird aus dem bisher zusammenhängenden Unternehmen ein Konzern mitsamt entsprechender Struktur,

> Buth/Hermanns-*Hermanns*, a. a. O., § 14 Rn 56,

da nunmehr die Ausgangsgesellschaft Teile der neuen, ehemals eingeglieder-
ten Gesellschaft, hält.

Wie bei jeder Spaltung, so werden auch bei der Ausgliederung Aktiva und **361**
Passiva auf den übernehmenden neuen Rechtsträger übertragen,

> Knops/Bamberger/Maier-Reimer-*Häuser*, Recht der Sanierungs-
> finanzierung, § 12 Rn 60.

bb) Folgen der Ausgliederung

Die Ausgliederung hat mehrere Effekte, die dem alten Unternehmen die Sa- **362**
nierung erleichtern können. Grund dafür ist, dass das neue, abgespaltene Unternehmen als eigene Gesellschaft am Rechtsverkehr teilnimmt und sich von
dem bisherigen Teil „lossagt".

Durch die Schaffung bzw. Entstehung einer neuen, kleineren (Teil-)Ge- **363**
sellschaft kann z. B. der Verkauf dieser Gesellschaft vorbereitet werden, um
so den Restkonzern der Sanierung näher zu bringen.

> Semler/Stengel-*Schwanna*, a. a. O., § 123 Rn. 7.

Sollen Haftungs- oder Verschuldensrisiken begrenzt werden, eignet sich die **364**
Ausgliederung, soweit keine Konzernhaftung droht. Das neue Unternehmen
ist im Rahmen der Konzernstrukturen eigenständig, verfügt über eine eigene
Haftungsmasse und die Möglichkeit, nunmehr Verträge im eigenen Namen
abzuschließen, eigene Verbindlichkeiten zu begründen und eigene Rechte zu
erwerben.

Durch die Verkleinerung beider Teil-Unternehmen werden die internen **365**
Strukturen flacher und entwirrt. Es müssen nicht mehr beide Gesellschaften
„in eine Richtung laufen"; vielmehr haben beide Gesellschaften die Eigen-
ständigkeit, die sie möglicherweise benötigen. Insbesondere erdrücken die
Schuldenlasten der einen Teilgesellschaft nicht mehr die Einkünfte und Sanierungschancen der anderen.

cc) Einschränkungen

Zu beachten ist, dass gemäß § 133 UmwG der Gläubigerschutz ein Hinder- **366**
nis für die Spaltung sein kann. Denn alle Verbindlichkeiten der Ausgangsgesellschaft begründen eine gesamtschuldnerische Haftung aller an der Spaltung beteiligten Unternehmen,

> K. Schmidt/Uhlenbruck-*Schmidt*, Die GmbH in Sanierung und
> Insolvenz, 3. Aufl., Rn. 379;
> Knops/Bamberger/Maier-Reimer-*Thielemann*, a. a. O., § 13
> Rn. 197.

Dadurch ist es nicht möglich, Altverbindlichkeiten einfach loszuwerden. **367**
Vielmehr will das Gesetz gerade diese Vorgehensweise verhindern,

> K. Schmidt a. a. O., Rn. 380, vgl. auch Kallmayer-*Kallmeyer*
> UmwG, 3. Aufl., § 133 Rn. 5.

368 Die Ausgliederung kann daher eher als Insolvenzprophylaxe als eine komplette Sanierung gesehen werden.

c) Anwachsung

369 Die Anwachsung ist eine gesetzliche Rechtsfolge beim Austritt eines Gesellschafters aus einer Gesellschaft. Kraft Gesetzes (z. B. § 738 BGB) gehen in einem solchen Fall die dem alten Gesellschafter gehörenden Gesellschaftsanteile auf die verbleibenden Gesellschafter über.

370 Zur Sanierung trägt die Anwachsung bei, indem einzelne Tochtergesellschaften dergestalt umorganisiert und konzentriert werden, dass sie am Ende am gewünschten „Ast" der Firmenstruktur gesammelt sind. Durch Austritte von Konzernteilen aus Beteiligungen an anderen Konzernteilen sowie Umstrukturierung des Gesamtkonzerns kann man so eine Struktur erreichen, aus der man defizitäre oder im Gegenteil allein profitable Organisationsteile herausnimmt und isoliert liquidiert bzw. veräußert. Dergestalt können erdrückende Schuldenlasten, die den gesamten Konzern oder Konzernteile belasten, umstrukturiert, isoliert und/oder gezielt ausgeglichen werden.

371 Zusätzlich können die einzelnen Organisationsteile eigenständige Sanierungsmaßnahmen einleiten, die nunmehr durch flachere Hierarchieebenen, durchschaubarere Organisation und die Möglichkeit, getrennte Verbindlichkeiten einzugehen oder gezielt auszugleichen, mehr Erfolg versprechen. Hinzu kommt schließlich, dass die einzelnen Organisationsteile Strukturierungsmaßnahmen einleiten können, die evtl. im Zusammenhang mit anderen Teilen des Konzerns nicht möglich oder überflüssig wären oder sogar schaden würden. Wie oben schon erwähnt, sind auch, wenn und soweit notwendig, schnelle Trennungen und Abspaltungen möglich.

d) Kapitalmaßnahmen

372 Als Kapitalmaßnahmen verbleiben mit dem Ziel der Sanierung die Kapitalbeschaffung bei den bestehenden Gesellschaftern oder bei Investoren. Allen Kapitalmaßnahmen ist gemein, dass die Gesellschaft neues Kapital erhält, über das sie frei verfügen kann, um ihren Zahlungspflichten nachzukommen, sei es auf Dauer, sei es nur für die Dauer der Krise.

aa) Kapitalbeschaffung bei Gesellschaftern

373 Für die Kapitalbeschaffung bei Gesellschaftern gibt es mehrere Möglichkeiten, vornehmlich das Gesellschafterdarlehen, den qualifizierten Rangrücktritt und den Forderungsverzicht.

(1) Gesellschafterdarlehen

374 Ein Darlehen durch einen oder mehrere Gesellschafter ist die häufigste Form der Kapitalzuführung, bedingt durch die Tatsache, dass die Gesellschaft in

ihrer schlechten finanziellen Lage keine externen Kapitalgeber mehr aufzubringen in der Lage ist, jedoch ständig und regelmäßig liquide Mittel benötigt, um ihren täglichen Geschäften nachzukommen.

Bisher waren dabei die Regeln über eigenkapitalersetzende Darlehen zu beachten,   375

> BGH, Urteil v. 14.12.1959 – II ZR 187/57, MDR 1960, 205;
> Urteil v. 26.03.1984 – II ZR 14/84, ZIP 1984, 698 ff.,

und das womöglich daraus folgende Verbot der Rückzahlung der einmal geleisteten Zahlungen, §§ 30 ff. GmbHG, vorbehaltlich des Sanierungsprivilegs, § 32a Abs. 3 GmbHG.

Dabei könnten die Gesellschafter einen qualifizierten Rangrücktritt mit der   376 Gesellschaft vereinbaren. Dies verringerte die Passivierungspflichten, was wiederum dazu führt, dass die Gesellschaft die Zahlungsunfähigkeit für längere Zeit abwenden kann. Der Rangrücktritt ist ein normaler schuldrechtlicher Vertrag, der zwischen Gesellschaft und Gesellschafter abgeschlossen wird.

> dazu *K. Schmidt*, ZIP 1999, 1241, 1246.

Nicht notwendig war ein vollständiger Forderungsverzicht, nicht ausrei-   377 chend ein einfacher Rangrücktritt,

> BGH Urteil v. 08.01.2001 – II ZR 88/99, ZIP 2001, 235 dazu
> *Priester*, EWiR 2001, 329 , BGHZ 146, 264, 271;
> OLG Dresden, Beschluss v. 25.02.2002 – 13 W 2009/01, dazu
> *Steinecke*, EWiR 2002, 489.

Verlangt wurde der sogenannte „qualifizierte Rangrücktritt", bei dem der   378 Gesellschafter für die Dauer der Krise seinen Anspruch wie Eigenkapital behandeln lässt,

> BGH, a. a. O.,

und die Gesellschaft dadurch gegen die Forderung eine Einrede erhält, so dass diese Forderung keine Zahlungsunfähigkeit herbeiführen kann.

> *Buth/Hermanns*, § 13 Rn 32., vgl. auch *K. Schmidt*, GesellschaftsR, 4. Aufl., S. 527, 528.

(2) Änderungen durch das MoMiG

Der Gesetzgeber strebt durch das sogenannte MoMiG eine umfassende Re-   379 form des GmbH-Rechts an. Dabei soll insbesondere das Recht der Gesellschafterdarlehen eine Neuregelung finden. Danach werden insbesondere §§ 32a, b GmbHG aufgehoben. Das bedeutet nichts anderes als den vollständigen Abschied vom Eigenkapitalersatzrecht.

> *Hölzle*, GmbHR 2007, 729, 732.

An die Stelle des Eigenkapitalersatzes tritt dabei die Nachrangigkeit aller   380 Gesellschafterdarlehen und diesen wirtschaftlich entsprechender Leistungen durch § 39 Abs. 1 Nr. 5 RegE-InsO. Daher wird künftig nicht mehr zwischen „kapitalersetzenden" und „normalen" Gesellschafterdarlehen unterschieden. Daher entfällt in Hinkunft die Notwendigkeit, qualifizierte Rangrücktritte zu vereinbaren. Das Sanierungsprivileg gilt auch künftig für Personen, die weder Gesellschafter noch gleichgestellte Personen waren, greift jedoch ab dem Zeitpunkt des Vorliegens eines Insolvenzgrundes der Gesellschaft und bleibt bis zur nachhaltigen Sanierung bestehen, vgl. § 39 Abs. 4 Satz 2 RegE-InsO.

(3) Forderungsverzicht

381 Ebenso gut wie die Zuführung von frischem Kapital ist der Wegfall von (andernfalls zu passivierenden) Verbindlichkeiten. Für den Fall, dass ein Gesellschafter eine Forderung gegen die Gesellschaft besitzt, können damit nicht nur finanzielle Ressourcen freigemacht werden. Darüber hinaus können Überschuldung oder Zahlungsunfähigkeit im Einzelfall vermieden werden.

> *Pannen/Deuchler/Kahlert/Undritz*, Sanierungsberatung, 2005, Rn. 660.

382 Auf die steuerrechtliche Problematik,

> vgl. statt vieler *Maus*, ZIP 2002, 589;
> beachte BMF, BStBl. 2003, 240,

wird hingewiesen („Forderungsverzicht als Gewinn").

bb) Kapitalbeschaffung durch Investoren

383 Auch die Kapitalbeschaffung durch Investoren beinhaltet ein breites Spektrum von Möglichkeiten. Namentlich zu erwähnen sind Darlehen, sanierende Kapitalherabsetzung und die Gründung einer stillen Gesellschaft.

(1) Darlehen

384 Ohne größere Probleme kann ein Darlehensvertrag abgeschlossen werden, durch den die Gesellschaft mit frischem Kapital versorgt werden kann.

385 Zu beachten ist auch hier § 32a GmbHG als eigenkapitalersetzendes Darlehen für den Fall, dass der Kreditgeber eine Beteiligung an der Gesellschaft als Sicherheit erwirbt und damit zum Gesellschafter wird. Angemessene Sicherheiten in Sachwerten sind jedoch nach § 142 InsO als Bargeschäft nicht anfechtbar.

> *Schwintowski/Dannischewski*, ZIP 2005, 840 ff.

(2) Sanierende Kapitalherabsetzung

386 Eine solche Kapitalherabsetzung sorgt in zwei Schritten für den Eintritt neuer Gesellschafter mit neuem Gesellschafterkapital. Die gesetzlichen Voraussetzungen finden sich in den §§ 58a ff. GmbHG.

In einem ersten Schritt wird das Kapital nominell herabgesetzt, also ohne 387
Freiwerden von Mitteln für die Gesellschafter. Infolgedessen wird die Un-
terbilanz beseitigt. In einem zweiten Schritt erfolgt die Aufnahme neuer Gesellschafter gegen Gewährung von neuen Gesellschaftsrechten.

Diese Reihenfolge ist notwendig, da andernfalls neue Gesellschafter kaum zu 388
finden sein werden,

Maser/Sommer, GmbHR 1996, 22/24.

Ein besonderes Problem sind Voreinzahlungen, die sich im Sanierungsfall 389
nicht immer werden ausschließen lassen, wenn frisches Kapital dringend benötigt wird. In einer neueren Entscheidung,

BGH, Urteil v. 15.03.2004 – II ZR 210/01, ZIP 2004 S. 849 ff.,

hat der BGH klargestellt, dass Voreinzahlungen schuldbefreiende Wirkung
bei einer Kapitalerhöhung nur dann haben, wenn der eingezahlte Betrag noch
vorhanden ist, sobald der Beschluss über die Kapitalerhöhung gefasst wird.
Inwieweit diese Grundsätze bei Krisenfällen so oder modifiziert aufrechtzu-
erhalten sind, wird in der Literatur kontrovers diskutiert. Als Voraussetzungen werden dort ein Sanierungsfall, die Notwendigkeit der Vorauszahlung
zur Krisenbewältigung sowie ein unmittelbarer zeitlicher Zusammenhang
mit einer bevorstehenden, schnellstmöglich durchgeführten Kapitalerhöhung
verlangt.

K. Schmidt, a. a. O., Rn 370.

Keinesfalls dürfen die Mittel jedoch alsbald zurückfließen, 390

BGH, Urteil v. 02.12.2002 – II ZR 101/02, ZIP 2003, 211 dazu
Blöse, EWiR 2003, 223, NJW 2003, 825; BGH Urteil v.
22.03.2004 – II ZR 7/02, ZIP 2004, 1046.

Zu beachten ist, dass es sich nicht um eine verdeckte Sacheinlage handeln 391
darf und dass mittlerweile auch im GmbH-Recht anerkannt ist, dass die Altgesellschafter bei Kapitalerhöhungen ein Erstbezugsrecht besitzen,

K. Schmidt, a. a. O., Rn 374.

(3) Stille Gesellschaft

Die als reine Innengesellschaft in den §§ 230 ff. HGB konstruierte stille Ge- 392
sellschaft beinhaltet eine Gewinnbeteiligung des stillen Gesellschafters am
Unternehmen eines anderen.

Blaurock, Handbuch der stillen Gesellschaft, § 4 Rn. 4.3.

Die stille Gesellschaft eignet sich, da sie weder eingetragen noch anderweitig 393
veröffentlich werden muss, vor allem dann als Sanierungsmaßnahme, wenn
die Krise nicht publik gemacht werden soll. Besonders eignet sie sich für
Dritte, die, ohne sich tatsächlich zu beteiligen, Interesse an der Sanierung
haben.

Buth/Hermanns, § 13 Rn. 11;
K. Schmidt, GesellschaftsR, 4. Aufl., 1845 ff.

394 Der stille Gesellschafter erhält eine Gewinnbeteiligung, eine Beteiligung am Verlust ist dispositiv.

395 In der Insolvenz ist die stille Gesellschaft keine Insolvenzschuldnerin. Die Einlageforderung kann dagegen jedoch zur Gläubigertabelle angemeldet werden. Der stille Gesellschafter trägt also nur das Verlustrisiko.

396 Zu beachten ist jedoch: Hat der stille Gesellschafter eine dem Gesellschafter gleichgestellte oder gleichzustellende Position, so galt bisher das Verbot der Rückgewähr kapitalersetzender Darlehen. § 32a GmbHG ist insoweit auch auf die stille Gesellschaft anzuwenden,

BGH, Urteil v. 07.11.1988 – II ZR 46/88, BGHZ 106, 7, 11;
OLG Frankfurt, Urteil v. 30.04.1997 – 23 U 204/95,
GmbHR 1997, 892 f.

397 Es bleibt abzuwarten, ob die Rechtsprechung nach Änderung der Regeln über eigenkapitalersetzende Darlehen durch das MoMiG die neue Rechtslage auch auf die stillen Gesellschaften anwenden wird.

cc) Debt-Equity-Swap

398 Unter Debt-Equity-Swap versteht man den Erwerb eines Unternehmens oder einer Beteiligung im Wege des Forderungskaufs mit anschließendem Tausch des Fremdkapitals in Eigenkapital. Hierzu erwirbt der Investor die (häufig notleidenden) Darlehen des in der Krise befindlichen Unternehmens von den Banken oder anderen Großgläubigern.

Lützenrath/Schuppener/Peppmeier-Windhöfel, Distressed Debt
und Non-Performing Loans, 2006, S. 112 ff.;
Kestler/Striegel/Jesch, Distressed Debt Investments, 2006,
Rn. 104 ff.;
Buth/Hermanns, Restrukturierung in der Insolvenz, 2. Aufl.
2004, § 13 Rn. 49.

399 Es wird also eine gegen die Gesellschaft bestehende Forderung im Wege der Sachkapitalerhöhung in die Gesellschaft eingebracht. Der Gläubiger tritt seine Forderung an die Gesellschaft ab, wodurch diese im Wege der Konfusion erlischt.

Kestler/Striegel/Jesch, NZI 2005, 417, 422.

400 Bei einem in der Krise befindlichen Unternehmen wird vor der Sachkapitalerhöhung in der Regel ein Kapitalschnitt notwendig sein, um das Kapital der Gesellschaft an die erlittenen Verluste anzugleichen bzw. sogar um eine rechnerische Überschuldung zu beseitigen. Die Kapitalersetzung zu Sanierungszwecken kann bei der Aktiengesellschaft gem. §§ 229 ff. AktG bzw. bei der GmbH gem. §§ 58a ff. GmbHG in vereinfachter Form durchgeführt werden.

K. Schmidt, ZGR 1982, 519, 531;
Himmelsbach/Achsnick, NZI 2006, 561, 562.

Ein Debt-Equity-Swap beseitigt die Krise des Unternehmens durch Beseiti- **401**
gung der Überschuldung. Gleichzeitig wird die künftige Ergebnissituation
verbessert.

> *Nerlich/Kreplin*, Sanierung und Insolvenz, München 2006, § 4
> Rn. 248.

Für die Investoren liegt der Vorteil darin, dass sie als Gesellschafter unmit- **402**
telbaren Einfluss auf die Sanierung des Unternehmens nehmen können.

Bei erfolgreich durchgeführter Sanierung können die Investoren den ur- **403**
sprünglichen Forderungswert mindestens teilweise durch den Beteiligungs-
wert kompensieren.

Der Debt-Equity-Swap ist auch im deutschen Recht möglich, nur unter an- **404**
deren Voraussetzungen als im Common Law. Eine erste Restriktion findet er
im Recht der Sachkapitalerhöhung. Die Einbringung von Forderungen in das
Gesellschaftskapital stellt eine Sacheinlage dar, zu der es einer Sachkapitalerhöhung bedarf. Nach §§ 5 Abs. 4, 19 Abs. 5, 56 GmbHG, 183 AktG, ist für
diese ein Sachkapitalerhöhungsbeschluss der Gesellschafterversammlung
bzw. Hauptversammlung sowie eine Sachprüfung nötig. In dem Beschluss
muss die Werthaltigkeit der Forderung nachgewiesen werden.

Die Sacheinlage ist bei der Einbringung zum Zweck der Festsetzung ihrer **405**
Höhe zu bewerten.

> *Picot/Aleth*, Unternehmenskrise und Insolvenz, 1999, Rn. 490 f.;
> *Kestler/Striegel/Jesch*, NZI 2005, 417, 422.

Dabei kommt es für die Höhe der Sacheinlage nicht auf den Nennwert, son- **406**
dern auf den tatsächlichen Wert der Forderung an.

> *Windhöfel*, a. a. O.;
> *Kestler/Striegel/Jesch*, a. a. O., 422.

Wegen der Krisensituation der Gesellschaft, ist eine Einbringung der Forde- **407**
rung zum Nennwert mangels Vollwertigkeit regelmäßig nicht mehr der Fall.

> *Picot/Aleth*, a. a. O., Rn. 492;
> *Kestler/Striegel/Jesch*, a. a. O., 422.

Misslingt die Sanierung (trotz des Debt-Equity-Swaps) und wird das Insol- **408**
venzverfahren eröffnet, so besteht für den Investor bei einer GmbH das Risiko, dass der Insolvenzverwalter innerhalb der Verjährungsfrist des § 9
Abs. 2 GmbHG eine Nachzahlung in bar in Höhe der Differenz zwischen
dem Betrag der übernommenen Einlage und dem Wert der eingebrachten
Forderung geltend macht. Dieses Risiko lässt sich nur dadurch vermeiden,
dass der Investor bereits vor dem Debt-Equity-Swap eine Wertberichtigung
der Forderung vornimmt und nur der wertberichtigte Forderungsbetrag als
Beteiligung eingebucht wird.

Wenn im Zeitpunkt des Anteilserwerbs ein Sanierungskonzept vorliegt, wel- **409**
ches belegt, dass die avisierten Maßnahmen zur Sanierung der Gesellschaft

geeignet und ausreichend sind, kommt dem Investor eines Debt-Equity-Swaps das Sanierungsprivileg des § 32a Abs. 3 Satz 3 GmbHG zugute.

vgl. BGH, Urteil v. 21.11.2005 – II ZR 277/03, NJW 2006, 1283: Um einige wegen der Insolvenz der A-GmbH gefährdete städtische Bauprojekte noch zum Abschluss zu bringen, entschloss sich die Stadt, bei der Sanierung der A-GmbH mitzuwirken. Zu diesem Zweck reichte auf Veranlassung der Stadt eine „Urenkel"-GmbH der Stadt ein Darlehen über 5 Mio. DM an die A-GmbH aus. Das Insolvenzverfahren über das Vermögen der A-GmbH wurde daraufhin mit Zustimmung der Gläubiger eingestellt. Im Anschluss daran trat im Rahmen einer Treuhandvereinbarung der Alleingesellschafter der A-GmbH seine Geschäftsanteile an eine neu gegründete Holding GmbH ab, deren Alleingesellschafter zunächst der stellvertretende Leiter des Liegenschaftsamts der Stadt war. Dieser veräußerte am gleichen Tag einige Geschäftsanteile der Holding GmbH an die „Urenkel"-GmbH, so dass diese mittelbar Gesellschafterin der A-GmbH wurde.

Das Kaufvorhaben scheiterte, die Förderbewilligung des Landes wurde widerrufen, das Darlehen gekündigt und die Rückzahlung nebst Rückübertragung des Erbbaurechts verlangt. Die Frage war, ob die von der Stadt erklärte Aufrechnung mit Darlehensrückzahlungsansprüchen gegenüber den von der A-GmbH geltend gemachten Aufwendungsersatzansprüchen wirksam ist, weil die Stadt sich – für den Fall, dass das gewährte Darlehen eigenkapitalersetzend wäre – jedenfalls auf das Sanierungsprivileg des § 32a Abs. 3 Satz 3 GmbHG berufen könne.

Die Vorinstanz hatte entschieden, dass der B-GmbH (der „Urenkel"-GmbH) das Sanierungsprivileg zugute komme, weil bei wertender Betrachtung der Erwerb der Gesellschafterstellung und die Darlehensgewährung einen einheitlichen Vorgang darstellten. Der Zweck des Anteilserwerbs habe in der Überwindung der Krise gelegen, wobei allein die subjektive Motivation ohne Rücksicht auf die objektive Sanierungsfähigkeit der Gesellschaft ausreiche. Dies sah der BGH anders. Der Sanierungszweck im Sinne des § 32a Abs. 3 Satz 3 GmbHG erfordere, dass neben dem in der Regel als selbstverständlich zu vermutenden Sanierungswillen nach der pflichtgemäßen Einschätzung eines objektiven Dritten im Augenblick des Anteilserwerbs die Gesellschaft objektiv sanierungsfähig ist und die für ihre Sanierung konkret in Angriff genommenen Maßnahmen zusammen objektiv geeignet sind, die Gesellschaft in überschaubarer Zeit durchgreifend zu sanieren.

In diesem Rahmen hat der BGH klargestellt, dass das Sanierungsprivileg des § 32a Abs. 3 Satz 3 GmbHG von der Anwendung des gesamten Kapitalersatzrechts, d.h. sowohl von den Novellen- als auch von den Rechtsprechungsregeln zum Eigenkapitalersatz befreit.

410 Die Umwandlung von Fremdkapital in Eigenkapital, die zunächst in der deutschen Sanierungspraxis keine besondere Rolle gespielt hat, hat durch diese Entscheidung einen gewissen Auftrieb erfahren.

Vallender, NZI 2007, 129, 33.

Eine Möglichkeit, einen Debt-Equity-Swap durchzuführen, ohne dabei in die **411** geschilderte Gefahr der Differenzhaftung zu geraten, besteht darin, zwar die Forderung nur zum tatsächlichen Forderungswert einzulegen, eine höhere Beteiligung am Unternehmen aber dadurch zu erhalten, dass der Unternehmenswert entsprechend „angepasst" wird.

> *Kestler/Striegel/Jesch*, Distressed Debt Investments, 2006, Rn. 118;
> dieselben, NZI 2005, 417, 422.

Dadurch erhält der Investor nach seiner Vorstellung eine Beteiligung bzw. **412** setzt eine solche durch, die zumindest nach seiner Ansicht mehr wert ist, als er für seine „eingetauschte" Forderung aufbringen muss.

> *Kestler/Striegel/Jesch*, a. a. O., Rn. 120;
> dieselben a. a. O.,422.

Eine Alternative dazu dürfte der Einsatz von Mezzanine-Finanzierungen **413** darstellen. Dabei handelt es sich um eine Beteiligung über partiarische Darlehen, Genussscheindarlehen oder stille Beteiligungen.

> *Windhöfel*, a. a. O.;
> *Kestler/Striegel/Jesch*, a. a. O., Rn. 121 ff.;
> *Volk*, BB 2003, 1224.

Der Begriff der Mezzanine-Finanzierung umfasst einen großen Teil der Ei- **414** gen- und Fremdkapital-Finanzierungsfazilitäten.

> Link/Reichling, Die Bank 2000, 266, 268;
> Volk, a. a. O., 1224.

Die Gestaltungsformen von Mezzanine-Kapital weisen im Wesentlichen fol- **415** gende Kernelemente auf:

- Nachrangigkeit in Bezug auf die sonstigen Gläubiger,

- Vorrangigkeit gegenüber dem haftenden Eigenkapital,

- höheres Entgelt für die Kapitalbereitstellung im Vergleich zum klassischen Fremdkapital aufgrund der Nachrangigkeit,

- zeitliche Befristung der Kapitalüberlassung auf ca. sechs bis zehn Jahre und

- das Entgeld für die Kapitalbereitstellung stellt in der Regel Betriebsaufwand dar.

> *Nelles/Klusemann*, FB 2003, 6 f.;
> *Volk*, a. a. O., 1225.

Ebenfalls erscheint es möglich, neben den Forderungen beispielsweise kom- **416** biniert auch noch Anteile am Unternehmen selbst zu erwerben.

> *Kestler/Striegel/Jesch*, a. a. O., 423.

In Anbetracht dieser vielschichtigen Möglichkeiten, dürften auch die Bedenken von *Vallender*, NZI 2007, 129, 133, das Sanierungsprivileg würde weiterem Forum-Shopping Vorschub leisten, letztlich nicht durchgreifen.

5. Betriebsübergang gemäß § 613a BGB bei Unternehmenskäufen aus der Insolvenz

417 Mit einer übertragenden Sanierung werden im Regelfall einschneidende Sanierungsmaßnahmen auf der Personalebene verbunden sein. Der Erwerber eines Unternehmens aus der Insolvenz wird aufgrund der Haftungskonsequenzen zumeist Vermögenswerte übernehmen wollen. Ein derartiger „asset deal" stellt bei Übernahme wesentlicher Vermögenswerte eines Betriebsüberganges i. S. d. § 613a BGB dar, der zu einer unveränderten Übernahme der bestehenden Arbeitsverhältnisse verpflichtet.

Nach einer weit verbreiteten Auffassung erweist sich die Vorschrift des § 613a BGB nach wie vor als ein „Sanierungshindernis par excellence".

418 Bis Ende 1998 waren die fünf neuen Bundesländer für Unternehmenserwerber ein „Schlaraffenland", erklärte doch Art. 232 § 5 Abs. 2 Ziff. 1 EGBGB die Vorschrift des § 613a BGB in den Beitrittsgebieten für nicht anwendbar.

419 Mit der Vereinheitlichung des Insolvenzrechtes durch das Inkrafttreten der Insolvenzordnung zum 1. Januar 1999 findet auch in den neuen Ländern § 613a BGB in der Insolvenz Anwendung.

Vallender, GmbHR 2004, 642, 646.

a) Anwendbarkeit des § 613a BGB in der Insolvenz und Voraussetzungen eines Betriebsüberganges

420 Gemäß § 613a BGB tritt der Erwerber eines Betriebes oder Betriebsteiles vollumfassend in die Rechte und Pflichten aus den im Zeitpunkt des Betriebsübergangs bestehenden Arbeitsverhältnissen ein. Damit ist der Erwerber eines Betriebes nicht nur zur Übernahme der Arbeitsverhältnisse in ihrem aktuellen Bestand verpflichtet, sondern auch zur Übernahme der Haftung für bereits entstandene Ansprüche der Arbeitnehmer. Insbesondere im Hinblick auf die betriebliche Altersversorgung, rückständige Lohnzahlungen oder entstandene Urlaubsansprüche können hier erhebliche Belastungen gerade für den Erwerber eines in die Insolvenz geratenen Unternehmens entstehen. Die gesetzliche Haftungsregel des § 613a BGB sieht ihrem Wortlaut nach keine Erleichterung für Fälle des Betriebsübergangs in der Insolvenz vor. Bliebe es dabei, würde der Erwerber eines insolventen Betriebes vollumfänglich die Haftung für bereits entstandene Ansprüche der Arbeitnehmer übernehmen müssen. Allerdings hat das BAG die Haftung des Erwerbers eines Betriebes oder Betriebsteiles in der Insolvenz maßgeblich eingeschränkt. Wie nachfolgend dargestellt, kommt es für den Umfang der Haftung gemäß § 613a BGB entscheidend darauf an, zu welchem Zeitpunkt der Betriebsübergang erfolgt.

Bei Erwerb eines Unternehmens während des Insolvenzantragsverfahrens **421** (vor dem Eröffnungsbeschluss) haftet der Erwerber in vollem Umfang nach § 613a Abs. 1 Satz 1 BGB, d. h. er haftet auch für Verbindlichkeiten aus den Arbeitsverhältnissen, die vor dem Übertragungsstichtag entstanden sind. Insoweit ergibt sich aus der Insolvenzsituation des Unternehmens keine Privilegierung des Erwerbers.

> BAG, Urteil v. 20.06.2002 – 8 AZR 459/0, BB 2003, 423 = NZI
> 2003, 222, 225 = ZIP 2003, 222.

Eine teleologische Reduktion des § 613a BGB erfolgt nach der Rechtspre- **422** chung des BAG jedoch für den Unternehmenserwerb, der nach der Eröffnung des Insolvenzverfahrens durchgeführt wird.

> BAG, a. a. O.;
> *Vallender*, GmbHR 2004, 548;
> *Menke*, BB 2003, 1138.

Auf einen Unternehmenserwerb, der nach der Eröffnung des Insolvenzver- **423** fahrens über das Vermögen des Verkäufers durchgeführt wird, findet nach ständiger Rechtsprechung des BAG § 613a BGB zwar hinsichtlich seiner Bestandsschutzfunktion Anwendung, d. h. die Arbeitnehmer des betroffenen Betriebes bzw. Betriebsteiles gehen mit allen Rechten und Pflichten auf den Erwerber über,

> BAG, a. a. O.;
> *Menke*, a. a. O. m.w.N.

jedoch haftet der Erwerber nicht für solche Verbindlichkeiten, die vor der Verfahrenseröffnung entstanden sind. Dieses ermöglicht, die oft erheblichen Versorgungsanwartschaften „abzuhängen" und beim insolventen Unternehmensträger zu belassen. Der Erwerber hat zwar die bestehenden Versorgungszusagen zu übernehmen und fortzuführen. Bei Eintritt des Versorgungsfalls muss er aber nur für den Teil des Versorgungsanspruchs aufkommen, der auf die Beschäftigungszeiten nach dem Betriebsübergang entfallen. Der Erwerber haftet ebenfalls nicht für bereits eingetretene Versorgungsfälle, denn gemäß § 613a BGB können nur aktuelle Arbeitsverhältnisse, nicht jedoch bereits beendete Arbeitsverhältnisse übergehen.

Ansprüche, die vor der Verfahrenseröffnung entstanden sind, können grund- **424** sätzlich nur gegenüber dem Insolvenzverwalter geltend gemacht werden, sei es als Forderung im Rang des § 38 InsO, sei es als Masseverbindlichkeit im Sinne des § 55 Abs. 1 InsO. Urlaubsansprüche werden von dieser Privilegierung grundsätzlich nicht erfasst, es sei denn, sie können einem Zeitpunkt vor der Insolvenzeröffnung zugeordnet werden.

> BAG, Urteil v. 18.11.2003 – 9 AZR 347/03, NZI 2005, 120,
> EWiR 2004, 793, ZIP 2004, 1011.

Soweit ein tariflicher oder vertraglicher Anspruch auf zusätzliche Urlaubs- **425** vergütung („Urlaubsgeld") besteht, ist dieser Anspruch – akzessorisch zum Urlaubsanspruch – ebenfalls vom Erwerber zu erfüllen.

LAG Hamm, Urteil v. 15.09.2004 – 18 Sa 389/04, NZA-RR 2006,
65

426 Der Erwerber haftet allerdings gesamtschuldnerisch mit dem Insolvenzverwalter für Arbeitsentgeltansprüche, die im Zeitraum zwischen der Eröffnung des Insolvenzverfahrens und dem Stichtag für den Betriebsübergang entstanden sind.

427 Von erheblicher Bedeutung ist demnach der richtige Zeitpunkt für einen Betriebsübergang. Entscheidend für die Beurteilung, wann der Betriebsübergang stattgefunden hat, ist der Zeitpunkt, zu dem der Erwerber die betriebliche Leitungsmacht übernommen hat. Insbesondere ist darauf zu achten, nicht aufgrund von nicht eindeutigen Vertragsregelungen die Übertragung der betrieblichen Leitungsmacht auf einen Zeitpunkt vor die Eröffnung des Insolvenzverfahrens zu legen.

428 Unter welchen Voraussetzungen ein Betriebsübergang i.S.d. § 613a BGB vorliegt, gibt die Norm selbst nicht vor. Die Auslegung des § 613a BGB wurde und wird maßgeblich von der Rechtsprechung des EuGH bestimmt

EuGH, Urteil v. 20.11.2003 – Rs. C-340/01, NJW 2004, 45, 46,
EWiR 2004, 85;
Danko/Cramer, BB-Special 4/2004, 9, 13 m.w.N.

429 Dieser Rechtsprechung folgt mittlerweile auch das BAG. Ein Betriebsübergang liegt demnach vor, wenn eine ihre **Identität wahrende wirtschaftliche Einheit** im Sinne einer organisierten Zusammenfassung von Ressourcen zur Verfolgung einer wirtschaftlichen Haupt- oder Nebentätigkeit übergeht. Der Begriff der wirtschaftlichen Einheit wird dabei auf der Grundlage der folgenden sieben Kriterien im Wege einer wertenden Gesamtbetrachtung konkretisiert:

• Art des Unternehmens oder Betriebes unter Beibehaltung der Identität,

• Übergang der materiellen Vermögensgegenstände, wie Grundstücke und beweglicher Besitz,

• Wert der übergehenden immateriellen Aktiva zum Zeitpunkt des Überganges,

• Übernahme oder Nichtübernahme der Hauptbelegschaft,

• Über- oder Nichtübergang der Kundschaft,

• Grad der Ähnlichkeit der vor und nach Übergang verrichteten Tätigkeiten,

• Dauer der Betriebsunterbrechung.

430 Entscheidend ist, ob eine organisierte Gesamtheit von Personen und Sachen zur Ausübung wirtschaftlicher, von eigener Zielsetzung geprägter Tätigkeit übergeht. Dabei kommt es darauf an, dass Betriebszweck und Betriebsmethode gleich bleiben. Der Prüfung der vorstehenden Kriterien hat sich eine Gesamtbewertung anzuschließen, die dann abschließend die Entscheidung über das Vorliegen eines Betriebsübergangs i.s.d. § 613a BGB ergibt. Hierbei ist zu beachten, dass eine Rangfolge der Kriterien nicht existiert. Ihre Gewichtung ist gänzlich einzelfallabhängig.

> BAG, Urteil v. 26.06.1997 – 8 AZR 426/95, NZA 97, 1228;
> Urteile v. 22.01.1998 – 8 AZR 243/95, NJW 1998, 2994 und – 8
> AZR 775/96, DB 1998, 1137.

Verliert ein Betrieb oder Betriebsteil beim Übergang auf den Erwerber seine **431** organisatorische Einheit, liegt kein Fall des § 613a BGB vor. Insbesondere die entsprechend gesteuerte Integration von Betriebsteilen in bereits bestehende Strukturen des Erwerbers kann damit zur Vermeidung eines Betriebsübergangs und seiner Rechtsfolgen genutzt werden.

b) Fallbeispiele

Die von der Rechtsprechung hierzu entwickelten Grundsätze sollen nachfol- **432** gend anhand von zwei Beispielen kursorisch dargestellt werden:

aa) Mietvertrag und Auftragsvergabe als Betriebsübergang

Insbesondere bei Insolvenzen in der Hotellerie und Gastronomie, aber auch **433** im Einzelhandel und sonstigen Dienstleistern präsentiert sich dem eingesetzten Gutachter/vorläufigen Insolvenzverwalter bei Aufnahme seiner Tätigkeit ein neuer Betreiber in den (ehemaligen) Geschäftsräumen des Schuldners.

Dieser hat die im Eigentum des Vermieters stehende oder aber auch nur mit **434** dem Vermieterpfandrecht belastete Gaststätten-/Restauranteinrichtung inklusive der Räumlichkeiten angemietet, nachdem der Vermieter den Mietvertrag mit dem Schuldner wegen bestehender Mietrückstände fristlos gekündigt hat und der Betrieb für einen kurzen Zeitraum oder auch gar nicht geruht hat. Lohn- und Gehaltsrückstände bestehen häufig für wenigstens drei Monate. Der neue Betreiber führt einen Betrieb mit einem – mehr oder weniger – leicht modifizierten Konzept im Vergleich zum Schuldner und hat mit Teilen der Belegschaft „neue" Arbeitsverträge geschlossen.

Ein entsprechendes Vorgehen birgt für den Neumieter und -betreiber ein er- **435** hebliches Risiko.

Unter einem Betriebsübergang wird jeder Wechsel in der Person des Inha- **436** bers verstanden, wenn die Identität des Betriebes gewahrt bleibt. Das Rechtsgeschäft, das dem Übergang zugrunde liegt, muss jedoch nicht unbedingt eine vertragliche Beziehung zwischen dem früheren und dem neuen Inhaber darstellen, sondern kann auch zwischen dem neuen Inhaber und Dritten bestehen.

> EuGH, Urteil v. 07.03.1996 – Rs. C-171/94 u. C-172/94, NJW
> 1996, 1199.

437 Dementsprechend kann ein Betriebsinhaberwechsel i.S.d. § 613a BGB auch dann vorliegen, wenn ein Wechsel von Pächtern/Mietern erfolgt, ohne dass zwischen dem Vor- und dem Nachpächter/mieter eine rechtsgeschäftliche Beziehung bestehen müsste. Entscheidend ist in derartigen Fällen, ob der Betrieb als solcher fortgeführt wird, etwa indem der neue Pächter die Gaststätte in denselben Räumlichkeiten mit derselben Einrichtung und derselben Angebotsausrichtung betreibt.

> BAG, Urteil v. 26.02.1987 – 2 AZR 768/85, DB 1987, 991.

438 Insbesondere müssen die Betriebsmittel nicht auf Grund eines wirksamen Kaufvertrages erworben werden und in das Eigentum eines Dritten übergehen. Sofern der Insolvenzverwalter die Betriebstätigkeit des Unternehmens lediglich einstellt, einem Dritten die bisherigen Betriebsmittel zur Nutzung überlässt, der mit den bisherigen Arbeitnehmern des Unternehmen und den übernommenen Betriebsmitteln die bisherige wirtschaftliche Tätigkeit des Unternehmens fortsetzt, liegt ein Betriebsübergang vor.

> BAG, Urteil v. 15.10.2007 – 8 AZR 917/06, DB 2008, 989.

439 Unerheblich ist, von wem der Erwerber/Neumieter das Mobiliar erworben hat und ob er diese nur vorübergehend nutzt oder langfristig durch neues ersetzen möchte. Selbst wenn der Erwerber/Neumieter die für die Betriebsführung wesentlichen sächlichen Betriebsmittel von Dritten erhält, die als Sicherungseigentümer oder aufgrund ähnlicher Rechtsstellung über das Betriebsvermögen verfügen können (z. B. Leasinggeber), kann von einem Betriebsübergang im Sinne des § 613a BGB ausgegangen werden.

440 Es muss sich auch nicht um ein Rechtsgeschäft mit einem einzigen Vertragspartner handeln, sondern kann auch ein sogenanntes „Bündel" von Rechtsgeschäften mit mehreren Parteien sein. Anzahl und Form der Rechtsgeschäfte, die zu der Möglichkeit führen, die Betriebsführungsbefugnis über einen intakten Betrieb zu erlangen, sind dementsprechend nicht entscheidend.

> BAG, Urteil v. 22.05.1985 – 5 AZR 173/84, ZIP 1985, 1343.

441 Unschädlich für die Annahme des Vorliegens eines Betriebsübergangs ist es, wenn der Betrieb kurzfristig stillgelegt wird oder eine Einstellung der Tätigkeit mit anschließender Liquidation vorgenommen wird.

> EuGH, Urteil v. 02.12.1999, EzA § 613a BGB Nr. 186, Tz. 33,
> EuGH, Urteil v. 07.03.1996 – Rs. C-171/94 u. C-172/94,
> NJW 1996, 1199.

442 Entscheidend für die Beurteilung, ob ein Betriebsübergang vorliegt, ist eine Gesamtabwägung der oben genannten maßgeblichen Faktoren, vor allem der Art des Betriebes, des Übergangs materieller Aktiva (insbesondere genutzte bewegliche und unbewegliche Güter), der Wert immaterieller Aktiva zum Zeitpunkt des Übergangs, die Übernahme oder Nichtübernahme eines Hauptteils der Belegschaft, der Eintritt in Kundenbeziehungen, die Ähnlichkeit der Tätigkeit des Betriebs vor und nach dem fraglichen Übergang und die Dauer einer etwaigen Unterbrechung.

> EuGH, Urteil v. 19.05.1992, Slg. 1992, I 3189, Tz. 24;
> ständige Rechtsprechung, z. B. EuGH, Urteil v. 02.12.1999, EzA
> § 613a BGB Nr. 186.

Auf den vorliegenden Fall angewandt, sprechen folglich mehrere Kriterien **443** für die Annahme eines Betriebsübergangs. Insbesondere die Weiterbenutzung des selben Mobiliars, das leicht modifizierte Unternehmenskonzept sowie die nur kurzfristige Dauer der Unterbrechung des Betriebes sprechen bereits für einen Betriebsübergang. Gleiches gilt für den Eintritt in die Kundenbeziehungen, wovon bei einem nur leicht modifizierten Betreiberkonzept und der unveränderten Einrichtung ausgegangen werden muss.

In der Rechtsprechung sind mehrere Fälle höchstrichterlich entschieden **444** worden, in denen es um die Kündigung von Pacht- bzw. Mietverträgen und die anschließende Neuverpachtung bzw. -vermietung ging. Dabei wurde häufig von einem Betriebsübergang ausgegangen. Der BAG entschied beispielsweise in seinem Urteil vom 25. Februar 1981

> BAG, Urteil v. 25.02.1981 – 5 AZR 991/78, NJW 1981, 2212

dass ein Pächter, der den Betrieb im Anschluss an die beendete Pacht eines früheren Pächters pachtet, in die Rechte und Pflichten der mit dem ersten Pächter bestehenden Arbeitsverhältnisse eintritt. Nach dieser Entscheidung ist es unerheblich, dass der eintretende Pächter nach dem Pachtvertrag verpflichtet war, das zum Betrieb des Restaurants notwendige Personal selbst einzustellen. Entscheidend ist allein der Schutzgedanke der Norm, der auch beim Pächter- oder Mieterwechsel zugunsten der Arbeitnehmer eingreift.

Hinsichtlich der oben genannten Gesamtabwägung zur Beurteilung der **445** Wahrung der wirtschaftlichen Identität kommt es nach Ansicht des BAG bei einer Gaststätte auch auf ihr kundenorientiertes Leistungsangebot, die Übernahme der Führungskräfte sowie des sonstigen Personals an.

> BAG, Urteil v. 11.11.1997 – 8 AZR 555/95, NJW 1998, 1253 =
> ZIP 1998, 36

In dem zitierten Fall hatte das BAG die Wahrung der Identität der wirt- **446** schaftlichen Einheit verneint, weil der Grad der Ähnlichkeit der vor und nach der Weitervermietung der Gebäude betriebenen Gaststätte nicht ausreichte. Es handelte sich um eine etwa 80 Jahre lang als gutbürgerliches deutsches Speiserestaurant geführte Gaststätte, die anschließend in ein Restaurant mit arabischen Spezialitäten, arabischer Küche, arabischer Musik und Bauchtanz umgestaltet wurde.

Ebenfalls keinen Betriebsübergang hat das BAG **447**

> BAG, Urteil v. 06.04.2006 – 8 AZR 249/04, ZInsO 2008, 53

im Zusammenhang mit der eingestellten Bewirtschaftung von Bistrocafes in Interregio-Zügen, die fremd vergeben war, und der Umstellung der betreffenden Strecken auf IC/ICE-Züge mit gleichzeitiger Übernahme der Bewirtschaftung der Restaurantwagen in ICEs sowie Bistroabteilen in ICs durch die DB AG gesehen, wobei die DB AG keine Arbeitnehmer des vorherigen Franchisenehmers einstellte.

448 Anders als das LAG hat das BAG den Betriebsübergang nicht deswegen verneint, weil die DB AG kein Personal übernahm. Es handelt sich bei der Zugbewirtschaftung nicht um Dienstleistungen, bei denen es im Wesentlichen auf die menschliche Arbeitskraft ankommt. Vielmehr sind materielle Betriebsmittel – die zur Verfügung gestellten Bistrowagen – für die Ausführung der Zugbewirtschaftung unabdingbar.

449 Das BAG hat das Vorliegen eines Betriebsüberganges aber verneint, da dieser die unveränderte Fortführung einer wirtschaftlichen Einheit unter Wahrung ihrer Identität veraussetzt. Diese ist nicht mehr vorhanden, wenn der Betrieb(steil) organisatorisch selbstständig fortgeführt wird, was nicht der Fall ist, wenn ein (Bewirtschaftungs-)Betrieb vollständig in die Organisationsstruktur eines anderen Unternehmens eingegliedert wird.

450 Das LAG Berlin

LAG Berlin, Urteil v. 23.10.2006 – 15 Sa 1314/06, ZIP 2007, 788

hat hingegen einen Betriebsübergang im Rahmen einer Auftragsneuvergabe technischer Dienstleistungen durch ein Krankenhaus angenommen. In diesem Fall hatte ein betriebsmittelarmes Unternehmen seit elf Jahren mit 19 Arbeitnehmern nur einen Auftrag für dieses eine Krankenhaus ausgeführt.

451 Um die Haftungsrisiken für den Betriebserwerber nochmals zu verdeutlichen, sei auf die Dienstanweisungen der Agentur für Arbeit zu § 187 SGB III (DA) hingewiesen:

„Handelt es sich um eine vorinsolvenzliche Vermögensverschiebung [Anm. des Autors: Veräußerung/Übertragung] gilt DA Abs. 2 1. Alt. (vgl. BAG-Urteil vom 28. April 1987 – 3 AZR 75/86, DB 1988, 400, bestätigt durch das BAG-Urteil vom 8. November 1988 – 3 AZR 85/87, DB 1989, 1526). Gleiches gilt bei einer Betriebsveräußerung, die durch den vorläufigen Insolvenzverwalter oder aufgrund seiner Mitwirkung erfolgt (vgl. BAG-Urteil vom 21. Februar 1990 – 5 AZR 160/89, ZIP 1990, 682)."

452 Die vorerwähnte DA Abs. 2 1. Alt enthält folgende Anweisung an die Mitarbeiter der Agentur für Arbeit:

„Der Übernehmer eines Betriebes oder Betriebsteiles haftet grundsätzlich für Arbeitsentgeltansprüche, die gemäß § 187 SGB III bzw. im Rahmen der Gleichwohlgewährung gemäß § 115 Abs. 1 SGB X i. V. m. § 143 Abs. 3 Satz 1 SGB III auf die BA übergehen."

453 Soweit der Insolvenzverwalter den Betriebsübergang nicht anfechten kann, kann er jedoch dafür Sorge tragen, dass die Agentur für Arbeit die notwendigen Informationen über den tatsächlichen Schuldner des Insolvenzgeldes erhält. Eine von der Agentur für Arbeit im Rang des § 38 InsO angemeldete Forderung kann dann gegebenenfalls mit dem Hinweis auf den tatsächlichen Insolvenzgeldschuldner bestritten werden.

bb) Mehrere Standorte

Ein produzierendes, in der Regionalversorgung tätiges Unternehmen hat in **454** einer Region vier eigenständig arbeitende Standorte, die zunächst im Insolvenzantragsverfahren fortgeführt werden. Ein Erwerbsinteressent gibt ein Angebot für zwei der vier Standorte inklusive Arbeitnehmer, Anlage- und Umlaufvermögen mit Ausnahme der Forderungen aus Lieferungen und Leistungen ab. Im Übrigen bietet er an, von den zwei anderen Standorten die dort vorhandenen Rohstoffe zu übernehmen. Entsprechende Verträge werden geschlossen, zwei leitende Mitarbeiter eines „nicht übernommenen" Standortes, der liquidiert wird, erhalten einen Arbeitsvertrag an einem übernommenen Standort. Alle übrigen 30 Arbeitnehmer der „nicht übernommenen" Standorte erhalten eine betriebsbedingte Kündigung wegen Stilllegung des jeweiligen Betriebes.

Unstreitig liegt bei den beiden „übernommenen" Standorten ein Betriebs- **455** übergang im Sinne des § 613a BGB vor. In diesem Zusammenhang sei darauf hingewiesen, dass ein „reiner" Betriebsübergang, d. h. eine Veräußerung von Assets ohne gleichzeitige Durchführung von Betriebsänderungen o. Ä. nach der Rechtsprechung des BAG

> BAG, Beschluss v. 17.03.1987 – 1 ABR 47/85, AP BetrVG 1972
> § 111 Nr. 18; Urteil v. 16.05.2002 – 8 AZR 319/01, NZA 2003,
> 93; KR-*Pfeiffer*, BGB § 613a Rn. 59

keine Betriebsänderung im Sinne von § 111 BetrVG darstellt.

Wie verhält es sich aber mit den beiden Standorten, für deren Rohstoffe, **456** Auftragsbestände und zwei leitende Mitarbeiter ein Angebot vorliegt und die im Übrigen liquidiert werden sollen?

Da Anknüpfungspunkt des § 613a BGB gerade nicht das Unternehmen, son- **457** dern der Betrieb ist, müssen die Voraussetzungen eines Betriebsüberganges für jeden Betrieb, i. e. jeden Standort vorliegen und gesondert geprüft werden, es sei denn, es besteht ein standortübergreifender einheitlicher Betrieb.

Zu prüfen ist vorliegend daher, ob die erworbenen Wirtschaftsgüter in ihrer **458** Gesamtheit und die Beschäftigung zweier leitender Mitarbeiter an anderen Standorten die Fortführung einer wirtschaftlichen Einheit in ihrer bisherigen Identität bedeuten und damit einen Betriebsübergang i. S. d. § 613a BGB begründen. Die Feststellung eines Betriebsübergangs an den beiden „nicht übernommenen" Standorten hätte zur Folge, dass die Arbeitverhältnisse auf den Erwerber übergegangen wären und die Kündigungen der Arbeitnehmer an den „nicht übernommenen" Standorten in der Regel unwirksam wären.

459 Für das produzierende Gewerbe kommt dem Erwerb oder Nicht-Erwerb von Rohstoffen nur geringe Bedeutung zu, da sich der etwaige Betriebserweber diese Rohstoffe unproblematisch am Markt besorgen kann, so dass diese kein identitätsstiftendes Kriterium sind.

BAG, Urteil v. 22.09.1994 – 2 AZR 54/94, AP BGB 613a Nr. 117.

460 Die Weiterbeschäftigung von Mitarbeitern beim Betriebserwerber ist ein wesentliches, zu berücksichtigendes Indiz für die Gesamtbetrachtung. Bei der Übernahme von Arbeitnehmern ist zu unterscheiden zwischen der Quantität der übernommenen Arbeitnehmer im Verhältnis zur Gesamtbelegschaft des Betriebes, um dessen möglichen Übergang es geht. Ebenfalls ist auf die Qualifikationen der betreffenden Mitarbeiter abzustellen. Für einen Betriebsübergang spricht die Übernahme eines nach Zahl und Sachkunde wesentlichen Teils der Belegschaft, wobei die Frage der „Wesentlichkeit" wiederum im Einzelfall zu klären ist. Bei betriebsmittelarmen Tätigkeiten wird der Übernahme von Personal regelmäßig mehr Bedeutung zukommen, als im Bereich des produzierenden Gewerbes. Dies kann im Einzelfall aber auch durchaus einmal anders zu beurteilen sein, wenn der Betrieb stärker durch das Spezialwissen und die Qualifikation der Arbeitnehmer geprägt ist.

BAG, Urteil v. 13.11.1977 – 8 AZR 298/95, ZIP 1998, 167

461 Ist die Personalstruktur nicht durch derartige Qualifikation geprägt, ist die Übernahme einer Teilbelegschaft eines produzierenden Betriebes zumeist von untergeordneter Bedeutung, da die menschliche Arbeitskraft hier weit weniger präsent für die Betriebsorganisation ist als insbesondere in Dienstleistungsunternehmen.

KR-*Pfeiffer*, BGB, § 613a BGB, Rn. 43.

462 Bislang ungeklärt ist, ab welchem Umfang die Übernahme von Personal allein aus quantitativen Gründen zu einem Betriebsübergang führt. Die Tendenzen in der Rechtsprechung gehen hier von einem deutlich über 50 % liegenden Umfang aus.

BAG, Urteil v. 10.12.1998 – 8 AZR 676/97, NZA 1999, 420 = 75% reichen nicht aus; Urteil v. 11.12.1997 – 8 AZR 729/96, NZA 1998, 534 = 85% reichen aus.

463 Unterbleibt eine Übernahme der Belegschaft vollständig, ist dies zwar ein Indiz dafür, dass kein Betriebsübergang vorliegt, mehr jedoch nicht. In derartigen Fällen ist entscheidend, wie die Transaktion im Übrigen gestaltet ist. Steht ein Betriebsübergang bereits aufgrund anderer Kriterien fest, ist der Übergang der Arbeitsverhältnisse der Arbeitnehmer Rechtsfolge und nicht Voraussetzung eines Betriebsübergangs.

BAG, Urteil v. 22.07.2004 – 8 AZR 350/03, AP BGB § 613a Nr. 274.

464 Für den Beispielfall bedeutet das, dass die zu überprüfenden Kriterien bereits einzeln gegen einen Betriebsübergang sprechen. Auch in der wertenden Gesamtschau ergibt sich keine hiervon abweichende Beurteilung, so dass ein Betriebsübergang nicht vorliegt. Die beiden Betriebe wurden vom Insolvenz-verwalter daher zutreffend stillgelegt und den Arbeitnehmern gekündigt.

Nach der Rechtsprechung des BAG   465

> BAG, Urteil v. 12.11.1998 – 8 AZR 282/97, AP BGB § 613a
> Nr. 186; Urteil v. 18.03.1999 – 8 AZR 159/98, AP BGB § 613a,
> Nr. 189, Urteil v. 18.03.1999 – 8 AZR 196/98, AP BGB § 613a
> Nr. 190.

ist es für die Annahme eines Betriebsübergangs nicht ausreichend, dass ein Erwerber grundsätzlich die Möglichkeit hat, einen Betrieb fortzuführen. Er forderlich ist vielmehr zusätzlich, dass der Erwerber den Betrieb auch tat-sächlich fortführt.

Daran fehlt es in jedem Fall, wenn in einem eingestellten Betrieb keinerlei   466
betriebliche Tätigkeit mehr ausgeübt wird.

c) Rechtsfolgen des § 613a BGB für den Erwerber und Strategien zur Vermeidung

Derjenige, der einen Betrieb oder Betriebsteil durch Rechtsgeschäft erwirbt,   467
tritt in die Rechte und Pflichten aus den im Zeitpunkt des Übergangs beste-henden Arbeitsverhältnissen ein, wobei – wie oben dargestellt – beim Erwerb vom Insolvenzverwalter nach Eröffnung des Insolvenzverfahrens hinsicht-lich der Haftung für bestehende Ansprüche eine teleologische Reduktion stattfindet.

Um Kündigungen wegen des Betriebsüberganges vorzubeugen, ist in § 613a   468
Abs. 4 BGB ein entsprechendes Kündigungsverbot normiert. Danach ist ein Personalabbau durch betriebsbedingte Kündigungen unzulässig, wenn die Kündigungen *wegen* des Betriebsüberganges ausgesprochen werden. Kündi-gungen aus anderen Gründen bleiben jedoch zulässig.

Ein Kaufangebot für ein Unternehmen im Insolvenzverfahren wird von den   469
Erwerbsinteressenten jedoch häufig mit der Bedingung verbunden, nur einen Teil der Belegschaft übernehmen zu müssen. Sofern ein umfassender Erwerb beabsichtigt ist, würden die im Betrieb beschäftigen Arbeitnehmer auf den Erwerber übergehen, der sich dann nur nach Maßgabe des Kündigungs-schutzgesetzes, d.h. insbesondere unter Beachtung der Sozialauswahlregeln, von Arbeitnehmern trennen könnte. Dies würde häufig dazu führen, dass ge-rade den vom Erwerber als wichtig angesehenen, oft jungen, Arbeitnehmern zu kündigen wäre – oder bei Eingliederung des übernommenen Betriebes in den Betrieb des Erwerbers ggf. den bereits beim Erwerber beschäftigten „Alt-Arbeitnehmern". Ein Ergebnis, dass die meisten Erwerber richtigerwei-se vermeiden möchten.

Um das Risiko des Betriebserwerbers bezüglich der Arbeitnehmer zu redu-   470
zieren, die er nicht übernehmen möchte und eine funktionsfähige Mitarbei-terstruktur sicherzustellen, werden die nachfolgend dargestellten Strategien und Gestaltungen von den Beteiligten praktiziert:

aa) Transfergesellschaft bzw. BQG – Beschäftigungs- und Qualifizierungsgesellschaft

471 Seit Jahren bewährtes und von der Rechtsprechung anerkanntes Modell zur „Bewältigung" des Personalabbaus in einer Unternehmenskrise ist der Einsatz einer Transfergesellschaft bzw. Beschäftigungs- und Qualifizierungsgesellschaft (nachfolgend „BQG") mittels deren Hilfe eine schnelle und deutliche Senkung der laufenden Personalkosten erreicht werden kann Die BQG ist in den meisten Fällen eine rechtlich selbständige Einheit, die von Drittunternehmen betrieben wird. In den letzten Jahren hat sich ein großes Angebot an BQG entwickelt, da mit ihrer Einschaltung nach entsprechender höchstrichterlicher Bestätigung kurzfristig Personalabbaumaßnahmen möglich sind und inzwischen auch bei Arbeitnehmervertretern akzeptiert wird.

Dazu ausführlich: *Lembke*, BB 2004, 773.

472 Grundgedanke der BQG ist der zügige Personalabbau beim insolventen Arbeitgeber bei gleichzeitiger Rechtssicherheit durch **einvernehmliche** Überleitung der Arbeitnehmer in die BQG. Zeitlich nachgeschaltet ist die Übernahme eines Teils der Arbeitnehmer durch die Auffanggesellschaft bzw. den Erwerber, sei es durch Begründung eines neuen Arbeitsverhältnisses oder durch (befristete) Überlassung der Arbeitnehmer von der BQG. Die BQG wird mit Abschluss des jeweiligen befristeten Arbeitsvertrages in jeder Hinsicht Arbeitgeber, also auch in steuerrechtlicher und sozialversicherungsrechtlicher Hinsicht.

473 Voraussetzung für die Durchführung dieses Modells ist der Abschluss eines einvernehmlichen, schriftlichen Aufhebungsvertrages (§ 623 BGB) zwischen dem insolventen Arbeitgeber und jedem Arbeitnehmer bei gleichzeitiger Überführung in die BQG (gleichzeitiger Abschluss eines neuen Arbeitsvertrages). In der BQG werden die Arbeitnehmer qualifiziert, fortgebildet, auf eine Anschlussbeschäftigung vorbereitet und vermittelt.

474 Soweit die Voraussetzungen vorliegen, d.h. der Personalabbau selbst oder die hiermit verbundene Strukturänderung zu einer Betriebsänderung gem. § 111 BetrVG führt, muss gegebenenfalls ein Interessenausgleich und ein (Transfer-)Sozialplan verhandelt werden.

475 Die Arbeitnehmer werden in der BQG grundsätzlich befristet weiterbeschäftigt.

476 Die notwendigen Mittel der BQG zur Bezahlung der Arbeitnehmer werden zum einen von der Bundesagentur für Arbeit durch sog. Transferkurzarbeitergeld (§ 216b SGB III) und durch Zuschüsse zu Transfermaßnahmen (§ 216a SGB III) zur Verfügung gestellt. Die Bezugsdauer dieser Zahlungen ist jedoch auf 12 Monate begrenzt, so dass die Dauer der befristeten Arbeitsverhältnisse in der BQG maximal ebenfalls auf 12 Monate begrenzt ist.

477 Zum anderen muss das sich in der Krise bzw. Insolvenz befindende Unternehmen die Verwaltungskosten der BQG, Anteile an Qualifikations- und

Weiterbildungsmaßnahmen, sog. Remanenzkosten (Arbeitgeber- und Arbeitnehmerbeiträge zur Sozialversicherung sowie die Entgeltzahlung an Urlaubs- und Feiertagen), sowie ggf. Aufstockungsbeiträge zum Transferkurzarbeitergeld oder sog. Sprinterprämien (Sonderzahlung für Arbeitnehmer, die besonders schnell die BQG in ein neues Arbeitsverhältnis verlassen) tragen.

Dabei wird regelmäßig ein Dienstleistungs- und Kooperationsvertrag zwischen dem insolventen Unternehmen bzw. dem Insolvenzverwalter und der BQG geschlossen, aus dem sich die Finanzierungskosten des Verwalters für den alten Arbeitgeber ergeben. **478**

Die BQG übernimmt außer den Arbeitnehmern keine materiellen oder immateriellen Betriebsmittel und verfolgt einen anderen Betriebszweck als die insolvente Gesellschaft, so dass bei der Gesamtbetrachtung keine wirtschaftliche Einheit übergeht und § 613a BGB auf die BQG nicht anwendbar ist. Die BQG ist damit weder an die Arbeitsbedingungen des insolventen Unternehmens gebunden noch muss sie die Ansprüche aus der betrieblichen Altersversorgung übernehmen. **479**

Der sich an den Übergang der Mitarbeiter in die BQG anschließende Erwerb der assets durch eine Auffanggesellschaft stellt zwar regelmäßig einen Betriebs(teil)übergang im Sinne des § 613a BGB dar. Im Idealfall haben sämtliche Arbeitnehmer jedoch einen Aufhebungsvertrag mit dem insolventen Arbeitgeber und einen neuen Arbeitsvertrag mit der BQG geschlossen, so dass im Augenblick des Betriebsübergangs kein Arbeitsverhältnis mehr besteht und § 613a BGB insoweit leerläuft, es sei denn, der Aufhebungsvertrag ist unwirksam. **480**

Von der Rechtsprechung waren bisher zwei wesentliche Konstellationen zu entscheiden, in denen Arbeitnehmer Aufhebungsverträge unterzeichnet hatten. **481**

Es gibt immer wieder die Fälle, in denen der (vorläufige) Insolvenzverwalter, der Schuldner und der Betriebserwerber versuchen, die Arbeitnehmer zu motivieren, wegen der auch bei Insolvenzgeldvorfinanzierung rechtlich bestehenden Lohnrückstände außerordentlich zu kündigen oder einen Aufhebungsvertrag zu schließen. **482**

Beim sog. Lemgoer Modell hatte der Betriebserwerber der gesamten (oder auch einem bestimmten Teil der) Belegschaft verbindlich in Aussicht gestellt, neue Arbeitsverträge abzuschließen, wenn entsprechende Aufhebungsverträge unterzeichnet bzw. Eigenkündigungen durch die Arbeitnehmer erklärt würden. Hierdurch wurde versucht, das Unternehmen von allen Arbeitsverhältnissen zu „befreien" und damit die Rechtsfolgen des Eintritts in die Arbeitsverhältnisse mit allen sozialen Nebenleistungen zu umgehen. **483**

Das BAG hat eine derartige Vertragskonstruktion inklusive der Eigenkündigungen der Arbeitnehmer bzw. der von ihnen unterzeichneten Aufhebungsverträge für unwirksam erklärt, da eine Umgehung des § 613a BGB vorläge. **484**

BAG, Urteil v. 28.04.87 – 3 AZR 75/86, ZIP 1987, 525

485 Der Abschluss eines Aufhebungsvertrages im zeitlichen Zusammenhang mit dem Betriebsübergang ist als unzulässige Umgehung des Kündigungsverbotes wegen Betriebsüberganges (§ 613a BGB) unwirksam.

BAG, Urteil v. 15.10.2007 – 8 AZR 917/06, DB 2008, 989.

486 Differenzierter hat das BAG in der sog. Dörries-Scharmann-Entscheidung geurteilt.

BAG, Urteil v. 10.12.1998 – 8 AZR 135/97, NZA 1999, 422 ff.

487 In diesem Fall hatte die insolvente Schuldnerin in Absprache mit dem (vorläufigen) Insolvenzverwalter den Mitarbeitern einen dreiseitigen Vertrag angeboten, nach dessen Inhalt die Arbeitnehmer aus der Schuldnerin ausscheiden sollten und von einer BQG befristet übernommen werden sollten. Ein Teil der Belegschaft sollte später ein Angebot von einer Auffanggesellschaft erhalten. Welche Arbeitnehmer konkret ein derartiges Angebot erhalten sollten, war den Betroffenen nicht mitgeteilt worden. Damit sollte die drohende Entlassung aller Beschäftigten verhindert werden. In dem Vertrag wurden die Arbeitnehmer ausführlich über die Sach- und Rechtslage aufgeklärt.

488 Der Unterschied zum Lemgoer Modell bestand darin, dass der dreiseitige Vertrag auf das endgültige Ausscheiden des Arbeitnehmers aus dem insolventen Unternehmen gerichtet war und nicht von Anfang an auf die Wiedereinstellung bei der Auffanggesellschaft. Die Auffanggesellschaft hatte nicht zugesagt, alle Beschäftigten einzustellen. Die ehemaligen Arbeitnehmer hatten lediglich die mehr oder weniger begründete Erwartung, in ein neues Arbeitsverhältnis mit der Auffanggesellschaft zu treten. Damit kam der Vertragsschluss einem Risikogeschäft gleich. Die Arbeitnehmer hatten bereits am Tag der Unterzeichnung des dreiseitigen Vertrages nahezu alles verloren. Der dreiseitige Vertrag eröffnete den Arbeitnehmern neben der sozialrechtlichen Positionsverbesserung die Chance, bei der Auffanggesellschaft einen neuen Arbeitsplatz zu finden. Infolge dessen diente der dreiseitige Vertrag nicht der Unterbrechung der Kontinuität des Arbeitsverhältnisses, denn die Fortsetzung eines Arbeitsverhältnisses durch die Auffanggesellschaft war jedenfalls für den einzelnen Arbeitnehmer nicht abzusehen.

489 Die Dörries-Scharmann-Entscheidung wurde vom BAG zwischenzeitlich mehrfach – entgegen vorinstanzlicher Entscheidungen z. B. des LAG Bremen – bestätigt.

BAG, Urteil v. 18.08.2005 – 8 AZR 523/04, AP BGB § 620 Aufhebungsvertrag Nr. 31.;
Urteil v. 23.11.2006 – 8 AZR 349/06, NZA 2007, 866

490 Danach ist ein Aufhebungsvertrag nur dann wegen gesetzwidriger Umgehung des § 613a BGB unwirksam, wenn zugleich ein neues Arbeitsverhältnis mit dem Betriebserwerber vereinbart oder verbindlich in Aussicht gestellt wird, bzw. durch den Aufhebungsvertrag die Übernahme in eine Transferge-sellschaft nur zum Schein vorgeschoben oder offensichtlich bezweckt wird, die Sozialauswahl zu umgehen. Ist dies nicht der Fall, können die Arbeitsver-tragsparteien ihr Rechtsverhältnis im Zusammenhang mit einem Betriebs-übergang durch einen Aufhebungsvertrag auflösen.

Für den Insolvenzverwalter stellt sich im Übrigen nach Einführung des   **491**
§ 613a Abs. 5 BGB, der umfangreiche Mitteilungs-/Unterrichtungsverpflich-tungen gegenüber der Belegschaft den Betriebsübergang regelt, die Frage, ob eine Neubewertung der durch die Dörries-Scharmann-Entscheidung geschaf-fenen Rechtslage erfolgen muss.

Die Dörries-Scharmann-Entscheidung zeigt bereits, dass es bei Restrukturie-   **492**
rungen in der Krise/Insolvenz auf die richtige Kommunikation mit den Ar-beitnehmern vor Unterzeichnung eines dreiseitigen Vertrages ankommt. Selbstverständlich müssen Auskünfte, die gegenüber den Arbeitnehmern er-teilt werden, richtig und vollständig sein. Der Insolvenzverwalter muss den Arbeitnehmern Klarheit über den Risikocharakter des dreiseitigen Vertrages verschaffen und nachvollziehbare Angaben über den Zweck des Modells – Entlastung der Insolvenzmasse und Chance zur Rettung eines Teils der Arbeitsplätze ohne Sozialauswahl – machen. Insbesondere darf weder der Erwerber noch der Insolvenzverwalter einzelnen Arbeitnehmern ein neues Arbeitsverhältnis zusagen bzw. verbindlich in Aussicht stellen. In diesem Fall liegt kein Risikogeschäft mehr vor und die Aufhebungsverträge sind we-gen einer Umgehung des § 613a BGB nichtig.

Da ein Betriebsübergang im Sinne des § 613a BGB durch das BQG-Modell   **493**
verhindert werden soll, stellt sich die Frage, ob (dennoch) eine Unterrich-tungspflicht gemäß oder analog § 613a Abs. 5 BGB besteht. Da beim BQG-Modell im Augenblick des Betriebsübergangs keine Arbeitsverhältnisse mehr bestehen, können den Insolvenzverwalter wohl keine Aufklärungspflichten mehr treffen. Diese Frage ist allerdings bis heute in dieser Form nicht von den Arbeitsgerichten entschieden worden, so dass das Risiko besteht, dass z. B. über den Grundsatz von Treu und Glauben eine Aufklärungsverpflichtung des Insolvenzverwalters konstruiert werden könnte. Aus diesem Grunde sollte die Aufklärung der Arbeitnehmer detailliert erfolgen und sie sollten darüber informiert werden, dass der Verkauf an die Auffanggesellschaft als Betriebsübergang im Sinne des § 613a BGB zu werten sei, dessen Rechtsfol-gen für den Erwerbsinteressenten aber ein „deal-breaker" seien und sie aus diesem Grunde durch das beschriebene BQG-Modell verhindert werden sol-len. Zugleich kann der Arbeitnehmer für den Fall der Unwirksamkeit der Aufhebungsvereinbarung vorsorglich einen Widerspruch gegen den Betriebs-übergang unterzeichnen.

In diesem Zusammenhang sei jedoch darauf hingewiesen, dass das BAG in   **494**
seiner Entscheidung vom 24. Mai 2005

BAG, Urteil v. 24.05.2005 – 8 AZR 398/04, ZIP 2005, 1978.

entschieden hat, dass die Verletzung der Unterrichtungspflicht nach § 613a Abs. 5 BGB nicht zur Unwirksamkeit der Kündigung führt, die der Verkäufer nach einem Widerspruch des Arbeitnehmers gegen den Betriebsübergang erklärt. Allerdings kann die Verletzung der Unterrichtungspflicht generell zu Schadensersatzansprüchen führen.

> LAG Berlin, Urteil v. 29.04.2004 – 18 Sa 2424/03, NZA–RR 2005, 125

495 Die Vorteile des Dörries-Scharmann-Modells für das insolvente Unternehmen bzw. den Insolvenzverwalter, den Erwerber und die Arbeitnehmer liegen auf der Hand und sind nachfolgend noch einmal zusammengefasst:

- Die Zwischenschaltung der BQG erlaubt die Veräußerung der assets ohne Übergang der Arbeitsverhältnisse auf den Erwerber

- Die Verkürzung von Kündigungsfristen schont die Insolvenzmasse (Faustformel: ein Bruttogehalt = zwei Monate BQG)

- Der Betriebsübernehmer kann sich seine „Wunschmannschaft" unabhängig von der Sozialauswahl zusammenstellen

- Neueinstellungen von der BQG nur zu Arbeitsbedingungen des Erwerbers

- Ausschaltung der mit betriebsbedingten Kündigungen verbundenen rechtlichen Risiken

- Neubegründung eines befristen Arbeitsverhältnisses zur BQG und dadurch Aufschub der Erwerbslosigkeit und ggf. Verlängerung des Arbeitslosengeldanspruchs (Überschreiten von Altersgrenzen, Vorbeschäftigungszeiten)

- Chance auf Arbeitsplatz in Erwerbergesellschaft oder Vermittlung nach Qualifizierung/Fortbildung

bb) § 613a BGB in masselosen Insolvenzen

496 Nachteil des BQG-Modells sind die damit verbundenen Kosten, die in masselosen bzw. massearmen Insolvenzen nicht darstellbar sind.

497 Da auch größere Unternehmenseinheiten als masseloses Insolvenzverfahren enden können, das Insolvenzantragsverfahren jedoch mit einer Betriebsfortführung verbunden ist und durchaus aussichtsreiche Chancen für eine übertragende Sanierung unmittelbar nach Eröffnung des Insolvenzverfahrens bestehen, wurde von der Praxis ein Modell in Anlehnung an das BQG-Modell und auf Grundlage der Dörries-Scharmann-Entscheidung für masselose Insolvenzverfahren entwickelt, das allerdings noch nicht gerichtlich überprüft wurde.

498 Danach wird in Anlehnung an die Dörries-Scharmann-Entscheidung ein einvernehmlicher Aufhebungsvertrag zwischen der Schuldnerin mit Zustimmung des vorläufigen Insolvenzverwalters und sämtlichen Arbeitnehmern geschlossen, wobei die Arbeitnehmer ebenfalls zuvor darüber informiert werden, dass ein Betriebsübergang vorliegen wird, es aber erklärter Wille des Betriebsübernehmers ist, von seinem Angebot zurückzutreten, wenn die Gefahr besteht, dass er mehr Arbeitnehmer wegen § 613a BGB übernehmen muss, als er bereit ist, zu „übernehmen". Aus diesem Grunde müssen sämtliche Arbeitsverhältnisse vor dem Betriebsübergang beendet sein. Zugleich wird den Arbeitnehmern mitgeteilt, dass sich der Erwerber gegenüber dem Verwalter verpflichten wird, einer bestimmten – nicht personalisierten – Anzahl von Arbeitnehmern ein Angebot auf Abschluss eines neuen Arbeitsvertrages zu unterbreiten. Es muss sich bei dieser Konstellation um ein erkennbares Risikogeschäft für die Arbeitnehmer handeln, die zwischen der Betriebsstilllegung und dem damit endgültigen Verlust ihres Arbeitsplatzes und der Chance auf Neueinstellung bei dem Erwerber wählen.

Soweit Entgeltreduzierungen oder eine Reduzierung der Urlaubstage geplant **499** sind, sollten diese mit pauschalen Prozentsätzen den Arbeitnehmern mitgeteilt werden.

Der Aufhebungsvertrag enthält im Gegenzug die ggf. als Masseverbindlich- **500** keit zu bestätigende Regelung, dass die Arbeitnehmer, die kein Angebot auf Abschluss eines neuen Arbeitsvertrages vom Erwerber erhalten, eine pauschalierte Abfindung erhalten, die sich die Masse leisten kann. Im Übrigen müssen bzw. können sich diese Arbeitnehmer arbeitslos melden, soweit sie keine Neuanstellung in einem anderen Betrieb finden. Damit auch bei diesem Modell die Arbeitnehmer ein Risikogeschäft im Sinne der Ausführungen des BAG in der Dörries-Scharmann-Entscheidung eingehen, dürfen die Arbeitnehmer bei Unterzeichnung des Aufhebungs- und Abfindungsvertrages nicht wissen, ob sie abgefunden werden oder ein Angebot auf Abschluss eines neuen Arbeitsvertrages erhalten. Auch bei dieser Variante erklärt jeder Arbeitnehmer vorsorglich zusätzlich den Widerspruch gegen einen etwaigen Betriebsübergang. Dies dient der zusätzlichen Absicherung des Erwerbers, da der Widerspruch keines sachlichen Grundes bedarf und grundsätzlich der alleinigen Entscheidungsfreiheit des Arbeitnehmers unterliegt. Der Widerspruch darf allerdings nicht institutionell missbraucht werden.

> BAG, Urteil v. 30.09.2004 – 8 AZR 462/03, ZIP 2005, 132.

Erfahrungsgemäß befürchten die Arbeitnehmer, dass ihnen gegenüber im **501** Falle der Unterzeichnung eines Aufhebungsvertrages von der zuständigen Agentur für Arbeit eine Sperrzeit verhängt wird.

> Die bis dahin vorherrschende Praxis der Agentur für Arbeit einschränkend: BSG, Urteil v. 12.07.2006 – B 11a AL 47/05 R, AuA 2007, 311.

Um den Arbeitnehmern diese Sorge zu nehmen, empfiehlt es sich, die lokal **502** zuständige Agentur für Arbeit einzubinden und einzuladen, an den entscheidenden Betriebsversammlungen teilzunehmen. Nicht verhindert werden kann im Übrigen, dass die Abfindungszahlungen gegebenenfalls auf das Arbeitslosengeld angerechnet werden.

503 Das Modell funktioniert regelmäßig nur vor Eröffnung des Insolvenzverfahrens, denn nur dann sind die Arbeitnehmer dazu berechtigt, wegen der bestehenden Entgeltrückstände zu kündigen bzw. Aufhebungsverträge zu schließen, ohne dass eine Sperrfrist droht.

504 Soweit der Erwerbsinteressent sein Angebot zum Ende des Insolvenzgeldzeitraumes noch nicht abgegeben hat und eine revolvierende Insolvenzgeldvorfinanzierung nicht in Betracht kommt, ist die lokal zuständige Agentur für Arbeit aber möglicherweise bereit, von einer Sperrfrist abzusehen, auch wenn erst nach Eröffnung des Insolvenzverfahrens die Aufhebungsverträge geschlossen werden, ohne dass nun förmlich Lohnrückstände bestehen. Dieses kommt aber nur dann in Betracht, wenn der Insolvenzverwalter die Agentur für Arbeit überzeugen kann, dass die Masseunzulänglichkeit und damit auch die kurzfristige Arbeitslosigkeit der Belegschaft ohne Lohnfortzahlung droht. Die lokalen Agenturen für Arbeit sind meistens in entsprechenden Situationen flexibel und entgegenkommend, wenn die Mitarbeiter der Agentur für Arbeit in den Prozess rechtzeitig eingebunden werden.

505 Unterstützend können hier Gewerkschaftssekretäre und Betriebsräte auf die Belegschaft Einfluss nehmen, soweit ihnen dieses komplexe Modell vermittelt werden kann.

506 Zur besseren Verständlichkeit enthält dieses Skript nachfolgend ein Musteranschreiben an die Belegschaft mit einer Erklärung des Procedere wie auch ein Muster der Aufhebungs- und Abfindungsvereinbarung:

507 **Exemplarisches Musteranschreiben**

An die Arbeitnehmer der ...

Sehr geehrte Damen und Herren,

Ihnen ist aus den vorangegangenen Betriebsversammlungen bekannt, dass die Geschäftsführung des Unternehmens einen Antrag auf Eröffnung des Insolvenzverfahrens gestellt hat. Das Insolvenzgericht wird voraussichtlich zeitnah das Insolvenzverfahren eröffnen und mich zum Insolvenzverwalter bestellen.

Parallel zur Eröffnung wird vom Insolvenzgericht ein Gläubigerausschuss eingesetzt werden (§ 67 InsO). Dem Gläubigerausschuss soll auch ein Interessenvertreter der Arbeitnehmer angehören.

Der Geschäftsbetrieb des Unternehmens ist bis dato im wesentlichen aufrechterhalten worden. Die betriebswirtschaftliche Prüfung hat jedoch ergeben, dass das Unternehmen in seiner gegenwärtigen Form am Markt keine Chance hat. Das Unternehmen ist wegen hoher Überschuldung von innen heraus nicht sanierungsfähig. Die Gesellschafter können keine Sanierung leisten; auch eine Entschuldungshilfe durch die Gläubiger ist nicht zu erwarten.

Es bestehen jedoch gute Aussichten, Teile des Geschäftsbetriebs in eingeschränktem Umfang zu erhalten, und zwar durch einen Verkauf an einen Dritten im Rahmen einer teilweisen sogenannten übertragenden Sanierung. Wie Ihnen bekannt sein dürfte, führe ich seit geraumer Zeit Verhandlungen mit mehreren Interessenten, die das bewegliche Anlagevermögen erwerben möchten. Ein bindendes Kaufvertragsangebot eines Interessenten liegt mir vor. Das Angebot sieht vor, dass der Interessent mit rd. 50 % der Belegschaft in den Geschäftsfeldern der Schuldnerin tätig sein wird. Die Übergabe ist per ... geplant. Die Wirksamkeit des Kaufvertrages hängt jedoch von mehreren Voraussetzungen ab:

- *Das Insolvenzgericht hat das Insolvenzverfahren zu eröffnen und einen Gläubigerausschuss gemäß § 67 Abs. 1 InsO einzusetzen.*

- *Der bestellte Gläubigerausschuss hat dem Kaufvertrag vorbehaltlos zuzustimmen.*

- *Die Käuferin verpflichtet sich, dafür Sorge zu tragen, dass namentlich noch nicht benannten mindestens [Anzahl] Arbeitnehmern Angebote zum Abschluss neuer Arbeitsverträge unterbreitet werden. Das Arbeitsentgelt wird bei den gewerblichen Arbeitnehmern mindestens [...] v. H. des derzeit gezahlten Arbeitsentgeltes betragen. Der Jahresurlaub wird mindestens [...] Arbeitstage betragen. Der Übergang weiterer Arbeitsverhältnisse, gleich aus welchem Rechtsgrund, ist ausgeschlossen.*

Ich halte es für möglich, die vorgenannten Voraussetzungen zu erfüllen. Der Ausschluss des Übergangs weiterer Arbeitsverhältnisse als der der Käuferin verbindlich zugesagten bedarf jedoch Ihrer Mitwirkung:

1. Information über den möglichen bevorstehenden Betriebsübergang

Derzeit ist beabsichtigt, dass der Geschäftsbetrieb durch die Übertragung des beweglichen Anlagevermögens und die Vermietung der Betriebsimmobilien in ... und ... am ... auf die Käuferin übergeht. Von diesem Zeitpunkt an wird die Käuferin von der Schuldnerin die Organisations- und Leitungsmacht übernehmen.

Damit würde zu diesem Zeitpunkt ein Fall eines sog. Betriebsübergangs gemäß § 613a BGB vorliegen. Mit dem Betriebsübergang würden die zu diesem Zeitpunkt im Betrieb der Schuldnerin in ... und in ... bestehenden Arbeitsverhältnisse automatisch auf die Käuferin übergehen. Sämtliche vertraglichen Rechte und Pflichten, die im Verhältnis des einzelnen Mitarbeiters zur Schuldnerin bestanden, bestünden unverändert im Arbeitsverhältnis zur Käuferin fort. Bei der Käuferin sind regelmäßig mehr als 10 Arbeitnehmer beschäftigt, so dass – abhängig von der Erfüllung der persönlichen Voraussetzungen – bei der Käuferin Kündigungsschutz für übergegangene Arbeitnehmer nach dem Kündigungsschutzgesetz bestünde.

Ein Betriebsrat besteht bei der Käuferin nicht, auch findet im Betrieb der Käuferin kein Tarifvertrag Anwendung. Aus diesem Grund würden bei einem Betriebsübergang die bei der Schuldnerin bestehenden Betriebsvereinbarungen (…) und Regelungen des […]-Tarifvertrages vom … nicht in ihrer bisherigen, kollektiv-rechtlichen Form, sondern als Bestandteil des einzelnen Arbeitsvertrages weitergelten. Die Käuferin könnte diese Regelungen für die Frist von einem Jahr nicht zum Nachteil des Mitarbeiters ändern, es sei denn, Tarifvertrag und Betriebsvereinbarung gelten nicht mehr oder die Käuferin vereinbart mit dem Mitarbeiter die Geltung eines anderen Tarifvertrages.

Des Weiteren könnte die Käuferin einem Mitarbeiter, dessen Arbeitsverhältnis aufgrund des Betriebsüberganges mit der Käuferin besteht, nicht wegen des Betriebsüberganges kündigen. Kündigungen aus anderen Gründen wären jedoch ohne weitere Einschränkungen möglich.

Möchte der Arbeitnehmer nicht, dass ein Arbeitsverhältnis mit dem Betriebserwerber besteht, hat er das Recht, innerhalb eines Monats nachdem er von dem Betriebsübergang und seinen Folgen unterrichtet wurde, dem Übergang seines Arbeitsverhältnisses zu widersprechen. Mit Ausübung des Widerspruchsrechtes wird das Arbeitsverhältnis bei dem Betriebserwerber beendet und das ursprüngliche Arbeitsverhältnis zum ehemaligen Betriebsinhaber lebt wieder auf. Für den Fall, dass Arbeitsverhältnisse im Rahmen des Betriebsübergangs von der Schuldnerin auf die Käuferin übergehen und ein Arbeitnehmer diesem Übergang widersprechen sollte, könnte die Schuldnerin jedoch betriebsbedingt kündigen, da eine Weiterbeschäftigungsmöglichkeit bei ihr ausscheidet.

Die Käuferin ist seit … Jahren auf dem Gebiet … tätig und beschäftigt … Mitarbeiter an … Standorten. Wie oben erläutert, würde sich der Betriebsübergang auf die Käuferin als Folge der übertragenden Sanierung von Teilen des Geschäftsbetriebes der Schuldnerin ergeben, deren Grundlage ein (noch abzuschließender) Kaufvertrag zwischen der Schuldnerin und der Käuferin ist. Beabsichtigt ist, das gesamte bewegliche Anlagevermögen auf die Käuferin zu übertragen und die Betriebsimmobilien in … und … an die Käuferin zu vermieten.

Wie eingangs geschildert, bestehen zu dem vorgestellten Modell der teilweisen übertragenden Sanierung keine Fortführungsalternativen. Eingehende betriebswirtschaftliche Prüfungen ergeben die Unmöglichkeit einer Fortführung des Unternehmens ohne die Veräußerung an die Käuferin.

2. Voraussetzungen der Sanierung und Folgen für den einzelnen Mitarbeiter:

Der Kaufvertrag mit der Käuferin kann nur dann zustande kommen, wenn die Kostenrisiken der Käuferin möglichst minimiert werden. Das Übernehmerkonzept setzt voraus, dass die Käuferin nicht mit den aus dem oben dargestellten Betriebsübergang resultierenden Personalkosten belastet wird und eine Reduzierung des Mitarbeiterstammes erfolgt. Damit hängt die teilweise übertragende Sanierung auf die Käuferin davon ab, dass die oben dargelegten Rechtsfolgen eines Betriebsüberganges von der Schuldnerin auf die Käuferin gerade nicht eintreten.

Hierfür ist Ihre Mitwirkung unerlässlich:

Durch den Abschluss eines Aufhebungsvertrages mit der Schuldnerin kann jeder einzelne Mitarbeiter sein Arbeitsverhältnis mit der Schuldnerin beenden. Es besteht dann kein Arbeitsverhältnis mehr, das bei Verkauf an die Käuferin auf diese übergehen könnte. Gleichzeitig erklärt der einzelne Mitarbeiter rein vorsorglich, dass er dem möglichen Übergang seines Arbeitsverhältnisses auf die Käuferin widerspricht. Diese Erklärung erfolgt rein vorsorglich und soll sicherstellen, dass die Käuferin in keinem Fall einem Kostenrisiko durch den Übergang von Arbeitsverhältnissen ausgesetzt ist. Im Gegenzug verpflichtet sich die Käuferin, gegenüber […] bisherigen Mitarbeitern der Schuldnerin ein verbindliches Angebot auf Abschluss eines neuen Arbeitsvertrages zu geänderten Konditionen zu unterbreiten, wobei die hiervon betroffenen Mitarbeiter noch nicht feststehen.

Die folgenden Erläuterungen sollen aufzeigen, aus welchem Grund ein derartiger Aufhebungsvertrag und die Ausübung des Widerspruchsrechts sinnvoll sind:

Zum einen sichert sich jeder Arbeitnehmer die Chance, zu einem späteren Zeitpunkt bei der Käuferin beschäftigt zu werden. Die Käuferin hat sich im Rahmen des Kaufvertrages zu verpflichten, […] bisherige Mitarbeiter der Schuldnerin in dem übernommenen Betriebsteil zu beschäftigen. Zwar ist die Käuferin nur zur Zahlung von […] % des bei der Schuldnerin gezahlten Entgeltes verpflichtet und eine Anrechnung der Betriebszugehörigkeitszeit bei der Schuldnerin findet im dann neuen Arbeitsverhältnis mit der Käuferin nicht statt. Auch ist die Käuferin nicht verpflichtet, mehr als […] Arbeitstage als Jahresurlaub zu gewähren. Jedoch besteht für den einzelnen Mitarbeiter die Möglichkeit, zeitnah eine ihm und seinen beruflichen Qualifikationen entsprechende Beschäftigung zu finden. Die Namen der bei der Käuferin in Zukunft beschäftigten Mitarbeiter stehen noch nicht fest. Mit Abschluss des Aufhebungsvertrages verschafft sich damit jeder Mitarbeiter die Möglichkeit, einer dieser Mitarbeiter zu sein. Für den Fall der Nicht-Unterzeichnung des Aufhebungsvertrages besteht diese Möglichkeit nicht, da der Kaufvertrag mit der Käuferin dann nicht zustande kommt.

Es liegt aber auch im Interesse der kein Vertragsangebot erhaltenden Mitarbeiter, das Zustandekommen des Kaufvertrages mit der Käuferin zu fördern. Scheitern die Kaufvertragsverhandlungen, ist der Insolvenzverwalter gezwungen, die Liquidation des Unternehmens zu betreiben, sämtlichen Arbeitnehmern zu kündigen, erhebliche Teile der Belegschaft kurzfristig freizustellen und den Geschäfts-

betrieb zeitnah einzustellen. Im übrigen werde ich nach dem Stand der Dinge nicht umhinkommen, die Masseunzulänglichkeit gemäß § 208 InsO beim Insolvenzgericht anzuzeigen. Rechtsfolge dieser Anzeige ist, dass die sämtlichst gekündigten *und freigestellten Mitarbeiter nicht mit Lohn- und Gehaltszahlungen rechnen können. Zahlungen an die nach Anzeige der Masseunzulänglichkeit noch nicht freigestellten Mitarbeiter kann ich nur im Rahmen des § 209 Abs. 1 Nr. 2, Abs. 2 Nr. 3 InsO leisten.*

Sollten hingegen der vorerwähnte Kaufvertrag mit der Käuferin wirksam werden, sehe ich mich im Stande, den Mitarbeitern, die kein Arbeitsvertragsangebot der Käuferin erhalten, eine Abfindung in Höhe von [...] Bruttomonatsgehältern pro Person zu versprechen. Ich weise darauf hin, dass die Abfindung allerdings von der Agentur für Arbeit bei der Zahlung von Arbeitslosengeld teilweise angerechnet werden wird.

Im Übrigen werde ich sämtlichen Mitarbeitern im Rahmen der Beendigung ihrer Arbeitsverhältnisse den noch nicht genommenen Urlaub auszahlen können.

Im Ergebnis hat das vorstehend geschilderte Modell zum Erhalt eines Teils der Arbeitsplätze durch eine übertragende Sanierung nur dann eine Chance, wenn sich sämtliche Mitarbeiter dazu bereit erklären, spätestens am [...], bis [...].00 Uhr Aufhebungsvereinbarungen hinsichtlich ihrer alten Arbeitsverhältnisse abzuschließen. Die Aufhebungsverträge sind so ausgestaltet, dass

- *Mitarbeiter, die von der Käuferin kein Angebot zum Abschluss eines neuen Arbeitsvertrags erhalten, eine Abfindungszahlung in Höhe von [...] Bruttomonatsgehältern zusteht,*

- *sämtliche Mitarbeiter ihren noch nicht genommenen Urlaub abgegolten bekommen,*

- *ich vom Vertrag zurücktreten kann, wenn nicht sämtliche Mitarbeiter ihre Aufhebungsvereinbarungen abschließen.*

Wenn nicht sämtliche Arbeitnehmer einen Aufhebungsvertrag unterzeichnen, ist der Zweck der Aufhebungsvereinbarung und des Abfindungsversprechens, nämlich das Zustandekommen des Kaufvertrages mit der Käuferin, verfehlt.

Mein Entwurf des Aufhebungs- und Abfindungsvertrags ist diesem Rundschreiben beigefügt. Für jeden Mitarbeiter wird ein von mir und dem Geschäftsführer bereits gegengezeichneter Vertrag im Original am [...], [...].00 Uhr, bei der Betriebsleitung bereitliegen. Ich bitte Sie, sich dort einzufinden und entweder unverzüglich den Aufhebungsvertrag zu unterzeichen oder aber zu erklären, dass keine Bereitschaft dazu besteht.

Ich bitte darum, die kurze Entscheidungsfrist zu entschuldigen. Die Eilbedürftigkeit ergibt sich aus der Sache. Ob der vorerwähnte Kaufvertrag wirksam wird, bedarf einer schnellen Entscheidung. Ich muss als Insolvenzverwalter kurzfristig Klarheit darüber haben, ob ich das Unternehmen liquidieren muss. Lieferanten und Kunden des Unternehmens müssen eine verlässliche Auskunft darüber erhalten, inwieweit durch das Unternehmen Neuaufträge abgewickelt werden können.

Mit freundlichen Grüßen

Rechtsanwalt
als vorläufiger Insolvenzverwalter

Anlage: Vertragsentwurf

Muster: Aufhebungs- und Abfindungsvereinbarung

Zwischen

der ..., vertreten durch den Geschäftsführer

bei gleichzeitige Zustimmung des vorläufigen Insolvenzverwalters der

– nachfolgend Arbeitgeber/Schuldnerin bzw. Verwalter genannt –

und

Herrn/Frau

– nachfolgend Mitarbeiter genannt –

Vorbemerkung

Dem Mitarbeiter liegt das Rundschreiben des [...] in seiner Eigenschaft als vorläufiger Insolvenzverwalter des Arbeitgebers vom [...] vor. Der Mitarbeiter erklärt, darüber unterrichtet worden zu sein, dass der Verkauf des beweglichen Anlagevermögens der Schuldnerin an einen Erwerbsinteressenten beabsichtigt ist. Der Erwerbsinteressent hat hierzu ein verbindliches Angebot abgegeben, das lediglich der Zustimmung des vorläufigen Gläubigerausschusses sowie der Annahme durch den Insolvenzverwalter nach Eröffnung des Insolvenzverfahrens bedarf. Der Interessent hat sich verpflichtet, dafür Sorge zu tragen, dass mindestens [...] Arbeitnehmern Angebote zum Abschluss neuer Arbeitsverträge unterbreitet werden. Um welche Mitarbeiter es sich handelt, ist dem unterzeichnenden Mitarbeiter bei Unterschrift dieser Vereinbarung nicht bekannt. Die Parteien gehen davon aus, dass aufgrund des Kaufvertrages mit der Erwerbsinteressentin ein Betriebsteilübergang gemäß § 613a BGB vorliegen wird. Der Mitarbeiter ist mit dem Rundschreiben vom ... umfassend über die Voraussetzungen für den Abschluss des Kaufvertrages, die Konsequenzen eines Betriebsübergangs sowie die rechtlichen und tatsächlichen Folgen des Abschlusses einer Aufhebungsvereinbarung in der vorliegenden Form informiert worden. Insbesondere ist sich der Mitarbeiter bewusst, dass die Aufhebung sämtlicher Arbeitsverhältnisse Bedingung für den Abschluss des Kaufvertrages ist. Er wurde darüber informiert, dass der Abschluss dieses Aufhebungsvertrages die Möglichkeit eröffnet, bei der Erwerbsinteressentin zu einem späteren Zeitpunkt beschäftigt zu werden, ohne dass die Erwerbsinteressentin ihm oder einem anderen Mitarbeiter gegenüber hierzu verbindliche Angebote abgegeben oder bereits Arbeitsverträge abgeschlossen hätte. Grundlage der Entscheidung zum Abschluss dieser Aufhebungsvereinbarung ist damit zum einen die Hoffnung auf eine spätere Beschäftigung bei der Erwerbsinteressentin und zum anderen die Zusicherung einer Abfindung bei nicht erfolgender Einstellung durch die Erwerbsinteressentin. Diese Möglichkeiten stellen zur Überzeugung der Parteien einen deutlichen rechtlichen und wirtschaftlichen Vorteil verglichen mit der Schließung des Betriebes und den damit verbundenen finanziellen Einbußen bei Nicht-Unterzeichnung des Aufhebungsvertrages und hierdurch bedingtem Scheitern des Kaufvertrages dar.

Das Rundschreiben vom ... wird ausdrücklich Bestandteil dieses Vertrages. Dies vorausgeschickt, vereinbaren die Parteien, was folgt:

1. Beendigung des Arbeitsvertrages

Das zwischen dem Arbeitgeber und dem Mitarbeiter bestehende Arbeitsverhältnis wird hierdurch einvernehmlich mit Ablauf des [...] beendet. Anlass für die Aufhebung ist zum einen der Umstand, dass der Mitarbeiter zumindest seit zwei Monaten keine Lohn- und Gehaltszahlungen mehr erhalten hat und der Verwalter im Fall der Nichtunterzeichnung entsprechender Vereinbarungen durch sämtliche Arbeitnehmer gezwungen ist, die Liquidation des Unternehmens zu betreiben, sämtlichen Arbeitnehmern zu kündigen, erhebliche Teile der Belegschaft kurzfristig freizustellen und den Geschäftsbetrieb des Arbeitgebers zeitnah einzustellen. Zum anderen bedarf es der Aufhebung sämtlicher Arbeitsverhältnisse der Schuldnerin, um eine teilweise sogenannte übertragende Sanierung bei gleichzeitiger Rettung eines Teils der Arbeitsplätze zu ermöglichen.

2. Widerspruch gemäß § 613a BGB

Dem Mitarbeiter ist bekannt, dass sein Arbeitsverhältnis bei Zustandekommen des Kaufvertrages aufgrund eines Betriebsüberganges auf die Erwerbsinteressentin übergehen würde. Der Mitarbeiter wurde durch Rundschreiben vom ..., das er am ... erhalten hat, umfassend über den geplanten Zeitpunkt des Betriebsüberganges, seinen Grund, die rechtlichen, wirtschaftlichen und sozialen Folgen des Übergangs für die Mitarbeiter sowie über die hinsichtlich der Arbeitnehmer in Aussicht gestellten Maßnahmen informiert. In Kenntnis dieser Tatsachen und in der übereinstimmenden Überzeugung der Parteien von der Wirksamkeit dieser Aufhebungsvereinbarung widerspricht der Mitarbeiter rein vorsorglich diesem Betriebsübergang.

3. Pflichten des Unternehmenskäufers

Dem Mitarbeiter ist bekannt, dass der vorerwähnte Unternehmenskäufer/Erwerbsinteressent sich gegenüber dem Verwalter verpflichtet hat, dafür Sorge zu tragen, dass [...] namentlich noch nicht benannten Arbeitnehmern Angebote zum Abschluss neuer Arbeitsverträge unterbreitet werden.

Das Arbeitsentgelt wird bei den gewerblichen Arbeitnehmern mindestens 85 v. H. des derzeit gezahlten Arbeitsentgeltes betragen. Der Jahresurlaub wird mindestens 26 Arbeitstage betragen. Dem Mitarbeiter ist bewusst, dass bisherige Betriebszugehörigkeiten auf ein etwaiges neues Arbeitsverhältnis mit der Käuferin nicht angerechnet werden.

4. Abfindung/Urlaubsabgeltung

Für den Fall, dass der Mitarbeiter kein Angebot zum Abschluss eines neuen Arbeitsvertrages erhält, verpflichtet sich der Verwalter, dem Mitarbeiter eine Abfindung in Höhe von € ... zu zahlen.

In jedem Fall, und zwar unabhängig davon, ob der Mitarbeiter ein Angebot zum Abschluss eines neuen Vertrags erhält oder nicht, verpflichtet sich der Verwalter, dem Mitarbeiter den noch nicht genommen Urlaub von ... Tagen mit € ... brutto zu vergüten.

5. Frist zum Abschluss dieses Vertrages

Dieser Vertrag kann von den Vertragsparteien nur bis zum Ablauf des [...], [...] Uhr geschlossen werden. Ein späterer Vertragsschluss ist ausgeschlossen.

6. Rücktrittsvorbehalte

Der Verwalter ist berechtigt von dieser Vereinbarung zurückzutreten, wenn nicht sämtliche Mitarbeiter der Schuldnerin, denen ein inhaltlich gleichlautender Aufhebungs- und Abfindungsvertrag vorliegt, diesen schließen.

7. Abwicklungsmodalitäten/Zeugniserteilung

[...]

8. Ausgleich aller Ansprüche

Mit Abschluss und Erfüllung dieser Aufhebungsvereinbarung sind sämtliche gegenseitige Ansprüche aus dem Arbeitsverhältnis und aus Anlass seiner Beendigung abgegolten und erledigt.

9. Sonstiges

Der Mitarbeiter erklärt, diese Vereinbarung sorgfältig gelesen zu haben und ohne zeitlichen Druck unterschrieben zu haben.

cc) Verbindliches Erwerberkonzept zur Restrukturierung

Eine alternative Gestaltungsmöglichkeit zu den bereits geschilderten Modellen ist die „Kündigung des Betriebsveräußerers aufgrund eines Erwerberkonzepts bei zum Zeitpunkt des Zugangs greifbarer Nähe der Sanierungsdurchführung". **508**

Vgl. BAG, Urteil v. 20.03.2003 – 8 AZR 97/02, ZIP 2003, 1671 ff.

509 Ein Personalabbau durch betriebsbedingte Kündigungen ist nach § 613a Abs. 4 Satz 1 BGB unzulässig, wenn die Kündigung *wegen* des Betriebsüberganges ausgesprochen wird. Dies ist dann der Fall, wenn der Betriebsübergang objektiv der Anlass der Kündigung ist und subjektiv alleiniges Motiv.

510 Das Verbot der Kündigung wegen des Betriebsüberganges schließt aber eine Kündigung des Arbeitsverhältnisses aus anderen Gründen nicht aus, § 613a Abs. 4 Satz 2 BGB. Ist demnach für die Kündigung ein sachlicher Grund gegeben, der aus sich heraus die Kündigung rechtfertigt, so dass der Betriebsübergang nur der äußere Anlass, nicht aber der eigentliche Grund ist, ist das Kündigungsverbot des § 613a Abs. 4 Satz 1 BGB nicht einschlägig. Prüfungsmaßstab für die Kündigung sind die allgemeinen Regelungen, wie das Kündigungsschutzgesetz.

511 Fraglich war, ob und unter welchen Voraussetzungen der Betriebsveräußerer/Insolvenzverwalter kündigen darf, weil der potentielle Erwerber zugleich mit der Betriebsübernahme die Belegschaft aus dringenden betrieblichen Erfordernissen verringern will. Hierfür hat sich der Begriff „Veräußererkündigung nach Erwerberkonzept" herausgebildet.

512 Bis zu seinem Urteil vom 20. März 2003 hat das BAG die Veräußererkündigung aufgrund eines Erwerberkonzeptes für zulässig erachtet,

BAG, Urteil v. 26.05.1983 – 2 AZR 477/81, NJW 1984, 627 = ZIP 1984, 141.

jedoch zwei wesentliche Einschränkungen vorgenommen:

513 Zum einen muss die zwischen Veräußerer und Erwerber abgesprochenen Umstrukturierung schon bei Ausspruch der Kündigung greifbare Formen angenommen haben. Es muss insoweit überprüfbar sein, ob die Beschäftigungsmöglichkeit mit dem Betriebsübergang tatsächlich wegfällt.

514 Zum anderen stand nach dieser Entscheidung dem Veräußerer ein betriebsbedingter Kündigungsgrund nur dann zu, wenn die Beschäftigungsmöglichkeit für bestimmte Arbeitnehmer aufgrund eines Erwerberkonzeptes wegfällt, das auch der bisherige Arbeitgeber bei eigener Fortführung des Betriebes ebenfalls hätte durchführen können. Diese Einschränkung führte dazu, dass eine Veräußererkündigung unzulässig war, wenn das Sanierungskonzept nur unter Berücksichtigung der Verhältnisse und Möglichkeiten des Erwerbers umsetzbar war. Da insbesondere Unternehmen in der Krise und in der Insolvenz aus sich heraus nicht sanierungsfähig sind oder ihnen die für die Sanierung notwendigen Mittel fehlen, war diese Hürde kaum nehmbar.

515 Der Achte Senat des BAG hat in der Entscheidung vom 20. März 2003 (vgl. Rn. 450) die zweite Einschränkung jedenfalls für den Unternehmenserwerb in bzw. aus der Insolvenz aufgegeben und ist der Auffassung des Zweiten Senats explizit entgegengetreten. Das Wesen der Sanierungsfälle liegt häufig gerade darin, dass der Betrieb aus sich heraus nicht sanierungsfähig ist.

Zur Stilllegung des Betriebs besteht oft nur die Alternative der Umstrukturierung durch die finanziellen und/oder organisatorischen Möglichkeiten des Erwerbers. In einer solchen Situation verstößt eine vollzogene Kündigung aufgrund des Sanierungskonzeptes des Erwerbers nicht gegen den Schutzgedanken des § 613a Abs. 4 BGB, der den Erwerber an einer bei der Betriebsübernahme freien Auslese der Belegschaft hindern will. Für die Wirksamkeit einer betriebsbedingten Kündigung des Veräußerers nach dem Erwerberkonzept kommt es – jedenfalls in der Insolvenz – nicht darauf an, ob das Konzept auch bei dem Veräußerer hätte durchgeführt werden können.

Um eine Umgehung des § 613a Abs. 4 Satz 1 BGB bei vorzeitiger Veräu- **516** ßererkündigung zu verhindern, muss die tatsächliche Verwirklichung des Erwerberkonzepts rechtlich abgesichert sein. Dies kann mittels eines rechtsverbindlichen Sanierungsplans oder des Abschlusses eines Vorvertrages erfolgen, in dem der Betriebsübergang selbst sowie die Anzahl der zu übernehmenden Arbeitnehmer festgehalten wird.

Danko/Cramer, BB-Special 4/2004, 9, 14.

In dem vom BAG am 20. März 2003 entschiedenen Fall war das Sanierungs- **517** konzept Teil eines zwischen Insolvenzverwalter und dem bei der Schuldnerin bestehenden Betriebsrat geschlossenen Interessenausgleiches.

Es empfiehlt sich auch die Dokumentation der Rechtsverbindlichkeit des **518** Erwerberkonzeptes in dem zwischen Insolvenzverwalter und Erwerber geschlossenen Kaufvertrag, in dem zum Ausdruck gebracht werden sollte, dass dem Insolvenzverwalter dieses Erwerberkonzept übergeben und detailliert vorgestellt wurde, der Insolvenzverwalter es alsdann zu seiner eigenen Unternehmerentscheidung gemacht und mit der Umsetzung begonnen hat. In Konsequenz dessen hat er die vorgesehenen Kündigungen erklärt.

In Anbetracht des regelmäßig bestehenden Zeitdrucks kann es im Übrigen **519** angezeigt sein, dass der vorläufige Insolvenzverwalter parallel zur Interessentensuche bereits ein Sanierungskonzept erstellt bzw. erstellen lässt, das dem Erwerber als Grundlage für sein Konzept dienen kann.

In seiner Entscheidung vom 28. Oktober 2005 hat das BAG **520**

BAG, Urteil v. 28.10.2004 – 8 AZR 391/03, NZA 2005, 285 =
ZIP 2005, 412.

deutlich gemacht, dass auch bei Teilbetriebsübertragungen mit gleichzeitiger Teilbetriebsschließung die Sozialauswahl nicht auf diejenigen Arbeitnehmer beschränkt werden kann, die im zu schließenden Betriebsteil beschäftigt sind. Auf die feste Zuordnung eines „umsetzbaren" Arbeitnehmers zu einem Betriebsteil kommt es demnach nicht an. Die beiden Vorinstanzen hatten noch ausgeführt, dass der im übertragenen Betriebsteil tätige Mitarbeiter zwar den geringeren Schutz in der Sozialauswahl genieße, doch dem übertragenen Betriebsteil fest zugeordnet sei und deshalb durch § 613a BGB geschützt sei. Dieser Argumentation schloss sich das BAG nicht an.

521 Die Entscheidung schreckt potenzielle Erwerber möglicherweise ab, da gegebenenfalls nicht ein eingespieltes Team sondern die „Restmenge" einer Sozialauswahl verbleibt. Möglicherweise wird das BQG-Modell durch diese Entscheidung weiteren Auftrieb erfahren.

522 Schlussendlich bleibt abzuwarten, ob das BAG seine Rechtsprechung zur Kündigung auf Grundlage eines Erwerberkonzeptes auch auf (Sanierungs-)-fälle außerhalb der Insolvenz anwenden wird. Die Ausrichtung der Argumentation lässt eine Ausdehnung auf Sanierungsfälle auch außerhalb der Insolvenz vermuten, wenn ansonsten eine Betriebsstilllegung unmittelbar droht.

523 Das Landesarbeitsgericht Köln

LAG Köln, Urteil v. 17.06.2003 – 9 Sa 443/03, ZIP 2003, 2042.

hat allerdings entschieden, dass außerhalb der Insolvenz eine Kündigung nur dann nicht wegen des Betriebsüberganges erfolgt, wenn auch ohne den Betriebsübergang der Arbeitsplatz entbehrlich geworden wäre.

524 Ergänzend sei darauf hingewiesen, dass das BAG in seiner Entscheidung vom 22. September 2005

BAG, Urteil v. 22.09.2005 – 6 AZR 526/04, ZIP 2006, 631

festgestellt hat, dass im Fall einer vor Insolvenzantragstellung durchgeführten Ausgliederung weder eine Unkündbarkeitsklausel einer Betriebsvereinbarung noch § 323 Abs. 1 UmwG bei einer Betriebsstilllegung des abgespaltenen Unternehmens einer Kündigung unter Berücksichtigung der Fristen des § 113 InsO im Wege steht. Soweit ein Gemeinschaftsbetrieb nicht mehr besteht, ist hinsichtlich der Sozialauswahl nicht mehr auf die Verhältnisse vor Wirksamwerden der Spaltung abzustellen.

dd) Der nicht mehr erwartete Betriebsübernehmer

525 Nicht selten tauchen Interessenten für Teile oder das gesamte schuldnerische Unternehmen erst auf, wenn der Betrieb bereits vom Insolvenzverwalter stillgelegt wurde oder die Stilllegung beschlossen wurde. Häufig hat der Betrieb sich auch bereits vor Bestellung des vorläufigen Insolvenzverwalters „von selbst stillgelegt".

526 Wegen des Kündigungsverbotes in § 613a Abs. 4 Satz 1 BGB ist daher zwischen Betriebsveräußerung und Betriebsstilllegung zu differenzieren. Letztere ist ein „anderer Grund" im Sinne des § 613a Abs. 4 Satz 2 BGB.

527 Eine Betriebsstilllegung liegt vor, wenn der Arbeitgeber endgültig entschlossen ist, den Betrieb dauernd oder für eine nicht unerhebliche Zeitspanne stillzulegen

BAG, Urteil v. 16.05.2002 – 8 AZR 319/01, NZA 2003, 93, 96, ZInsO 2003, 43.

Davon ist auszugehen, wenn der Arbeitgeber seine Stilllegungsabsicht un- **528** missverständlich äußert, allen Arbeitnehmern kündigt, etwaige Mietverträge zum nächstmöglichen Zeitpunkt auflöst, die Betriebsmittel, über die er verfügen kann, veräußert und die Betriebstätigkeit vollständig einstellt

BAG, a. a. O.

Auch die beabsichtigte Betriebsstilllegung kann dringender betrieblicher **529** Grund für eine Kündigung sein, soweit sie greifbar und konkret ist. Dieses ist in der Regel dann der Fall, wenn im Zeitpunkt des Ausspruchs der Kündigung aufgrund einer vernünftigen betriebswirtschaftlichen Betrachtung davon ausgegangen werden kann, dass bis zum Zeitpunkt des Auslaufens der Kündigungsfrist die Stilllegung durchgeführt sein wird.

BAG, Urteil v. 19.06.1991 – 2 AZR 127/91, AP KSchG
1969 § 1 Betriebsbedingte Kündigung Nr. 53.

Die Annahme einer ernsthaften und endgültigen Stilllegungsabsicht ist aus- **530** geschlossen, wenn der Insolvenzverwalter weiterhin beabsichtigt, den Betrieb zu veräußern. Dabei sind die tatsächlichen Begebenheiten entscheidend, nicht hingegen die vom Insolvenzverwalter gegebenen Begründungen.

BAG, Urteil v. 09.02.1994 – 2 AZR 666/93, ZIP 1994, 1041,
NZA 1994, 686, 687.

Ausschlaggebend ist die Absicht des Insolvenzverwalters im Zeitpunkt **531** der Kündigung. Eine zuvor beabsichtigte Betriebsveräußerung schließt die Annahme einer Betriebsstilllegung nicht aus. Sind jedoch die Bemühungen des Insolvenzverwalters, den Betrieb als Einheit zu veräußern, in dem Zeitpunkt der Entscheidung über die Betriebstilllegung als gescheitert anzusehen, so dass er zur endgültigen Einstellung des Betriebes gezwungen ist, rechtfertigt dieses eine Kündigung aus dringenden betrieblichen Gründen.

Kündigt der Insolvenzverwalter einem Arbeitnehmer wegen beabsichtigter **532** Betriebsstilllegung, so spricht es jedoch gegen eine endgültige Stilllegungsabsicht, wenn dem Insolvenzverwalter vor Erklärung der Kündigung ein Übernahmeangebot eines Interessenten vorliegt, der Insolvenzverwalter also noch in Verhandlungen über eine Betriebsveräußerung steht.

BAG, Urteil v. 29.09.2005 – 8 AZR 647/04, AP KSchG, § 1
Betriebsbedingte Kündigung Nr. 139

Ändern sich die tatsächlichen Verhältnisse während des Laufes der Kündi- **533** gungsfrist, hat der Arbeitnehmer nach der Rechtsprechung des BAG

BAG, Urteil v. 13.05.2004 – 8 AZR 198/03, ZIP 2004, 1610.

einen vertraglichen Wiedereinstellungsanspruch, der aus dem Grundsatz von Treu und Glauben hergeleitet wird.

534 Dieser Wiedereinstellungsanspruch ist gegeben, wenn

- eine betriebsbedingte Kündigung des Arbeitgebers auf der Prognose beruht, bei Ablauf der Kündigungsfrist könne er den Arbeitnehmer nicht mehr weiterbeschäftigen,

- diese Prognose sich während des Laufes der Kündigungsfrist als falsch erweist,

- der Arbeitgeber mit Rücksicht auf die Wirksamkeit der Kündigung noch keine Dispositionen getroffen hat und

- ihm die unveränderte Fortsetzung des Arbeitsverhältnisses zumutbar ist.

BAG, Urteil v. 27.02.1997 – 2 AZR 160/96, NZA 1997, 757, 758.

535 Jedoch besteht nach der Entscheidung des BAG vom 28. Oktober 2004

BAG, Urteil v. 28.10.2004 – 8 AZR 199/04, NZA 2005, 405.

ein Wiedereinstellungsanspruch des gekündigten Arbeitnehmers nicht mehr, wenn der Betriebsübergang nach Ablauf der Frist einer insolvenzbedingten Kündigung stattgefunden hat, sofern nicht erkennbar ist, dass die zeitlichen Abläufe rechtsmissbräuchlich zur Umgehung des Wiedereinstellungsanspruches gestaltet werden.

BAG. Urteil v. 13.05.2004 – 8 AZR 198/03, ZIP 2004, 1610.

d) Kündigung zur Verbesserung der Verkaufschancen

536 Soweit eine Unternehmensveräußerung nicht zwangsweise kurzfristig nach Eröffnung erfolgen muss und die betriebswirtschaftliche Situation des insolventen Unternehmens eine Betriebsfortführung im eröffneten Insolvenzverfahren zulässt, kann der Insolvenzverwalter Maßnahmen zur Personalreduzierung im Vorfeld einer Betriebsveräußerung durchführen und sich dabei der Klaviatur der §§ 113, 120 ff. InsO bedienen. Diese Vorschriften enthalten für den Insolvenzverwalter einige erhebliche Erleichterungen, insbesondere die Verkürzung der Kündigungsfrist und den Interessenausgleich mit Namensliste.

537 In diesem Zusammenhang ist festzustellen, dass eine nach § 613a Abs. 4 BGB unzulässige Kündigung wegen Betriebsüberganges nicht vorliegt, wenn sie der Rationalisierung zur Verbesserung der Verkaufschancen dient. Dabei liegt ein Rationalisierungsgrund vor, wenn der Betrieb ohne die Rationalisierung stillgelegt werden müsste.

MüKo BGB-*Schwerdtner*, § 613a Rn. 19.

538 Im Übrigen gilt, dass ordentliche betriebsbedingte Kündigungen im Geltungsbereich des Kündigungsschutzgesetzes sozial gerechtfertigt sein müssen und außerordentliche Kündigungen an § 626 BGB zu messen sind. Regelungen über Sonderkündigungsschutz gelten fort. Das Insolvenzverfahren über das Vermögen des Arbeitgebers stellt keinen außerordentlichen Kündigungsgrund dar, weder der Antrag auf Eröffnung des Insolvenzverfahrens noch die Eröffnung des Insolvenzverfahrens.

§ 113 InsO verkürzt die Kündigungsfrist bei unbefristeten Arbeitsverhältnissen auf drei Monate unabhängig vom Rechtsgrund der eigentlich geltenden Kündigungsfrist. Darüber hinaus ermöglicht § 113 InsO die Kündigung befristeter und „unkündbarer" Arbeitsverhältnisse, die eine Kündigung vertraglich nicht vorsehen bzw. ausschließen. In diesen Fällen gilt die Frist für eine ordentliche Kündigung, die gelten würde, wenn eine Befristung oder ein Ausschluss des Rechtes zur ordentlichen Kündigung nicht gelten würde, reduziert auf die maximale Frist von drei Monaten. Auch stehen Vereinbarungen zum Ausschluss betriebsbedingter Kündigungen, die vor der Insolvenz abgeschlossen wurden, einer Kündigung durch den Insolvenzverwalter wegen beabsichtigter Betriebsstilllegung nicht entgegen. **539**

BAG, Urteil v. 17.11.2005 – 6 AZR 107/05, NZA 2006, 661

Als lex specialis zu § 1 KSchG bietet § 125 InsO weitere Erleichterungen für die Durchführung betriebsbedingter Kündigungen. **540**

Nach § 125 Abs. 1 Nr. 1 InsO wird zum einen vermutet, dass die Kündigung der in der Namensliste enthaltenen Arbeitnehmer durch dringende betriebliche Erfordernisse gerechtfertigt ist. **541**

Zum anderen enthält § 125 Abs. 1 Nr. 2 InsO die Regelung, dass die Sozialauswahl nur hinsichtlich der Auswahlkriterien Betriebszugehörigkeit, Lebensalter und Unterhaltspflichten und dabei auch nur auf grobe Fehlerhaftigkeit überprüfbar ist. Die Sozialauswahl ist nicht als grob fehlerhaft anzusehen, wenn eine ausgewogene Personalstruktur erhalten oder geschaffen wird. **542**

Zum 1. Januar 2004 ist eine weitgehende Angleichung des § 1 KSchG an § 125 InsO erfolgt. Diese betrifft in § 1 Abs. 5 KSchG insbesondere die Regelungen über den Interessenausgleich mit Namensliste und die grobe Fehlerhaftigkeit als Überprüfungsmaßstab, allerdings auf einer erweiterten Prüfungsgrundlage. **543**

§ 125 Abs. 1 Nr. 2 InsO lässt im Vergleich zu § 1 Abs. 3 Satz 2 KSchG nicht nur die Sicherung, sondern auch die Schaffung einer ausgewogenen Personalstruktur zu. Eine mit diesem Ziel durchgeführte Sozialauswahl ist als nicht grob fehlerhaft anzusehen. Dies ist in den Fällen, in denen eine längerfristige Betriebsfortführung im eröffneten Insolvenzverfahren möglich ist, von erheblicher Relevanz, da das Insolvenzverfahren insoweit die Möglichkeit bietet, etwaige Versäumnisse der bisherigen Personalpolitik des Unternehmens im Hinblick auf die Schaffung einer ausgewogenen und damit leistungsfähigeren Personalstruktur nachzuholen. Dieses kann ein besonders relevanter Faktor für eine erfolgreiche Betriebsveräußerung sein. Ein mit dem Ziel einer ausgewogenen Personalstruktur erstelltes Personalkonzept und die damit im **544**

Zusammenhang stehende soziale Auswahl ist nach § 125 Abs. 1 Satz 1 Nr. 2 InsO deshalb nicht grob fehlerhaft, weil eine ausgewogene Personalstruktur erhalten bzw. geschaffen wird. Die Regelung des § 125 Abs. 1 Satz 1 Nr. 2 Halbsatz 2 InsO kodifiziert einen Sonderfall der berechtigten betrieblichen Bedürfnisse im Sinne des § 1 Abs. 3 Satz 2 KSchG. Die besondere insolvenzrechtliche Regelung ermöglicht eine Ausnahme von der sozialen Auswahl selbst dann, wenn erstmals eine ausgewogene Personalstruktur geschaffen werden soll. Sie erlaubt also auch aktive Eingriffe in die bestehenden Betriebsstrukturen zur Steigerung der Leistungsfähigkeit des Betriebes.

> BAG, Urteil v. 28.08.2003 – 2 AZR 368/02, ZIP 2004, 1271, 1274.

545 In diesem Fall hielt das BAG es nicht für grob fehlerhaft, wenn der Insolvenzverwalter bei der sozialen Auswahl zwischen Mitarbeitern mit kaufmännischer Ausbildung einerseits und Mitarbeitern ohne kaufmännische Ausbildung andererseits unterschied

> BAG a. a. O.

und damit von dem Grundsatz abwich, dass sich die Gruppenbildung bei der Sozialauswahl an einer arbeitsplatzbezogenen Austauschbarkeit zu orientieren hat.

546 Im Übrigen wurde die Beschränkung der sozialen Auswahl in nicht einschlägig kaufmännisch ausgebildeten Mitarbeiter auf ihre „Abteilung" als nicht grob fehlerhaft bewertet, da diese der Erhaltung und Schaffung einer ausgewogenen Personalstruktur diente.

547 Das BAG hat ferner klargestellt, dass der Begriff der Personalstruktur in § 125 Abs. 1 Satz 1 Nr. 2 Halbsatz 2 InsO nicht mit dem Begriff der Altersstruktur gleichzusetzen ist. Er ist in einem umfassenderen Sinne zu verstehen, da nach der Gesetzesbegründung dem Schuldner bzw. dem Übernehmer ein funktions- und wettbewerbsfähiges Arbeitnehmerteam zur Verfügung gestellt werden soll. Als weitere Aspekte sind daher auch die Ausbildung sowie die Qualifikation der Arbeitnehmer und damit die Bildung entsprechender Qualifikationsgruppen zu berücksichtigen.

> BAG a. a. O., 1274, 1275.

548 Die Bildung von Altersgruppen, in denen die Sozialauswahl dann jeweils gesondert erfolgt, wird in der neueren Rechtsprechung unter Bezugnahme auf europarechtliche Vorgaben und das AGG angegriffen.

> ArbG Osnabrück, Urteil v. 05.02.2007 – 3 Ca 778/06, BB 2007, 1504

549 Dem wird entgegengehalten, dass eine Altersgruppenbildung nicht zu einer Altersdiskriminierung führe, sondern lediglich die sich aus dem KSchG ergebende Diskriminierung jüngerer Arbeitnehmer bei Kündigungen mindere und dementsprechend zulässig sei.

ArbG Bielefeld, Urteil v. 25.04.2007 – 6 Ca 2886/06, NZA-RR
2007, 466.

Dieser Streit ist noch nicht entschieden, so dass bei Altersgruppenbildungen   550
derzeit Vorsicht geboten ist.

Demgegenüber hat das BAG   551

BAG, Urteil v. 28.08.2003 – 2 AZR 377/02, ZIP 2004, 525.

klargestellt, dass die Regelung des § 125 InsO zu keiner Erleichterung bei der
Betriebsratsanhörung nach § 102 BetrVG führt. Weder aus dem Wortlaut des
§ 125 Abs. 1 InsO noch aus dem Sinn und Zweck des Gesetzes ergibt sich
ein Anhaltspunkt dafür, dass der Gesetzgeber beim Vorliegen eines Interes-
senausgleichs mit Namensliste die Anwendung des § 102 BetrVG auch nur
einschränken wollte.

Zu beachten ist im Rahmen des § 125 InsO, dass Betriebsratsmitglieder auch   552
in der Insolvenz den besonderen Kündigungsschutz des § 15 Abs. 4 und 5
KSchG genießen. Wird nicht der gesamte Betrieb, sondern nur eine Betriebsabteilung stillgelegt, so ist gemäß § 15 KSchG ein Betriebsratsmitglied, das in
der stillgelegten Abteilung beschäftigt wird, grundsätzlich in eine andere Betriebsabteilung zu übernehmen. Nur wenn das nicht möglich ist, kann das
Arbeitsverhältnis ordentlich, frühestens aber zum Zeitpunkt der Stilllegung
der Betriebsabteilung, gekündigt werden.

BAG, Urteil v. 17.11.2005 – 6 AZR 118/ 05, NZA 2006, 370, 372.

Durch eine etwaige Aufnahme von Betriebsratsmitgliedern in einen Interes-   553
senausgleich mit Namensliste gem. § 125 InsO wird dieser besondere Kündigungsschutz nicht aufgehoben.

Ebenfalls nicht eingeschränkt ist der Unterrichtungsanspruch des von der   554
Kündigung betroffenen Arbeitnehmers auf Mitteilung der Gründe, die zu
der getroffenen Sozialauswahl geführt haben; die Darlegungs- und Beweis-
lastverteilung bleibt nach § 125 InsO bzw. § 1 Abs. 5 KSchG unverändert.

für § 1 Abs. 5 KSchG: LAG Düsseldorf, Urteil v. 29.01.1998 – 5
(4) (3) Sa 1913/97, DB 1998, 1235.

Kommt ein Interessenausgleich mit dem Betriebsrat nicht zustande oder aber   555
verfügt das schuldnerische Unternehmen über keinen Betriebsrat, so kann
der Insolvenzverwalter das Beschlussverfahren nach § 126 InsO durchführen. Das Beschlussverfahren nach § 126 InsO ist praktisch wohl nur von geringer Relevanz.

Im Rahmen des Beschlussverfahrens kann das Arbeitsgericht feststellen, dass   556
die Kündigung der Arbeitsverhältnisse bestimmter, im Antrag bezeichneter
Arbeitnehmer durch dringende betriebliche Erfordernisse bedingt und sozial
gerechtfertigt ist. Auch hier kann die soziale Auswahl der Arbeitnehmer nur
im Hinblick auf die Dauer der Betriebszugehörigkeit, des Lebensalters und

der Unterhaltspflichten nachgeprüft werden. § 126 InsO schränkt den Prüfungsmaßstab aber nicht auf die grobe Fehlerhaftigkeit ein.

557 Eine weitere Erleichterung bei der Betriebsveräußerung im Insolvenzverfahren bringt schließlich auch noch § 128 InsO mit sich. Danach ist die Anwendbarkeit der §§ 125 bis 127 InsO nicht dadurch ausgeschlossen, dass die Betriebsänderung, die dem Interessenausgleich bzw. dem Beschlussverfahren zugrunde liegt, erst nach einer Betriebsveräußerung durchgeführt wird. Diese Regelung soll die Flexibilität des Insolvenzverwalters bei einer Betriebsveräußerung auf Grundlage eines Erwerberkonzeptes erhöhen. Der Insolvenzverwalter ist auf Grundlage des § 128 InsO nicht gezwungen, die Betriebsänderung selbst durchzuführen und den Betrieb erst danach zu veräußern. Vielmehr kann der Erwerber die Betriebsänderung durchführen, während der Insolvenzverwalter schon vor der Veräußerung die erforderlichen Kündigungen aussprechen und deren Wirksamkeit gegebenenfalls gerichtlich überprüfen lassen kann. In Ergänzung dazu regelt § 128 Abs. 2 InsO, dass die Vermutung des § 125 Abs. 1 Satz 1 Nr. 1 InsO bzw. auch die gerichtliche Feststellung nach § 126 Abs. 1 Satz 1 InsO sich darauf erstreckt, dass die Kündigung der Arbeitsverhältnisse nicht wegen des Betriebsüberganges erfolgte.

e) Kombinationsmöglichkeiten

558 Soweit die zur Verfügung stehende Insolvenzmasse, die wirtschaftliche Situation des schuldnerischen Unternehmens und die vorhandene Zeit es ermöglichen, können die oben unter II. 4. c. aa) und cc) sowie d. dargestellten Modelle in unterschiedlichen Varianten miteinander kombiniert werden. So kann z. B. die Überleitung in die Transfergesellschaft mit einer Kündigung der betroffen Arbeitnehmer auf Grundlage eines verbindlichen Erwerberkonzeptes kombiniert werden. In dem Interessenausgleich, der auf Grundlage des Erwerberkonzeptes erfolgt, kann vereinbart werden, dass den zu kündigenden Arbeitnehmern zusätzlich eine Überleitung in eine BQG angeboten wird. Zeitgleich zur Kündigung bietet der Insolvenzverwalter den betroffenen Arbeitnehmern den Abschluss eines Aufhebungsvertrages bei gleichzeitiger Überleitung in die BQG an.

559 Konterkariert werden können die Bemühungen, eine übertragende Sanierung unter Berücksichtigung der arbeitsrechtlichen, oben dargestellten Gestaltungsmodelle zu ermöglichen, durch das Arbeitskampfrecht.

560 Das BAG hat in zwei jüngeren Entscheidungen

> BAG, Urteil v. 24.04.2007 – 1 AZR 252/ 06, NZA 2007, 987
> sowie BAG, Urteil vom 19.06.2007 – 1 AZR 396/06 – 1 AZR
> 396/06, NZA 2007, 1055

die Zulässigkeit von Arbeitskampfmaßnahmen, die auf den Abschluss eines Abfindungstarifvertrages zielen, und damit zugleich die höchst umstrittene Rechtmäßigkeit derartiger Tarifverträge bestätigt vgl. hierzu ausführlich *Schmidt*, ZInsO 2008, 247 ff.

Dem Insolvenzverfahren war ein Abfindungstarifvertrag bisher fremd, so-   **561**
weit eine Betriebsänderung ansteht bzw. -stand, war ein Interessenausgleich
und Sozialplan zu schließen, soweit ein Betriebsrat im schuldnerischen Unternehmen gebildet war.

Im Zusammenhang mit etwaig anstehenden Abfindungstarifverträgen stellt   **562**
sich nun die Frage, ob in der Insolvenz die Begrenzungsregeln des § 123
InsO auch für Abfindungstarifverträge gelten. In der bisher hierzu vorhandenen Literatur wird eine Übertragung der Begrenzungen abgelehnt.

Schmidt a. a. O.

6. Betriebliche Renten und Zusagen im Insolvenzfall

Umfang und Wert von betrieblichen Versorgungsverpflichtungen sind im   **563**
Rahmen des Unternehmenskaufs sorgfältig im Rahmen einer Due Diligence
zu beurteilen, da insoweit erhebliche zukünftige Verpflichtungen dem Grunde nach bestehen können. Bedeutsam sind insoweit die arbeits-, steuer- und
sozialversicherungsrechtlichen Rechtsfolgen der Unternehmensveräußerung
auf die jeweiligen Versorgungszusagen.

Zur Due Diligence bei betrieblichen Versorgungsleistungen im
Rahmen des Unternehmenskaufs allgemein vgl. *Höfer/Lüschper/
Verhuven*, DStR 2005, 1829, 1830;
vertiefend Willemsen-*Doetsch/Rühmann*, Kap. J Rn. 179 ff.

Zur betrieblichen Altersversorgung gehören alle Leistungen der Alters-, In-   **564**
validitäts- oder Hinterbliebenenversorgung, die dem Arbeitnehmer aus Anlass seines Arbeitsverhältnisses vom Arbeitgeber zugesagt werden (§ 1 Abs. 1
BetrAVG). Dabei kann der Arbeitgeber die betriebliche Altersversorgung
unmittelbar selbst oder über eine rechtsfähige Versorgungseinrichtung (Pen-
sionskasse oder Pensionsfonds; vgl. § 1b Abs. 3 BetrAVG) durchführen.
Außerdem kann der Arbeitgeber eine Lebensversicherung auf das Leben des
Arbeitnehmers abschließen und dem Arbeitnehmer oder seinen Hinterblie-
benen ein Bezugsrecht auf die Ansprüche aus der Lebensversicherung einräumen (Direktversicherung; § 1b Abs. 2 BetrAVG) oder er kann die betriebliche Altersversorgung durch eine Unterstützungskasse durchführen
lassen, ohne dass diese für ihre Leistungen dem Arbeitnehmer einen Rechts-
anspruch gewährt (§ 1b Abs. 4 BetrAVG). In allen diesen Fällen hat der Arbeitgeber nach § 1 Abs. 1 Satz 3 BetrAVG für die Erfüllung der von ihm zugesagten Leistungen aus der betrieblichen Altersversorgung einzustehen.

Im Rahmen eines share deals bleibt der Arbeitgeber im Sinne des BetrAVG   **565**
identisch, da der Wechsel in den Beteiligungsverhältnissen für den Bestand
der Versorgungsverpflichtungen keine Bedeutung hat. Der Erwerber muss
insoweit mittelbar in seiner Eigenschaft als neuer Gesellschafter wirtschaftlich die Versorgungsverpflichtungen tragen, die das Unternehmen unter
Führung der früheren Gesellschafter eingegangen ist. Soll die Übertragung

der Versorgungsverpflichtungen vermieden werden, so kommt – insbesondere bei Gesellschaftern – ein (ggf. entgeltlicher) Verzicht des Berechtigten auf die Versorgungsanwartschaft in Betracht. In diesem Zusammenhang sind insbesondere die steuerlichen Wirkungen des Verzichts ggf. gegen Abfindung zu berücksichtigen (s. u.).

566 Gehen mit der Übertragung eines Betriebs oder Betriebsteils im Rahmen eines asset deals nach § 613a BGB auch die im Betrieb bestehenden Arbeitsverhältnisse auf den neuen Inhaber über, so gilt dies auch für eine betriebliche Altersversorgung der übernommenen (aktiven) Arbeitnehmer. Der Erwerber tritt auch insoweit in alle Rechte und Pflichten des alten Betriebsinhabers ein und übernimmt also sämtliche bereits entstandenen Versorgungsansprüche oder -anwartschaften der vom Betriebsübergang erfassten Arbeitnehmer.

567 Dagegen verbleiben Versorgungsansprüche früherer Arbeitnehmer des Unternehmens im Rahmen eines asset deals beim Unternehmensveräußerer, so dass folglich die Versorgungsverpflichtungen gegenüber Rentnern sowie ausgeschiedenen Arbeitnehmern mit unverfallbaren Anwartschaften nicht auf den Erwerber übergehen.

Vgl. Willemsen-*Doetsch/Rühmann*, Kap. J, Rn. 98 ff.,

568 Kann der Arbeitgeber infolge einer Insolvenz seinen Verpflichtungen aus der betrieblichen Altersversorgung nicht mehr nachkommen, so übernimmt der Pensions-Sicherungs-Verein („PSV"), ein Versicherungsverein auf Gegenseitigkeit, als Träger der Insolvenzsicherung von Ansprüchen aus einer betrieblichen Altersversorgung im Rahmen von § 7 BetrAVG die Rentenzahlungen, die der Arbeitgeber aufgrund der Versorgungszusage zu erbringen hätte, wenn das Insolvenzverfahren nicht eröffnet worden wäre. Der PSV finanziert sich dabei aus den gemäß § 10 BetrAVG zu leistenden Beiträgen aller Arbeitgeber, die Leistungen aus einer betrieblichen Altersversorgung zugesagt haben.

569 Ausnahmsweise kann der Sicherungsfall gem. § 7 Abs. 1 S. 4 Nr. 2 BetrAVG auch außerhalb eines förmlichen Insolvenzverfahrens durch Abschluss eines außergerichtlichen Vergleichs mit Zustimmung des PSV herbeigeführt werden. Der PSV ist zur Erteilung der Zustimmung nicht verpflichtet und stimmte bisher in der Praxis nur sehr selten insoweit zu. Maßgeblich für die Entscheidung über die Zustimmung des PSV sollte die objektive Sanierungsfähigkeit des Unternehmens zwecks Vermeidung einer Insolvenz und hierdurch drohenden höheren Einstandspflicht des PSV sein.

Vgl. FK-*Griebeling*, Anhang II Rn. 16 f.;
a.A. HK-*Irschlinger*, BetrAVG, § 7 Rn. 2, wonach nur bei Zahlungseinstellung die Zustimmung des PSV in Betracht kommen soll.

570 Aufgrund dieser Insolvenzsicherung nach dem BetrAVG bestehen in der Insolvenz des Arbeitgebers keine besonderen Schutzvorschriften zugunsten rückständiger Forderungen der Arbeitnehmer gegen den Arbeitgeber auf Leistungen aus einer betrieblichen Altersversorgung. Derartige Ansprüche können gegenüber dem Insolvenzverwalter nur als einfache Insolvenzforderungen geltend gemacht werden, die, somit gemäß § 9 Abs. 2 BetrAVG übergegangen, nicht mehr dem Arbeitnehmer, sondern dem PSV zustehen.

Sobald das Insolvenzverfahren über das Vermögen des Arbeitgebers eröffnet **571** wird bzw. in den übrigen Fällen des § 7 Abs. 1 Satz 4 Nr. 1–3 BetrAVG der PSV dem Berechtigten die ihm zustehenden Ansprüche oder Anwartschaften schriftlich mitteilt, gehen die Ansprüche oder Anwartschaften des Berechtigten **gegen den Arbeitgeber**, soweit sie den Anspruch des Berechtigten gegen den PSV begründen, nach § 9 Abs. 2 BetrAVG auf den PSV über.

Sind die Ansprüche des Arbeitnehmers aus der betrieblichen Altersversor- **572** gung gegen eine Insolvenz des Arbeitgebers zusätzlich gesichert, so geht auch diese Sicherung, sofern sie die auf den PSV übergegangenen Ansprüche betrifft, mit diesen nach § 9 Abs. 2 BetrAVG auf den PSV über.

> Vgl. HK-*Irschlinger*, BetrAVG, § 9 Rn. 2;
> FK-*Griebeling*, Anhang II Rn. 131,

So kann es sein, dass der Arbeitgeber Einzahlungen des Arbeitnehmers in die **573** betriebliche Altersversorgung auf eine Depotstelle übertragen und seine gegen diese gerichteten Ansprüche dem Arbeitnehmer zur Sicherung dessen Ansprüche aus der betrieblichen Altersversorgung für den Fall einer Insolvenz des Arbeitgebers verpfändet hat. Darin liegt eine Insolvenzsicherung des Arbeitnehmers, weil dieser in der Insolvenz des Arbeitgebers aufgrund seines Pfandrechts zu einer abgesonderten Befriedigung aus den gegen die Depotstelle gerichteten Ansprüchen des Arbeitgebers berechtigt ist. Derselbe Effekt wird durch die Übertragung der Einzahlungen auf einen Treuhänder erreicht, der diese Mittel treuhänderisch sowohl für den Arbeitgeber als auch – für den Fall dessen Insolvenz – für den Arbeitnehmer verwaltet (sog. Contractual Trust Arrangement [CTA] als sog. doppelseitige Treuhand). In beiden Fällen stehen die sich daraus ergebenden Absonderungsrechte, soweit die Ansprüche des Arbeitnehmers gegen den Arbeitgeber gemäß § 9 Abs. 2 BetrAVG auf den PSV übergegangen sind, in der Insolvenz des Arbeitgebers dem PSV zu.

> Vgl. *Berenz*, DB 2004, 1098, 1099 li. Sp.;
> zur Insolvenzfestigkeit der Doppeltreuhand vgl. auch *Küppers/Louven/Schröder*, BB 2005, 763, 764 f.

Zu beachten ist jedoch, dass der Anspruch gegen den PSV nach § 7 Abs. 3 **574** BetrAVG der Höhe nach begrenzt ist auf das dreifache der monatlichen Bezugsgröße gemäß § 18 SGB IV, die in dem Zeitpunkt gilt, in dem der erste Anspruch gegen den PSV fällig wird. Die Höchstgrenze beträgt bei laufenden Leistungen für das Jahr 2006 monatlich € 7.350,00 (alte Bundesländer) bzw. € 6.195,00 (neue Bundesländer). Bei Ansprüchen auf Kapitalleistungen ist der Anspruch gegen den PSV nach § 7 Abs. 4 S. 2 BetrAVG auf 10 % der

Leistung als Jahresbetrag einer (entsprechenden) laufenden Leistung begrenzt.

Vgl. HK-*Irschlinger*, BetrAVG, § 7 Rn. 14;
FK-*Griebeling*, Anhang II Rn. 88;
ErfKoArbR-*Steinmeyer*, § 7 BetrAVG Rn. 65.

575 Soweit dem Arbeitnehmer über die in § 7 Abs. 3 BetrAVG geregelte Höchstgrenze hinaus Ansprüche gegen den insolventen Arbeitgeber aus seiner betrieblichen Altersversorgung zustehen, verbleiben die für den Anspruch geschaffenen Insolvenzsicherungen beim Arbeitnehmer. Dieser kann die Sicherungen und die sich daraus insbesondere ergebenden Rechte auf abgesonderte Befriedigung vor dem PSV geltend machen, auf den das Absonderungsrecht im Rahmen von § 9 Abs. 2 BetrAVG bis zur Höhe der Höchstgrenze nach § 7 Abs. 3 BetrAVG übergeht. Grund ist, dass der PSV den Übergang eines Sicherungsrechts wegen § 9 Abs. 2 Satz 2 BetrAVG nicht zum Nachteil des Berechtigten geltend machen kann.

Hierzu *Berenz*, DB 2004, 1098, 1099.

576 Beim Erwerb eines Betriebes aus der Insolvenz im Rahmen der sog. übertragenden Sanierung haftet der Erwerber nur für den Teil der betrieblichen Versorgungsansprüche, der nach Insolvenzeröffnung erdient worden ist und künftig erdient wird. Diese Haftungsbegrenzung des Erwerbers ergibt sich aus dem Prinzip der Gläubigergleichbehandlung und erleichtert die Veräußerung von Betriebsteilen aus der Insolvenz. Maßgeblich ist insoweit, dass die bis zum Insolvenzeröffnungszeitpunkt erdienten Versorgungsansprüche als Insolvenzforderungen nicht durch einen späteren Betriebsübergang befriedigt werden sollen.

BAG, Urteil v. 13.11.1986 – 2 AZR 771/85, ZIP 1987, 525, 526.

577 Bei Eintritt des Versorgungsfalls hat der Erwerber folglich nur den Teil des Vergütungsanspruchs zu erfüllen, der auf die Beschäftigungszeiten nach dem Betriebsübergang entfällt. Die bei Insolvenzeröffnung bestehenden unverfallbaren Versorgungsansprüche sind vom PSV zu erfüllen. Die bereits erdienten aber zum Insolvenzeröffnungszeitpunkt noch verfallbaren Versorgungsanwartschaften können von den Arbeitnehmern lediglich als Insolvenzforderungen geltend gemacht werden.

BAG, Urteil v. 29.10.1985 – 3 AZR 485/83, BB 1986, 1644 ff.;
FK-*Griebeling*, Anhang II Rn. 33 ff.

7. Ausgewählte steuerliche Sachverhalte bei Unternehmenstransaktionen in Krise, Insolvenz und Sanierung

a) Steuerliche Interessen des Veräußerers in der Krise

578 Die Veräußerung in der Krise führt regelmäßig zu einem Veräußerungsverlust bei dem Veräußerer. Die Art und Weise der Berücksichtigung dieses Veräußerungsverlustes ist in steuerlicher Hinsicht abhängig von der Rechts-

form des zu veräußernden Unternehmens und des Veräußerers selbst. Hinsichtlich des zu verkaufenden Unternehmens ist auch steuerlich zwischen der Veräußerung von Wirtschaftsgütern bzw. Personengesellschaftsanteilen (steuerlicher asset deal) und der Veräußerung von Anteilen an Kapitalgesellschaften (steuerlicher share deal) zu unterscheiden. Bezüglich der Steuerbelastung des Veräußerers ist dagegen zwischen Kapitalgesellschaften (und ihren Anteilseignern) und natürlichen Personen zu differenzieren.

aa) Asset deal

(1) Veräußerer ist eine natürliche Person

Der Verkauf eines gewerblichen Unternehmens durch eine natürliche Person **579** im Wege eines asset deals führt zu Einkünften aus Gewerbebetrieb gemäß § 16 Abs. 1 Nr. 1 EStG. Dies ist auch dann der Fall, wenn die Veräußerung durch den Insolvenzverwalter vorgenommen wird; die Veräußerungshandlungen des Insolvenzverwalters stehen denen des Schuldners, der der Steuerpflichtige ist, gleich.

> *Boochs/Dauernheim*, Steuerrecht in der Insolvenz, 3. Auflage 2007, B. I. 5., Seite 92.

Die Veräußerung von Wirtschaftsgütern durch den Insolvenzverwalter nach **580** Eröffnung des Insolvenzverfahrens führt nach Ansicht des BFH jedoch im Hinblick auf die bei der Hebung stiller Reserven entstehenden Steuer zu Masseverbindlichkeiten.

> Für den Konkurs BFH, Urteil vom 11.11.1993 – XI R 73/92, BFH/NV 1994, 477.

Veräußerungsgewinn ist gemäß § 16 Abs. 2 EStG der Betrag, um den der **581** Veräußerungspreis nach Abzug der Veräußerungskosten den nach §§ 4 Abs. 1, 5 EStG zu ermittelnden Wert des Betriebsvermögens übersteigt. Dieser Veräußerungsgewinn unterliegt der Einkommensteuer, wobei der ermäßigte Steuersatz gemäß §§ 16, 34 EStG zur Anwendung kommt, wenn Gegenstand der Veräußerung der gesamte Betrieb mit seinen wesentlichen Betriebsgrundlagen oder ein insoweit gleichgestellter Teilbetrieb ist und der Veräußerer das 55. Lebensjahr vollendet hat oder dauernd berufsunfähig ist.

> Zu den Voraussetzungen für wesentliche Betriebsgrundlagen im Rahmen der kombinierten funktional-quantitativen Betrachtungsweise vgl. L. Schmidt-*Wacker*, EStG, § 16, Rn. 101 ff. m.w.N.; zum Teilbetriebsbegriff vgl. Rn. 143 f.

Der ermäßigte Steuersatz (seit 2004 insges. 56 % des durchschnittlichen **582** Steuersatzes) wird allerdings gemäß § 34 Abs. 3 EStG nur einmal im Leben begrenzt auf einen Veräußerungsgewinn von bis zu Euro 5 Mio. gewährt. Liegen die Voraussetzungen des § 34 Abs. 3 EStG nicht vor, so kommt auf Antrag gem. § 34 Abs. 1 EStG eine Progressionsmilderung im Rahmen der sog. Fünftelungsregelung zur Anwendung. Der Veräußerungsgewinn einer natürlichen Person unterliegt nicht der Gewerbesteuer (vgl. § 7 Satz 2 GewStG; A 39 GewStR).

583 Bei einem Unternehmensverkauf in der Krise kommt insbesondere die Realisierung eines Veräußerungsverlustes in Betracht. Veräußerungsverluste gemäß § 16 Abs. 1 EStG sind als gewerbliche Einkünfte dem Grunde nach abzugs- und ausgleichsfähig und seit 2004 ist auch eine uneingeschränkte Verlustverrechnung innerhalb eines Veranlagungszeitraums möglich. Jedoch wurde für die periodenübergreifende Verlustverrechnung gemäß § 10d EStG eine betragsgemäße Begrenzung eingeführt. Danach besteht nunmehr eine Art Mindestbesteuerung bezüglich der Verlustverrechnung unterschiedlicher Veranlagungszeiträume, wonach ein Verlustrücktrag gemäß § 10d Abs. 1 EStG auf Euro 511.500 (bei Zusammenveranlagung auf Euro 1.023.000) beschränkt ist und der Verlustvortrag gem. § 10d Abs. 2 EStG pro Veranlagungszeitraum auf bis zu Euro 1 Mio. (bei Zusammenveranlagung Euro 2 Mio.) zuzüglich 60 % des übersteigenden Gesamtbetrags der Einkünfte begrenzt wird.

> Vgl. zur Verlustverrechnung ab 2004 Intemann/Nacke, DStR 2004, 1149 ff.;
> *Groß/Steiger*, DStR 2004, 1203 ff.;
> *Lindauer*, BB 2004, 2720 ff. und allgemein *Orth*, FR 2005, 515ff.

584 Bei der Gewerbesteuer können Verluste gemäß § 10a GewStG lediglich vorgetragen werden und sind seit 2004 bis zu einem Betrag in Höhe von Euro 1 Mio. von künftigen Gewerbeerträgen abzuziehen. Der übersteigende Verlustvortrag ist lediglich in Höhe von 60 % des überschießenden Gewerbeertrags zu berücksichtigen.

Beispiel:

Der Unternehmer U bildet zum 31.12.06 in der Handelsbilanz eine Rückstellung für drohende Verluste aus schwebenden Geschäften in Höhe von Euro 5 Mio., die steuerlich gem. § 5 Abs. 4a EStG nicht gebildet werden darf. Der steuerliche Gewinn in 06 beträgt daher Euro 5 Mio. Im Folgejahr 07 realisiert U die Verluste aus schwebenden Geschäften in Höhe von Euro 5 Mio. und erzielt im übrigen ein ausgeglichenes Ergebnis von Euro 0. Im Folgejahr 08 realisiert U ein steuerliches Einkommen in Höhe von Euro 5 Mio.

Das steuerliche Einkommen von U in 06 in Höhe von Euro 5 Mio. kann hinsichtlich der Einkommensteuer nachträglich im Wege des Verlustrücktrages gemäß § 10d Abs. 1 EStG in Höhe von Euro 511.500 reduziert werden. Zum 31.12.07 wird dann für U jeweils ein Verlustvortrag für die Einkommensteuer in Höhe von Euro 4.488.500 und für die Gewerbesteuer in Höhe von Euro 5 Mio. festgestellt. Im Folgejahr in 08 wird der Gesamtbetrag der Einkünfte bzw. der Gewerbeertrag von U dann aufgrund des Verlustvortrages im Rahmen der Einkommen- und Gewerbesteuer jeweils um Euro 3,4 Mio. (Euro 1 Mio. + 60 % von Euro 4 Mio.) gemindert. Der verbleibende Verlustvortrag per 31.12.08 beträgt bei U dann im Rahmen der Einkommensteuer EUR 1.088.500 und im

Rahmen der Gewerbesteuer EUR 1,6 Mio. Im Ergebnis wird verdeutlicht, dass das steuerliche Einkommen in den Jahren 06-08 durch die Verlustverrechnungsbeschränkungen gemäß § 10 d EStG beeinflusst wird. Hierdurch können erhebliche Steuerbelastungen entstehen, die erst nachträglich im Rahmen der beschränkten Verlustvortragsverrechnung ausgeglichen werden.

(2) Veräußerung von Mitunternehmeranteilen

Die vorgenannten Grundsätze zur Besteuerung von Veräußerungsgewinnen **585** gemäß §§ 16, 34 EStG gelten entsprechend für die Veräußerung von Mitunternehmeranteilen als Gesellschafter einer Personengesellschaft.

Umfasst ein Mitunternehmeranteil auch Sonderbetriebsvermögen mit we- **586** sentlichen Betriebsgrundlagen, so liegt allerdings nur dann eine begünstigte Veräußerung gemäß §§ 16, 34 EStG vor, wenn diese wesentlichen Betriebsgrundlagen mitübertragen werden, ohne dass dies unentgeltlich geschieht. Der Veräußerer kann diese Wirtschaftsgüter stattdessen auch in sein Privatvermögen überführen und hierdurch eine begünstigte Betriebsaufgabe bewirken. Der gemeine Wert der überführten Wirtschaftsgüter ist dann zusammen mit dem Kaufpreis für den Mitunternehmeranteil begünstigter Gewinn (vgl. § 16 Abs. 3 S. 6 f. EStG). Werden dagegen wesentliche Betriebsgrundlagen aus dem Sonderbetriebsvermögen des Veräußeres im Zusammenhang mit der Anteilsveräußerung zu Buchwerten in ein anderes Betriebsvermögen überführt, so entfällt die Begünstigung gemäß §§ 16, 34 EStG. Schließlich kann die Steuervergünstigung nach §§ 16, 34 EStG nur dann in Anspruch genommen werden, wenn sämtliche stille Reserven des Mitunternehmeranteils aufgedeckt werden.

> BFH, Urteil v. 06.09.2000 – IV R 18/99, BStBl. II 2001, 229; vgl.
> weiterführend L. Schmidt-*Wacker*, EStG, § 16, Rn. 414 ff.

Im Rahmen der Veräußerung von Mitunternehmeranteilen kann zudem ein **587** Veräußerungsgewinn eines Gesellschafters im Zusammenhang mit seinem negativen Kapitalkonto zu berücksichtigen sein. Scheidet ein Gesellschafter als Mitunternehmer einer Personengesellschaft aus, ohne sein negatives Kapitalkonto ausgleichen zu müssen, so erhöht sich insoweit der Veräußerungsgewinn entsprechend, unabhängig davon ob das negative Kapitalkonto durch laufende Verluste – bei Kommanditisten ggf. nur verrechenbare Verluste gemäß § 15 a EStG – oder durch Entnahmen verursacht worden ist.

> Vgl. L. Schmidt-*Wacker*, EStG, § 16, Rn. 469 ff.

Beispiel:

Das Kapitalkonto des Kommanditisten K ist negativ in Höhe von Euro 1 Mio. und es besteht ein verrechenbarer Verlust gem. § 15a Abs. 2 EStG in Höhe von Euro 500.000. Der Erwerber übernimmt diesen Kommanditanteil ohne Zahlung eines zusätzlichen Kaufpreises.

588 *Es entsteht bei K ein Veräußerungsgewinn gem. § 16 Abs. 1 Nr. 2 EStG in Höhe von Euro 1 Mio. Von diesem Veräußerungsgewinn sind die vorhandenen nur verrechenbaren Verluste gem. § 15a Abs. 2 EStG abzuziehen, so dass ein steuerpflichtiger Veräußerungsgewinn in Höhe von Euro 500.000 verbleibt.*

589 Mithin sind nicht auszugleichende negative Kapitalkonten bei Veräußerung von Kommanditanteilen nur dann ohne einkommensteuerrechtliche Wirkung, wenn aufgrund von Verlustzuweisungen in der Vergangenheit noch entsprechende verrechenbare Verluste gemäß § 15a EStG vorhanden sind.

L. Schmidt-*Wacker*, EStG, § 15a, Rn. 224.

590 **(3) Wichtige Änderungen in diesem Zusammenhang durch die Unternehmensteuerreform und das Jahressteuergesetz 2008**

591 Im Zuge des Unternehmensteuerreformgesetzes wurde mit § 34a EStG auch für Personengesellschaften die Möglichkeit geschaffen, nicht ausgeschüttete Gewinne mit einem ermäßigten Steuersatz zu besteuern. Nach dieser Vorschrift sind Gewinne aus Land- und Forstwirtschaft, Gewerbebetrieb oder selbständiger Arbeit auf Antrag ganz oder teilweise mit einem festen Steuersatz in Höhe von 28,25% zzgl. Solidaritätszuschlag zu besteuern. Da der Gesetzgeber mit der Regelung eine Annäherung der Besteuerung von Kapitalgesellschaften und Personengesellschaften bzw. Einzelunternehmen beabsichtigte, ist der Steuersatz so festgesetzt, dass er ungefähr demjenigen der Thesaurierungsbelastung bei Kapitalgesellschaften entspricht (Ziel soll nicht die vollständige Belastungsneutralität sein).

Breithecker/Förster/Förster/Klapdor-*Breithecker*, UntStRefG, § 34a Rz. 1.

592 Zu beachten ist, dass die sog. Thesaurierungsbegünstigung nicht endgültig ist. Vielmehr kommt es gemäß § 34a Abs. 4 EStG grundsätzlich immer dann zu einer Nachversteuerung, wenn der Saldo der Entnahmen eines Wirtschaftsjahres die geleisteten Einlagen und den ermittelten Gewinn übersteigen. Der Steuersatz beträgt 25% des Nachversteuerungsbetrages, § 34a Abs. 4 Satz 2 EStG.

Eine Beispielrechnung findet sich bei *Brönner/Bareis*,
Die Besteuerung der Gesellschaften, 18. Auflage 2007, Z III,
Rz. 50.

593 Die Regelung der Nachversteuerung erweist sich insbesondere in den Krisenfällen als problematisch, da infolge von Verlusten Überentnahmen vorliegen dürften, so dass es zu Nachversteuerungsbeträgen kommt.

594 Darüber hinaus kommt es in den hier besonders interessierenden Fällen einer Betriebsveräußerung gemäß § 16 Abs. 1 EStG zur Nachversteuerung, § 34a Abs. 6 Nr. 1 EStG. Solche Fälle kommen daher einer Vollausschüttung gleich mit der Folge, dass der Betrag der Nachversteuerung mit eingerechnet werden muss.

(4) Veräußerung durch Kapitalgesellschaft

Bei Kapitalgesellschaften ist der Gewinn aus dem Verkauf eines Betriebes **595** oder Teilbetriebes im Rahmen eines asset deals gewerbe- und körperschaftsteuerpflichtig. Dies gilt gemäß § 7 Satz 2 GewStG auch für die Veräußerung von Mitunternehmeranteilen. Lediglich bei Gewinnen aus der (Mit-) Veräußerung von Grund und Boden sowie Gebäuden kommt die Vermeidung der steuerlichen Gewinnrealisierung durch Bildung einer Rücklage gemäß § 6b EStG unter bestimmten Voraussetzungen in Betracht.

Gewinne, die bei der Veräußerung im Rahmen eines asset deals erzielt wer- **596** den, können nicht ohne Weiteres mit bestehenden Verlustvorträgen verrechnet werden. Denn die Nutzung steuerlicher Verlustvorträge einer Kapitalgesellschaft, richtet sich nach § 8 Abs. 1 KStG i. V. m. § 10d EStG und unterliegt mithin der sog. Mindestbesteuerung. Danach sind Verluste oder vielmehr Verlustvorträge grundsätzlich nur bis zu Euro 1 Mio. vollständig mit laufenden Einkünften ausgleichsfähig. Diesen Betrag übersteigende positive Einkünfte werden nur in Höhe von 60 % durch den verbleibenden Verlustvortrag gemindert. Die Mindestbesteuerung des § 10d Abs. 2 EStG kann daher bei einem asset deal im Zusammenhang mit der Liquidation der Kapitalgesellschaft zu einer Steuerbelastung trotz entsprechender nomineller Verlustvorträge führen. Unter Umständen sollte der Veräußerungsgewinn daher erst nach dem Liquidationsbeschluss realisiert werden, um im Rahmen der Abwicklungsbesteuerung gemäß § 11 KStG – verlängerter Besteuerungszeitraum bis zu drei Jahre – den Veräußerungsgewinn mit den nachfolgenden Betriebsausgaben im Rahmen der Abwicklung zu verrechnen. Es sollten insoweit die alternativen Steuerszenarien vor dem Liquidationsbeschluss bzw. asset deals verglichen werden.

Auch in der Insolvenz kann die Mindestbesteuerung des § 10d Abs. 2 EStG **597** zu gravierenden Steuerbelastungen führen, wenn im Rahmen der Abwicklungsbesteuerung gemäß § 11 KStG erhebliche Gewinne – z. B. bei Verwertung originärer immaterieller nicht aktivierungsfähiger Vermögensgegenstände (Patente, Lizenzen, etc.) oder Wegfall von Rückstellungen etc. – entstehen.

Vgl. *Gilz/Kluth*, DStR 2005, 184 ff. zur Mindestbesteuerung bei
Gewinnen wegen Auflösung von Rückstellungen u. w. Passiv-
posten in der Insolvenz.

bb) Share deal

Im Rahmen der Besteuerung des share deals an einer Kapitalgesellschaft ist **598** vorab zwischen verschiedenen Anteilseignern – natürlichen und juristischen Personen – zu differenzieren.

(1) Veräußerer ist eine natürliche Person

599 Anteilsveräußerungen natürlicher Personen unterliegen der Einkommensteuer wenn,

- der Veräußerer an der Gesellschaft zu mindestens 1% unmittelbar oder mittelbar beteiligt ist (§ 17 EStG),

- einbringungsgeborene Anteile i. S. d. § 21 UmwStG veräußert werden,

- Anschaffung und Veräußerung innerhalb von 12 Monaten (Spekulationsgeschäft i. S.v. § 23 EStG) stattfinden oder

- Anteilsveräußerung aus steuerlichem Betriebsvermögen erfolgen.

600 Für die steuerpflichtigen Anteilsveräußerungen natürlicher Personen gilt gem. § 3 Nr. 40a, b, c, j EStG i. V. m. § 3c Abs. 2 EStG das sog. Halbeinkünfteverfahren. Veräußerungsverluste sind korrespondierend nur hälftig steuerlich verwertbar. Dies gilt sogar für Veräußerungsverluste mit einbringungsgeborenen Anteilen, die aus einer Betriebs-, Teilbetriebs- oder Mitunternehmeranteilseinbringung entstanden sind, obwohl in diesen Fällen bei Veräußerungsgewinnen eine umfängliche Besteuerung eintreten würde.

Beispiel:

X ist zu 100 % an der X-GmbH mit einem Stammkapital in Höhe von € 100.000 beteiligt. Des Weiteren hat X Darlehen mit einem von vornherein vereinbarten Rangrücktritt in Höhe von € 1 Mio. gewährt und sich für das valutierende Kontokorrentdarlehen in Höhe von Euro 200.000 selbstschuldnerisch verbürgt. Bei Gründung der GmbH waren Beratungs- und Notarkosten in Höhe von € 10.000 bei X entstanden.

X vereinbart mit dem Erwerber E die Übertragung der Anteile an der X GmbH für einen Kaufpreis in Höhe von € 50.000 unter der Bedingung, dass X auf seinen Darlehensanspruch unwiderruflich verzichtet und zudem im Wege der Schuldübernahme das Kontokorrentdarlehen übernimmt (Verkauf „debt free"). Die Veräußerungskosten trägt der Erwerber.

Lösung:

X erzielt folgenden Veräußerungsverlust gem. § 17 Abs. 2 EStG:

Veräußerungspreis	*Euro*	*50.000*
./. Anschaffungskosten X-Anteile	*Euro*	*100.000*
./. Anschaffungsnebenkosten	*Euro*	*10.000*
./. Nachträgliche Anschaffungskosten:		
./. Krisendarlehen	*Euro 1.000.000*	
./. Bürgschaft/Schuldübernahme	*Euro 200.000*	
Veräußerungsverlust	*Euro 1.260.000*	

Nach § 3 Nr. 40c Satz 1 EStG sind lediglich der hälftige Veräußerungspreis sowie gem. § 3c Abs. 2 EStG die Hälfte der Anschaffungs- und Veräußerungskosten anzusetzen, so dass vorliegend bei X gem. § 17 EStG ein Veräußerungsverlust in Höhe von Euro 630.000 zu berücksichtigen ist.

Ein Auflösungsverlust gem. § 17 Abs. 4 EStG ermittelt sich entsprechend **601** § 17 Abs. 2 EStG und ist grundsätzlich in dem Jahr zu erfassen, in dem – bei vorangegangener gesellschaftsrechtlicher Auflösung – mit einer wesentlichen Änderung des bereits feststehenden Verlustes nicht mehr zu rechnen ist. Bei Insolvenz der Gesellschaft ist insoweit nach der Rechtsprechung des Bundesfinanzhofs grundsätzlich erst mit Abschluss des Insolvenzverfahrens der Auflösungsverlust des Anteilseigners gemäß § 17 Abs. 4 EStG realisiert. Ausnahmsweise kann bereits vor Vollbeendigung der Kapitalgesellschaft der Veräußerungsverlust des Anteilseigners realisiert werden, wenn mit einer wesentlichen Änderung des bereits feststehenden Verlustes wegen Vermögenslosigkeit (nur noch geringfügiges Aktivvermögen) der Kapitalgesellschaft nicht mehr zu rechnen ist. Eine Überschuldung reicht dagegen nach Auffassung des Bundesfinanzhofs nicht aus, obwohl hierdurch dokumentiert wird, dass die Gesellschaft per Saldo vermögenslos ist.

> Vgl. zuletzt BFH, Beschluss v. 22.11.2005 – VIII B 308/04,
> BFH/NV 2006, 539;
> BFH, Urteil v. 21.01.2004 – VIII R 2/02, BStBl. II 2004, 551 ff.;
> BFH, Urteil v. 25.03.2003 – VIII R 24/02, DStRE 2003, 1025 f.;
> BFH, Urteil v. 27.11.2001 – VIII R 36/00, BStBl. II 2002, 731 ff.;
> BFH, Urteil v. 25.01.2000 – VIII R 63/98, BStBl. II 2000, 343 ff.

Die vorgenannte Rechtsprechung des Bundesfinanzhofs ist insbesondere im **602** Zusammenhang mit einem etwaigen Verlustrücktrag gemäß § 10d EStG des Anteilseigners zu berücksichtigen. Die bewusste Realisation eines Veräußerungsverlustes durch Verkauf der Anteile gemäß § 17 EStG kann insoweit steuerlich zwecks Rückerstattung von festgesetzten Einkommensteuern des Vorjahres mittels Verlustrücktrags sinnvoll sein. Zudem ist auf der Ebene des Gesellschafters zu prüfen, ob und in welcher Höhe bei diesem noch nachträgliche Anschaffungs- oder sonstige Aufgabekosten angefallen sind.

(2) Veräußerer ist eine Kapitalgesellschaft

Die Veräußerung von Anteilen an Kapitalgesellschaften durch Kapitalgesell- **603** schaften ist grundsätzlich gemäß § 8b Abs. 2 KStG steuerfrei, sofern nicht zuvor eine steuerwirksame Teilwertabschreibung vorgenommen wurde. Nach § 8b Abs. 3 Satz 1 KStG gelten jedoch 5 % des Veräußerungsgewinns als nicht abzugsfähige Betriebsausgaben, so dass letztlich nur 95 % des Veräußerungsgewinns steuerfrei bleiben. Die tatsächlichen Betriebsausgaben im Zusammenhang mit der Veräußerung bleiben dafür nach § 8b Abs. 3 Satz 2 KStG voll steuerlich abzugsfähig. Mit der Steuerfreiheit von Veräußerungsgewinnen korrespondiert wiederum gemäß § 8b Abs. 3 KStG die steuerliche Irrelevanz von Veräußerungsverlusten und Teilwertabschreibungen. Auch dies gilt sogar bei Verlusten innerhalb der siebenjährigen Sperrfrist des § 8b Abs. 4 KStG, obwohl ein Veräußerungsgewinn steuerpflichtig wäre.

Vgl. BMF-Schreiben v. 28.04.2003, DStR 2003, S. 881, Tz. 13–52.

b) Erwerberinteressen

604 Auch im Rahmen der steuerlichen Erwägungen auf der Erwerberseite ist zwischen dem Kauf des Unternehmens im Rahmen eines asset deals sowie dem Kauf der Gesellschaftsanteile im Rahmen eines share deals grundlegend zu differenzieren.

aa) Asset deal

605 Der Erwerber ist steuerlich im Rahmen eines asset deals daran interessiert, dass der Erwerb von Einzelwirtschaftsgütern die Transformation des Kaufpreises in zukünftig steuerlich abzugsfähige Betriebsausgaben – insbesondere durch planmäßige Abschreibungen – ermöglicht. Der Erwerber hat insoweit den Gesamtkaufpreis auf die einzelnen Wirtschaftsgüter sachgerecht aufzuteilen. Im Allgemeinen richtet sich die Aufteilung nach der vereinbarten Preisabsprache, die jedoch den tatsächlichen wirtschaftlichen Gegebenheiten entsprechen muss. Entspricht die Aufteilung nicht einem objektiv gerechtfertigten Maßstab, so sind die Anschaffungskosten beim Erwerber grundsätzlich im Verhältnis der Teilwerte aufzuteilen.

BFH, Beschluss v. 09.07.2002 – IX R 65/00, BFH/NV 2002, 1563;
BFH, Urteil v. 17.09.1987 – III R 272/83, BStBl. II 1988, 441.

606 Im Einzelnen ist beim asset deal auf der Grundlage des § 6 Abs. 1 Nr. 7 EStG unter Anwendung der sogenannten „Stufentheorie" beim Erwerber die Aufteilung des Kaufpreises auf die einzelnen Wirtschaftsgüter in folgenden Stufen vorzunehmen:

1. Aktivierung der übernommenen beim Verkäufer bilanzierten (materiellen und immateriellen) Wirtschaftsgüter bis zu ihrem jeweiligen Teilwert; wenn die Anschaffungskosten kleiner als die Summe der Teilwerte sind, dann gleichmäßige anteilige Aktivierung im Verhältnis der stillen Reserven

2. Aktivierung der nicht bilanzierten (selbst geschaffenen immateriellen Wirtschaftsgüter [als entgeltlich erworbene immaterielle Wirtschaftsgüter]), wenn der Kaufpreis nicht bereits verteilt ist

3. Aktivierung des darüber hinaus gezahlten Kaufpreises als Geschäftswert

4. Ausnahmsweise ist, sofern ein Geschäftswert nachweislich nicht existiert, ein dann noch verbleibender Mehrbetrag sofort als Betriebsausgabe abzugsfähig.

L. Schmidt-*Wacker*, EStG, § 16, Rn. 487 ff. m. w. N.

Nach der im Vordringen befindlichen sogenannten „modifizierten" Stu- **607** fentheorie sind die stillen Reserven in Höhe des die Buchwerte der übernommenen Wirtschaftsgüter übersteigenden Gesamtkaufpreises auf alle Wirtschaftsgüter entweder proportional im Verhältnis der stillen Reserven zu verteilen oder es ist der Gesamtkaufpreis im Verhältnis der Teilwerte aller bilanzierungspflichtigen Wirtschaftsgüter aufzuteilen.

> *Förster/Brinkmann*, BB 2003, 657, 659;
> *Hörger/Stobbe*, DStR 1991, 1230;
> *Siegel*, DStR 1991, 1477 f.;
> L. Schmidt-*Wacker*, § 16, Rz. 490 m. w. N.

Die Anwendung der modifizierten Stufentheorie führt im Gegensatz zur **608** klassischen Stufentheorie grundsätzlich zu einem früheren Ansatz von immateriellen Wirtschaftsgütern beim Erwerber des Unternehmens. Diese entgeltlich erworbenen immateriellen Wirtschaftsgüter sind regelmäßig deutlich schneller steuerlich abzuschreiben als materielle Wirtschaftsgüter des Anlagevermögens mit längeren Nutzungsdauern (z. B. Gebäude). Andererseits ist zu berücksichtigen, dass die vorrangige Aufteilung in dem klassischen Stufenverfahren grundsätzlich zu einer sicheren Beurteilung der Bewertung der Wirtschaftsgüter führt. Insbesondere die isolierte Bewertung des Geschäftswerts ist bei Anwendung der modifizierten Stufentheorie erforderlich, wohingegen sich dieser bei Anwendung der klassischen Stufentheorie ausschließlich als Restgröße (Residualwert) ermittelt.

Im Ergebnis entspricht die Anwendung der klassischen Stufentheorie derzeit **609** noch der Auffassung der Finanzverwaltung und ist mithin wie folgt anzuwenden:

Beispiel:

V überträgt im Wege des asset deals seinen Gewerbebetrieb einschließlich der betrieblichen Verbindlichkeiten auf S. S verpflichtet sich gegenüber V zu einer Kaufpreiszahlung in Höhe von Euro 9 Mio. Die Bilanz des Gewerbebetriebes zum Übertragungszeitpunkt stellt sich wie folgt dar:

	Buchwert	(Teilwert)		Buchwert
Geschäfts- oder Firmenwert	–	*(3 Mio.)*	*Kapital*	*1 Mio.*
Anlagevermögen	*4 Mio.*	*(9 Mio.)*	*Verbindlichkeiten*	*7 Mio.*
Umlaufvermögen	*5 Mio.*	*(6 Mio.)*	*Rückstellungen*	*1 Mio.*
	9 Mio.	*18 Mio.*		*9 Mio.*

Lösung:

Zum Erwerb des Betriebs wendet S Euro 9 Mio. auf. V erzielt durch die entgeltliche Übertragung seines Betriebs einen nach §§ 16, 34 EStG begünstigten Veräußerungsgewinn in Höhe von Euro 8 Mio. (Veräußerungsentgelt Euro 9 Mio. ./. Betriebsvermögen Euro 1 Mio.).

S hat V neben dem Kapitalkonto von Euro 1 Mio. auch die bisher nicht aufgedeckten stillen Reserven bezahlt (vgl. BFH-Urteil vom 10. Juli 1986, BStBl. 11 Seite 811). Für S ergeben sich folgende Wertansätze:

Im Anlage- und Umlaufvermögen sind folgende stille Reserven enthalten:

Anlagevermögen	*5 Mio.*
Umlaufvermögen	*1 Mio.*
	6 Mio.

Diese stillen Reserven werden vollständig aufgedeckt. Zu einer Aufdeckung der in dem von V selbst geschaffenen Geschäfts- und Firmenwert enthaltenen stillen Reserven kommt es dagegen nur anteilig in Höhe von EUR 2 Mio.

Die Eröffnungsbilanz des S lautet:

Geschäfts- oder Firmenwert	*EUR 2.000.000*	*Kapital*	*EUR 9.000.000*
		Verbindlichkeiten	*EUR 7.000.000*
Anlagevermögen	*EUR 9.000.000*	*Rückstellungen*	*EUR 1.000.000*
Umlaufvermögen	*EUR 6.000.000*		
	EUR 17.000.000		*EUR 17.000.000*

610 Im Ergebnis sollte der Erwerber die Aufteilung des Gesamtkaufpreises auf die einzelnen übernommenen Wirtschaftsgüter sorgfältig dokumentieren (z. B. durch Gutachten eines Sachverständigen oder Einholung von Drittangeboten), um bei späteren Betriebsprüfungen gegenüber der Finanzverwaltung schlüssig und überzeugend argumentieren zu können.

611 Im Rahmen eines asset deals aus der Insolvenz ist zudem zu berücksichtigen, dass der Insolvenzverwalter auf den Zeitpunkt der Eröffnung des Insolvenzverfahrens gemäß § 151 InsO ein Verzeichnis der einzelnen Gegenstände der Insolvenzmasse aufzustellen hat, wobei er für jeden Gegenstand einen Fortführungs- und einen Zerschlagungswert anzugeben hat. Diese Werte werden in der Praxis regelmäßig von Sachverständigen bzw. Verwertungsunternehmen im Auftrag des Insolvenzverwalters ermittelt und können mithin bei Offenlegung gegenüber dem Erwerber im Rahmen der Ermittlung des objektiv gerechtfertigten Aufteilungsmaßstabs der stillen Reserven genutzt werden.

612 In den Fällen, in denen der Kaufpreis für das Unternehmen unterhalb der Summe der erworbenen beim Veräußerer bereits bilanzierten Wirtschaftsgüter liegt, führt dies zu einer entsprechenden Abstockung der Bilanzansätze der erworbenen Wirtschaftsgüter. Die Abstockung führt im Ergebnis zu einer niedrigeren Abschreibungsbemessungsgrundlage für die erworbenen

Wirtschaftsgüter. Die Bilanzierung eines negativen Firmenwertes statt der anteiligen Abstockung von den Teilwerten der erworbenen Wirtschaftsgüter wird grundsätzlich abgelehnt.

> BFH, Urteil v. 21.04.1994 – IV R 70/92, BStBl. II 1994, S. 745;
> L. Schmidt/*Weber-Grellet*, EStG, § 5, Rz. 226.

Die Abstockung kommt selbstverständlich nicht für Wirtschaftsgüter in **613** Betracht, die kurzfristig liquidierbar sind und denen keine greifbaren Bewertungsunsicherheiten innewohnen. Dies gilt neben Bargeldbeständen grundsätzlich auch für Buchgeldforderungen, Kontokorrentguthaben, Termingelder und börsennotierte Wertpapiere (etc.).

Steuerlich kann der Erwerber eine Abschreibungsbeschleunigung durch eine **614** optimierte Zuordnung der stillen Reserven auf schnell abschreibbare Wirtschaftsgüter bewirken. Der Erwerber sollte insoweit insbesondere prüfen, ob das erworbene Unternehmen über selbst erstellte immaterielle Wirtschaftsgüter verfügt, da diese Wirtschaftsgüter der zweiten Stufe vielfach eine wesentlich kürzere Nutzungsdauer gegenüber den bereits bilanzierten materiellen Wirtschaftsgütern der ersten Stufe und gegenüber dem Geschäftswert der dritten Stufe aufweisen, da der Geschäftswert gemäß § 7 Abs. 1 Satz 3 EStG planmäßig über 15 Jahre abzuschreiben ist. Folgende Wirtschaftsgüter weisen eine relativ kurze Nutzungsdauer auf und eignen sich insoweit zur Optimierung der Abschreibungsbeschleunigung:

- **geringwertige Wirtschaftsgüter** gemäß § 6 Abs. 2 EStG können bereits im Jahr des Erwerbs sofort abgeschrieben werden (gebrauchte selbständig nutzbare bewegliche Wirtschaftsgüter mit Anschaffungs- oder Herstellungskosten bis zu Euro 150,00 ohne Umsatzsteuer (seit dem 1. Januar 2008, vorher Euro 410,00),

- **Schutzrechte** (Patente, Markenrechte, Geschmacksmuster, Urheberrechte, etc.) mit einer Nutzungsdauer zwischen fünf bis acht Jahren,

- **Auftragsbestand**, der ein eigenständiges Wirtschaftsgut darstellt und mit seiner Abwicklung des jeweiligen Auftrags erfolgswirksam „abgeschrieben" wird. Die Bewertung kann durch Ansatz einer pauschalen Umsatzrendite auf den übernommenen Auftragsbestand unter Berücksichtigung der Erfahrungswerte aus der Vergangenheit oder durch konkrete Kalkulation jedes einzelnen Auftrags vorgenommen werden,

- **Vorratsvermögen**; eine hohe Bewertung der Wirtschaftsgüter des Vorratsvermögens kann zu einer „Sofortabschreibung" innerhalb eines Geschäftsjahres führen, wenn dieses Vorratsvermögen vollständig umgeschlagen werden kann.

615 Im Gegensatz zu den vorgenannten relativ kurzfristig als Aufwand zu berücksichtigenden Wirtschaftsgütern ist die Bewertung von folgenden Wirtschaftsgütern aus Sicht des Erwerbers eher möglichst gering vorzunehmen:

- **Beteiligungen an Kapitalgesellschaften,** die nur einer eventuellen Teilwertabschreibung unterliegen und zudem bei Kapitalgesellschaften zu keinem steuerlichen Aufwand führen,

- **Grund und Boden,** der ebenfalls keiner planmäßigen Abschreibung, sondern nur einer eventuellen Teilwertabschreibung unterliegt,

- **Gebäude,** die regelmäßig auf einen Zeitraum von 40 bis 50 Jahren abzuschreiben sind,

- **Geschäfts-/Firmenwert,** der steuerlich auf 15 Jahre abzuschreiben ist.

616 Zur Präferenz-Liste der Kaufpreisverteilung aus Sicht des Erwerbers

> Vgl. *Holzapfel/Pöllath*, Unternehmenskauf in Recht und Praxis, 12. Aufl. 2005, 140, Rn. 145b.

617 Des Weiteren kann im Rahmen der Neufestlegung der Restnutzungsdauern der erworbenen Wirtschaftsgüter ein gewisser Gestaltungsspielraum für den Erwerber genutzt werden. Dies gilt auch für die gewählte Abschreibungsmethode, da statt der linearen Abschreibung auch die degressive Abschreibung bei beweglichen Wirtschaftsgütern des Anlagevermögens steuerlich in Betracht kommt.

> Vgl. *Fischer/Hoberg*, BB 2006, 484 ff. zu den nur noch geringen Vorteilen der degressiven Abschreibung seit 1. Januar 2006.

618 Zu beachten ist, dass dieser Gestaltungsspielraum nur noch für Wirtschaftsgüter relevant ist, die vor dem 1. Januar 2008 angeschafft oder hergestellt werden, da die Möglichkeit einer degressiven Abschreibung für ab diesem Datum angeschaffte oder hergestellte Wirtschaftsgüter nicht mehr gilt, § 52 Abs. 21a Satz 3 EStG in der Fassung des Unternehmensteuerreformgesetzes 2008 vom 14. August 2007.

bb) Nutzung steuerlicher Verlustvorträge beim Share deal

619 Die Nutzung steuerlicher Verlustvorträge einer Kapitalgesellschaft, richtet sich nach § 8 Abs. 1 KStG i. V. m. § 10d EStG. Werden Anteile erworben, so ist nach § 8 Abs. 4 KStG die Nutzung des steuerlichen Verlustvortrags eingeschränkt. Danach reicht für die Berechtigung zur Verlustnutzung nicht die rechtliche Identität der Kapitalgesellschaft aus, sondern es ist vielmehr zugleich eine wirtschaftliche Identität der Kapitalgesellschaft erforderlich, die den Verlust erlitten hat. Nach dem Regelbeispiel in § 8 Abs. 4 Satz 2 KStG wird ein Verlust der wirtschaftlichen Identität der Kapitalgesellschaft angenommen, wenn:

1. mehr als 50 % der Anteile der Kapitalgesellschaft übertragen werden

und

2. der Geschäftsbetrieb mit überwiegend neuem Betriebsvermögen fortgeführt bzw. wieder aufgenommen wird;

3. das Sanierungsprivileg gemäß § 8 Abs. 4 Satz 3 KStG nicht anwendbar ist.

Liegen die Voraussetzungen der Beschränkung des Verlustabzugs gemäß § 8   **620**
Abs. 4 KStG vor, so dürfen die Verluste, die bis zum Zeitpunkt des Verlusts
der wirtschaftlichen Identität (Anteilsübertragung und überwiegende Vermögenszuführung) entstanden sind, nicht mehr von danach entstandenen
Gewinnen abgezogen werden. Verluste, die nach dem Zeitpunkt des Verlusts
der wirtschaftlichen Identität entstehen, bleiben ausgleichs- und abzugsfähig.
Die Begrenzung des Verlustabzugs gemäß § 8 Abs. 4 KStG soll insoweit
missbräuchliche steuerliche Gestaltungen zur Verlustnutzung durch den sog.
„Mantelkauf" vermeiden.

> Vgl. zuletzt BFH, Urteil v. 14.03.2006 – I R 8/05, DStR
> 2006, 1076, 1079;
> zur Dogmatik von § 8 Abs. 4 KStG vgl. *Krupske*, GmbHR 2006,
> 741 ff.

Allerdings ist zu berücksichtigen, dass das verfassungsgemäße Zustande-   **621**
kommen des § 8 Abs. 4 KStG durch das Gesetz zur Fortsetzung der
Unternehmensteuerreform vom 29. Oktober 1997 zur Überprüfung ansteht.
Aufgrund eines Vorlagebeschlusses des BFH liegt dem BVerfG ein entsprechendes Normenkontrollverfahren vor.

> BGBl. I 1997, S. 2590;
> BFH, Urteil v. 20.08.2003 – I R 81/02, DStR 2003, 1921 ff.;
> vgl. *Gosch*, DStR 2003, 1919;
> Vorlagebeschluss v. 22. August 2006 – I R 25/06, BStBl. II 2007,
> 793.

Im Rahmen der Gewerbesteuer ist § 8 Abs. 4 KStG gemäß § 10a Satz 6   **622**
GewStG entsprechend anzuwenden.

(1) Anteilsübertragung gemäß § 8 Abs. 4 S. 2 KStG

Die Übertragung von mehr als 50 % der Anteile bezieht sich grundsätzlich   **623**
auf das Nennkapital der Kapitalgesellschaft. Die Übertragung kann sowohl
entgeltlich als auch unentgeltlich erfolgen, wobei der Anteilsübergang durch
Erbfall einschließlich Erbauseinandersetzung nicht erfasst wird. Nach Auffassung der Finanzverwaltung ist für die Anwendbarkeit von § 8 Abs. 4
KStG entscheidend, dass insgesamt eine Quote von mehr als 50 % der Anteile – an neue oder bereits beteiligte Gesellschafter – übertragen werden.

Mittelbare Anteilsveräußerungen durch eine Kapitalgesellschaft („Großmut-   **624**
ter") reichen nach Auffassung des Bundesfinanzhofs nicht aus, um den Verlust der wirtschaftlichen Identität bei der Enkelgesellschaft nach § 8 Abs. 4
KStG herbeizuführen.

> BFH, Urteil v. 20.08.2003 – I R 61/01, BStBl. II 2004, 616 ff.

625 Mithin kommt es lediglich auf die unmittelbare Beteiligungsstufe im Rahmen der Anwendung des § 8 Abs. 4 S. 2 KStG an. Nach Auffassung des Bundesfinanzhofs ist insoweit allein die formale Anteilsübertragung an der Verlustkapitalgesellschaft maßgeblich. Diese formale Betrachtungsweise führt allerdings auch zu einer Anwendung des § 8 Abs. 4 S. 2 KStG auf interne Konzernumstrukturierungen, wenn hierbei Anteile an der Verlustkapitalgesellschaft im Konzern übertragen werden. Eine teleologische Reduktion der Vorschrift im Sinne einer Konzernklausel kommt danach nicht in Betracht.

> BFH, Urteil v. 20.08.2003 – I R 81/02, BStBl. II 2004, 614 ff.

626 Die Finanzverwaltung hat sich nunmehr dieser Auffassung angeschlossen

> Vgl. Verfügung der OFD Frankfurt vom 05.10.2004, DStR 2004, 1882.

627 Nach vorgenannten Grundsätzen führt auch die unmittelbare Zwischenschaltung einer Personengesellschaft bei konzerninterner Umstrukturierung zum Verlust der wirtschaftlichen Identität i. S. des § 8 Abs. 4 KStG. Dies gilt trotz der ertragsteuerlichen Transparenz der Personengesellschaft.

> BFH, Urteil v. 20.08.2003 – IR 81/02, DStR 2004, S. 84.

628 Nach Auffassung der Finanzverwaltung steht die Übertragung der Anteile in einem Gesamtzusammenhang, wenn innerhalb von fünf Jahren mehr als 50 % der Anteile übertragen werden.

> Vgl. BMF-Schreiben v. 16.04.1999, BStBl. I 1999, S. 455, Tz. 6.

629 Diese rein formale Addition aller Anteilsübertragungen innerhalb von fünf Jahren im Rahmen des § 8 Abs. 4 KStG ist abzulehnen, da keine entsprechende Rechtsgrundlage existiert und Übertragungen nach mehr als einem Jahr regelmäßig nicht im sachlichen Zusammenhang zueinander stehen. Da der Bundesfinanzhof auch im Rahmen der Zuführung von wesentlichem Betriebsvermögen die Anwendung einer formalen 5-Jahresfrist abgelehnt hat (s. u.), bestehen auch hinsichtlich der Addition der Anteilsübertragungen u. E. dieselben Bedenken.

> Ebenso *Frotscher*, § 8 KStG, Rn. 185b;
> Dötsch-*Dötsch*, § 8 KStG Rn. 61.

(2) Vermögenszuführung gemäß § 8 Abs. 4 S. 2 KStG

630 Neben der schädlichen Anteilsübertragung von mehr als 50 % ist zusätzlich die Zuführung von überwiegend neuem Betriebsvermögen für die Anwendung von § 8 Abs. 4 KStG erforderlich. Maßstab für die Zuführung von überwiegend neuem Betriebsvermögen i. S. v. § 8 Abs. 4 Satz 2 KStG ist nicht das Reinvermögen (Aktiva ./. Passiva), sondern das vor der „schädlichen" Anteilsübertragung vorhandene Aktivvermögen der Kapitalgesellschaft als Summe der Teilwerte. Danach sind die Teilwerte des vorhandenen und des zugeführten Vermögens unter Berücksichtigung von nichtbilanzierten originären immateriellen Wirtschaftsgütern zu ermitteln.

Vgl. BMF-Schreiben v. 16.04.1999, BStBl. I 1999, S. 455, Tz. 9 f.

Das neue Betriebsvermögen überwiegt danach i. S. v. § 8 Abs. 4 Satz 2 KStG, **631** wenn das von außerhalb der Gesellschaft durch Einlagen oder Fremdmittel zugeführte Aktivvermögen das im Zeitpunkt der „schädlichen" Anteilsübertragung vorhandene Aktivvermögen übersteigt. Nach überwiegender Auffassung ist das gesamte Aktivvermögen und nicht lediglich das Anlagevermögen in den Vermögensvergleich zwecks Beurteilung der Betriebsvermögenszuführung gemäß § 8 Abs. 4 Satz 2 KStG einzubeziehen.

So FG Baden-Württemberg, Urteil v. 14.03.2005 – 6 K 314/02, DStR 2005, 1142, 1145 f.; *Frotscher*, § 8 KStG Rn. 188a; *Kaeser*, DStR 2005, S. 349, 353; a.A. Gosch-*Roser*, § 8 KStG Rn. 1431, wonach Umlaufvermögen nicht in den Vermögensvergleich einzubeziehen sei.

Vorgenommene Umschichtungen innerhalb vorhandener Finanzanlagen sind **632** keine Zuführung von neuem Betriebsvermögen i. S. d. § 8 Abs. 4 S. 2 KStG.

BFH, Urteil v. 26.05.2004 – I R 112/03, BStBl. II 2004, 1085 ff., DStR 2004,1866 ff.

Maßgeblich ist insoweit, dass die von der Verlustkapitalgesellschaft selbst **633** erwirtschafteten Cash-Flows und internen Umschichtungen keine „schädliche" Zuführung von Betriebsvermögen von außen im Sinne des § 8 Abs. 4 S. 2 KStG darstellen.

Da grundsätzlich im Rahmen des § 8 Abs. 4 Satz 2 KStG nur die Zuführung **634** von Aktivvermögen relevant ist, kommt insoweit insbesondere die Gestaltung von Nutzungseinlagen oder Leasing-, Pacht- oder Mietverträgen zwecks Vermeidung einer schädlichen Vermögenszuführung in Betracht. Allerdings ist zu berücksichtigen, dass nach Auffassung des Bundesfinanzhofs aber auch vergleichbare Gestaltungen – z. B. die Besicherung von Wareneinkäufen durch den Gesellschafter – zur Anwendung von § 8 Abs. 4 KStG führen können.

BFH, Urteil v. 08.08.2001 – I R 29/00, BStBl. II 2002, 392 ff.

Das vorgenannte Urteil des Bundesfinanzhofs wird zwar von der Finanzver- **635** waltung nicht angewandt. Dies betrifft jedoch inhaltlich wohl nur die darin zugleich angewendete sog. gegenständliche Betrachtungsweise im Rahmen der Zuführung von Betriebsvermögen.

BMF, Schreiben v. 17.06.2002, DStR 2002, 1048; vgl. auch *Gosch*, DStR 2003, 1917, 1919.

Nach Auffassung der Finanzverwaltung soll bei einem Branchenwechsel be- **636** reits eine „schädliche" Zuführung von Betriebsvermögen vorliegen, wenn nach der sog. gegenständlichen Betrachtungsweise im Rahmen der Wiederaufnahme der Geschäftstätigkeit überwiegend neue Vermögensgegenstände verwendet werden.

BMF-Schreiben v. 16.04.1999, BStBl. I 1999, S. 455, Tz. 10;
vgl. auch Dötsch-*Dötsch*, § 8 KStG Rn. 108 ff;
a.A. *Janssen*, DStR 2001, 837, 839 ff.

637 Auch beim Branchenwechsel muss jedoch eine Vermögenszuführung von außen erfolgen. Werden lediglich interne Umschichtungen oder positive Cash-Flows aus der Unternehmenstätigkeit zur Anschaffung neuer Vermögensgegenstände im Rahmen eines Branchenwechsels verwendet, so führt der Branchenwechsel allein nicht zur Anwendung von § 8 Abs. 4 Satz 2 KStG.

Vgl. FG Berlin, Urteil v. 07.11.2005 – 8 K 8528/02, DStR 2006, 610 ff.

638 Auch im Rahmen der Zuführung von Betriebsvermögen ist ein zeitlicher Zusammenhang zwischen der Übertragung der Anteile und der Zuführung von überwiegend neuem Betriebsvermögen erforderlich, der nach der Verwaltungsauffassung regelmäßig vorliegen soll, wenn die Vermögenszuführung innerhalb von fünf Jahren nach der „schädlichen" Anteilsübertragung erfolgt.

Vgl. BMF-Schreiben v. 16.04.1999, BStBl. I 1999, Tz. 12 und 33.

639 Dem steht jedoch die neueste Rechtsprechung des Bundesfinanzhofs entgegen, der nunmehr eine Beherrschung des Geschehensablaufs durch die (neuen und alten) Anteilseigner nach Maßgabe eines Gesamtplans verlangt. Der insoweit notwendige sachliche Zusammenhang zwischen der Anteilsübertragung und der Vermögenszuführung lasse sich zwar regelmäßig bei einem zeitlichen Zusammenhang vermuten, jedoch sei der 5-Jahres-Zeitraum der Finanzverwaltung als feste zeitliche Grenze nicht anwendbar. Maßgeblich sollen mithin die Gegebenheiten des Einzelfalles sein, wobei der Sach- und Zeitzusammenhang regelmäßig innerhalb eines 1-Jahres-Zeitraums vermutet wird.

Vgl. BFH, Urteil v. 14.03.2006 – I R 8/05, DStR 2006, 1076, 1079;
zuvor bereits BFH, Beschluss v. 15.12.2004 – I B 115/04, DStR 2005, 517;
Schleswig-Holsteinisches FG, Urteil v. 10.06.2005 – 1 K 223/02, DStRE 2006, 420, 421;
vgl. auch *Behrens*, BB 2006, 1429 f.

640 Die Finanzverwaltung hat die Rechtsprechung des Bundesfinanzhofs im

BMF-Schreiben vom 2. August 2007 – IV B 7 S 2745/0, BStBl. I 2007, 624

aufgegriffen. Sie geht nunmehr in Abkehr zu ihrer bisherigen Auffassung nicht mehr von einem schädlichen Zeitraum von fünf Jahren aus und hebt Tz. 12 Satz 2 des entsprechenden BMF-Schreibens auf. Vielmehr sei nunmehr regelmäßig von einem zeitlichen und sachlichen Zusammenhang auszugehen, wenn zwischen Anteilsübertragung und Betriebsvermögenszuführung nicht mehr als zwei Jahre vergangen sind. Darüber hinaus soll auch ein Überschreiten des Zwei-Jahreszeitraum zum Verlust der wirtschaftlichen Identität führen, wenn ein sachlicher Zusammenhang zwischen der Anteilsübertragung und der Zuführung neuen Betriebsvermögens anhand entsprechender Umstände dargelegt ist.

Die Finanzverwaltung geht weiterhin von einer statischen Betrachtungsweise **641** aus. U.E. ist gleichwohl der Ansicht des Bundesfinanzhofs zu folgen, da – von Ausnahmen abgesehen – regelmäßig nicht von einem Sachzusammenhang ausgegangen werden kann, wenn zwischen schädlicher Anteilsübertragung und Zuführung neuen Betriebsvermögens mehr als ein Jahr verstrichen ist. Für einen solchen Zusammenhang ist eine Zeitraum von zwei Jahre zu lang bemessen, wenn man bedenkt, dass die Vorschrift grundlegend als Missbrauchsvorschrift konzipiert ist.

Andererseits kann auch eine Vermögenszuführung vor der Anteilsübertra- **642** gung zur Anwendung von § 8 Abs. 4 Satz 2 KStG führen, wenn diese im zeitlichen (und sachlichen) Zusammenhang mit der Anteilsübertragung bewirkt wird. Es wird auch insoweit bei einem engen zeitlichen Zusammenhang regelmäßig ein sachlicher Zusammenhang vermutet,

> Vgl. FG Berlin, Urteil v. 16.01.2006 – 8 K 8465/05, DStR 2006, 847, 848;
> BMF-Schreiben v. 16.04.1999, BStBl. I 1999, 455, Tz. 31.

(3) Sanierungsprivileg gemäß § 8 Abs. 4 Satz 3 KStG

Nach dem Sanierungsprivileg gemäß § 8 Abs. 4 Satz 3 KStG ist die Zufüh- **643** rung neuen Betriebsvermögens ausnahmsweise unschädlich, wenn

- sie allein der Sanierung des Geschäftsbetriebs dient, der dem verbleibenden Verlustabzug verursacht hat,

- der Geschäftsbetrieb, der den Verlust verursacht hat, noch in einem nach dem Gesamtbild der wirtschaftlichen Verhältnisse vergleichbaren Umfang erhalten ist

und

- die Körperschaft den Verlust verursachenden Geschäftsbetrieb in diesem Umfang in den folgenden fünf Jahren fortführt.

Die Finanzverwaltung hat auf eine Definition des Sanierungsbegriffs verzich- **644** tet und stattdessen lediglich ausgeführt, es müsse die Sanierungsbedürftigkeit der Gesellschaft vorliegen und das zugeführte Betriebsvermögen dürfe den für das Fortbestehen des Geschäftsbetriebs notwendigen Umfang nicht wesentlich überschreiten. Zur Auslegung des Begriffs Sanierungsbedürftigkeit können die zu § 3 Nr. 66 EStG entwickelten Grundsätze herangezogen werden. Zudem kann das BMF-Schreiben betreffend die ertragsteuerliche Behandlung von Sanierungsgewinnen zur ergänzenden Auslegung des Sanierungsbegriffs berücksichtigt werden.

> Vgl. BMF-Schreiben v. 27.03.2003, BStBl. I 2003, 240.

645 Die Sanierungsbedürftigkeit kann der Kapitalgesellschaft z. B. fehlen, wenn lediglich ertragreiche Beteiligungen ohne unmittelbaren Bezug zur Sanierung eingebracht werden, um eine kurzfristige Verlustverrechnung zu ermöglichen.

> Vgl. BMF-Schreiben v. 16.04.1999, BStBl. I 1999, Tz. 14;
> Dötsch- *Dötsch*, § 8 KStG Rn. 148 ff;
> *Frotscher*, § 8 KStG Rn. 190 ff;
> Gosch-*Roser*, § 8 KStG Rn. 1451 ff.

646 Führt die Sanierung des Verlust verursachenden Geschäftsbetriebs nicht nur zur Wiederherstellung einer nachhaltigen Ertragskraft, sondern darüber hinaus zu wesentlich besserer Rentabilität, so ist dies allerdings nach allgemeiner Auffassung unschädlich. Im Ergebnis machen die Elemente „Sanierungsbedürftigkeit" und „notwendiger Umfang" deutlich, dass letztlich auch im Rahmen des § 8 Abs. 4 Satz 3 KStG regelmäßig ein Sanierungskonzept zur Dokumentation der Sanierungsbedürftigkeit und Notwendigkeit der Vermögenszuführung erforderlich ist.

647 Für die Bestimmung des ursprünglichen Umfangs des Geschäftsbetriebs wird insbesondere auf folgende Kriterien abgestellt:

- Umsatz,

- Aktivvermögen,

- Anzahl der Arbeitnehmer,

- Auftragsvolumen.

648 Danach muss der Umfang des ursprünglichen Geschäftsbetriebs, den er im Durchschnitt während der Verlustphase hatte, gegenüber dem Umfang nach schädlicher Anteilsübertragung verglichen werden. Ein schädliches „Abschmelzen" wird in dem Absinken des Umfangs auf unter 50 % des ursprünglichen Umfangs gesehen.

> Vgl. BMF-Schreiben v. 16.04.1999, BStBl. I 1999, Tz. 15 f.;
> Dötsch- *Dötsch*, § 8 KStG Rn. 163 ff;
> *Frotscher*, § 8 KStG Rn. 190 ff;
> Gosch-*Roser*, § 8 KStG Rn. 1451 ff.

649 Im Zusammenhang mit der vorgenannten „Durchschnittsberechnung" ist zu berücksichtigen, dass bereits zum Zeitpunkt der Anteilsübertragung der Geschäftsbetrieb erheblich „abgeschmolzen" sein kann, so dass der übernommene Geschäftsbetrieb zwecks Erreichung der maßgeblichen Vergleichsgröße und Anwendung des Sanierungsprivilegs sogar erweitert werden müsste.

650 Ein einmal eingestellter Geschäftsbetrieb kann nach Auffassung der Finanzverwaltung nicht mehr saniert werden, wobei auch ein Branchenwechsel als Einstellung des Geschäftsbetriebs angesehen werden kann, wenn er mit wesentlichen Änderungen der personellen und sachlichen Ressourcen zusammenhängt. Nach Auffassung der Finanzverwaltung soll der fünf Zeitjahre betragende Fortführungszeitraum erst mit dem Zeitraum beginnen, in dem

überwiegend neues Betriebsvermögen zugeführt worden ist. Mithin ist insoweit nicht auf die „schädliche" Anteilsübertragung abzustellen.

Vgl. BMF-Schreiben v. 16.04.1999, BStBl. I 1999, S. 455, Tz. 13 bis 23.

(4) Generalnorm des § 8 Abs. 4 Satz 1 KStG

Da § 8 Abs. 4 Satz 2 KStG lediglich beispielhaft die Umstände, unter denen   **651**
die wirtschaftliche Identität der Kapitalgesellschaft entfällt, benennt, jedoch nicht abschließend ist, muss zudem die Generalnorm des § 8 Abs. 4 Satz 1 KStG berücksichtigt werden. Die unter § 8 Abs. 4 Satz 1 KStG zu erfassenden Fälle müssen dem Regelbeispiel des Satz 2 wirtschaftlich vergleichbar sein.

Der Anteilsübertragung werden insbesondere folgende Fälle gleichgesetzt: **652**

* die **Kapitalerhöhung**, bei der neu eintretende oder bereits beteiligte Gesellschafter nach der Kapitalerhöhung zu mehr als 50 % beteiligt sind,

* die **Verschmelzung auf die Verlustgesellschaft**, wenn die neuen Gesellschafter danach zu mehr als 50 % beteiligt sind,

* die **Einbringung** eines Betriebs, Teilbetriebs oder Mitunternehmeranteils, wenn die neuen Gesellschafter danach zu mehr als 50 % beteiligt sind.

Vgl. BMF-Schreiben v. 16.04.1999, BStBl. I 1999, 455, Tz. 25 ff.

§ 8 Abs. 4 Satz 1 KStG kann auch Fallgruppen erfassen, in denen die zuerst überwiegend neues Betriebsvermögen zugeführt wird und erst danach im sachlichen und zeitlichen Zusammenhang – bei Zusammenwirken von Veräußerer und Erwerber – der Anteilseignerwechsel folgt.

Vgl. BMF-Schreiben v. 16.04.1999, BStBl. I 1999, 455, Tz. 31.

Auch die Zuführung von überwiegend neuem Betriebsvermögen bei einer   **653**
Tochtergesellschaft soll nach Auffassung der Finanzverwaltung zur Anwendung von § 8 Abs. 4 Satz 1 KStG führen.

Vgl. BMF-Schreiben v. 16.04.1999, BStBl. I 1999, 455, Tz. 32.

Dies erscheint seit Inkrafttreten der Steuerbefreiung gem. § 8 b KStG nicht   **654**
mehr relevant, da seit 2001 keine Nutzung des Verlustvortrags wegen der Steuerfreiheit von Ausschüttungen der Tochterkapitalgesellschaften möglich ist.

Da mittelbare Anteilsveräußerungen durch eine Kapitalgesellschaft nach   **655**
Auffassung des Bundesfinanzhofs nicht zum Verlust der wirtschaftlichen Identität bei der Enkelgesellschaft führen und mithin auch nicht die Generalnorm des § 8 Abs. 4 S. 1 KStG auf diese Fälle anwendbar ist, ist eine eher restriktive Auslegung dieser Generalnorm anzuwenden.

Vgl. BFH, Urteil v. 20.08.2003 – I R 61/01, BStBl. II 2004, 616 ff,
Verfügung der OFD Frankfurt vom 05.10.2004, DStR 2004, 1882.

656 So führt auch die Einstellung des Geschäftsbetriebs und Veräußerung des Aktivvermögens nicht gemäß § 8 Abs. 4 S. 1 KStG zum Wegfall der wirtschaftlichen Identität.

> Vgl. FG Bremen v. 14.12.2004, DStRE 2005, S. 1148 ff.

(5) Umfang des Abzugsverbots nach § 8 Abs. 4 KStG

657 Nach § 8 Abs. 4 KStG dürfen Verluste, die bis zum Zeitpunkt des Verlusts der wirtschaftlichen Identität entstanden sind, nicht von danach entstandenen Gewinnen abgezogen werden. Nach seinem Wortlaut könnte § 8 Abs. 4 KStG auch auf Verluste anwendbar sein, die erst nach der schädlichen Anteilsübertragung eintreten. Hierzu vertritt die Finanzverwaltung die Auffassung, dass auch Verluste, die nach dem Anteilseignerwechsel entstanden sind, nicht mit künftigen Gewinnen verrechnet werden können, so lange nicht beide Tatbestandsmerkmale (Anteilsübertragung und schädliche Betriebsvermögenszuführung) des § 8 Abs. 4 KStG erfüllt sind.

> Vgl. BMF-Schreiben v. 16.04.1999, BStBl. I 1999, 455, Tz. 33.

658 Der BFH hat diese Frage bislang ausdrücklich offen gelassen.

> Vgl. BFH, Beschluss vom 15.12.2004 – I B 115/04, DStR 2005, 217.

659 Die Auslegung der Finanzverwaltung des § 8 Abs. 4 KStG kann dazu führen, dass diese Vorschrift auch in Fällen des Anteilseignerwechsels einer Gewinngesellschaft und realisierten Verlusten bis zur überwiegenden Vermögenszuführung im zeitlichen Zusammenhang anwendbar wäre. Daher wird die vorgenannte Auslegung der Finanzverwaltung von Teilen der Literatur abgelehnt.

> Vgl. *Frey/Holzmeier*, GmbHR 2004, 1478;
> E&Y-*Lang*, § 8 KStG, Rz. 1301.2.1.8;
> ebenso Aussetzungsbeschluss des FG Saarland vom 24.05.2004 –
> 1 V 88/04, GmbHR 2004, 1477;
> a.A. FG Köln, Urteil v. 08.02.2001 – 13 K 6016/00, EFG 2001, 991, Rev. eingelegt zu BFH – I R 53/01, ruht bis zu einer Entscheidung des BVerfG in einer Parallelsache; *Frotscher*, § 8 KStG, Rn. 193.

660 Da regelmäßig ein gewisser Zeitraum zwischen dem Anteilseignerwechsel und der überwiegenden Vermögenszuführung liegt, ist diese Streitfrage praxisrelevant. Die jeweiligen Vor- oder Nachteile sind vom konkreten Sachverhalt hinsichtlich Gewinn- oder Verlustsituation in dem Zeitraum abhängig. Will der Erwerber der Verlustgesellschaft diese durch eine schnelle Verlustrealisation in Verbindung mit einer erheblichen Vermögenszuführung restrukturieren, so sollte die überwiegende Vermögenszuführung vor der Verlustrealisation erfolgen, damit sichergestellt ist, dass jedenfalls diese Verluste auch bei Anwendbarkeit von § 8 Abs. 4 KStG von künftigen Gewinnen abgezogen werden können.

Beispiel:

X erwirbt 75 % der Anteile an der V-GmbH mit Wirkung zum 31.12.06. Der steuerliche Verlustvortrag der V-GmbH beträgt zu diesem Zeitpunkt 1 Mio. Im Rahmen der Restrukturierung der V-GmbH werden in 07 und 08 jeweils noch mal Verluste in Höhe von EUR 1 Mio. realisiert. X führt der V-GmbH sukzessiv neues Betriebsvermögen zu, wobei die Schwelle des § 8 Abs. 4 S. 2 KStG (mehr als 100 % Aktivvermögen) erst zum 31.12.08 erreicht wird. In 09 erzielt die V-GmbH ein Gewinn in Höhe von EUR 1 Mio.

Nach Auffassung der Finanzverwaltung können bei der V-GmbH die Verluste bis 31.12.08 nicht mehr von den Gewinnen ab 09 abgezogen werden, da erst zum 31.12.08 die Voraussetzungen des § 8 Abs. 4 KStG erfüllt waren. Die Vermögenszuführung wirkt insofern lediglich „ex nunc". Hätte X bereits mit Anteilserwerb zugleich die überwiegende Vermögenszuführung bewirkt, dann hätte die V-GmbH die Verluste im Rahmen der Restrukturierung in den Jahren 07 und 08 von dem Gewinn in 09 abziehen können.

Regelmäßig werden die Tatbestandsvoraussetzungen des § 8 Abs. 4 KStG **661** unterjährig in einem Veranlagungszeitraum erfüllt werden, so dass insoweit eine Abgrenzung des nicht abzugsfähigen Verlustes vorzunehmen ist. Unseres Erachtens ist in diesen Fällen darauf abzustellen, zu welchem Zeitpunkt innerhalb des Veranlagungszeitraumes die schädliche Betriebsvermögenszuführung und die den Verlust dieses Veranlagungszeitraumes auslösenden Tatbestände erfolgt sind. Nur dann, wenn der Verlust nicht auf einen genau zu datierenden Geschäftsvorfall zurückzuführen ist, ist der Jahresverlust zeitanteilig aufzuteilen und nach Maßgabe des Zeitpunktes der schädlichen Betriebsvermögenszuführung in einen abziehbaren und einen nicht abziehbaren Bestandteil aufzuteilen.

So auch E&Y-*Lang*, § 8 KStG Rz. 1301.2.;
Dötsch-*Dötsch*, § 8 Abs. 4 KStG Rn. 186.

Eine etwaige Jahresbetrachtung dergestalt, dass die Zeitpunkte der schäd- **662** lichen Betriebsvermögenszuführung einerseits und der den Verlust verursachenden Geschäftsvorfälle andererseits stets auf den 31. Dezember des jeweiligen Veranlagungszeitraumes bezogen werden, ist unseres Erachtens abzulehnen.

So aber *Neumann*, FR 1999, 682, 691.

Beispiel:

X erwirbt 75 % der Anteile an der V-GmbH mit Wirkung zum 1.7.07 und führt bis zum 1.10.07 überwiegend neues Betriebsvermögen zu. Der steuerliche Verlustvortrag der V-GmbH beträgt zum 31.12.06 EUR 1 Mio. Im Zeitraum 01.01. – 30.06.07 wurde ein Verlust von 0,5 Mio, vom 1.07. – 30.09.07 ebenfalls von 0,5 Mio. und vom 1.10. – 31.12.07 im Rahmen der Restrukturierung der V-GmbH zusätzlich ein Verlust in Höhe von EUR 1 Mio. realisiert. Ab 08 erzielt die V-GmbH Gewinne.

Bei der V-GmbH können weder der Verlustvortrag per 31.12.06 noch die reali-
sierten Verluste bis 30.09.07 von den Gewinnen in 08 abgezogen werden. Dage-
gen ist der ab 1.10.07 realisierte Verlust in Höhe von EUR 1 Mio. zum 31.12.07
festzustellen und mit zukünftigen Gewinnen ab 08 verrechenbar. Hätte der X
bereits mit Anteilsübertragung überwiegend neues Betriebsvermögen zugeführt,
so wären bereits die Verluste ab 1.7.06 mit künftigen Gewinnen verrechenbar.

(6) Änderungen durch die Unternehmensteuerreform 2008

663 Am 25.5.2007 haben der Bundestag und am 6.7.2007 der Bundesrat das
Unternehmensteuerreformgesetz 2008 verabschiedet. Die Regelung des § 8
Abs. 4 KStG ist im Zuge der Unternehmensteuerreform 2008 aus dem Körperschaftsteuergesetz gestrichen worden. Der Verlustabzug bei Körperschaften wird nunmehr in § 8 c KStG neu geregelt.

> Vgl. BT-Drucks. 16/4841, 20;
> BT-Drucks. 16/5452, 44, 45 in der Fassung der Beschlussempfeh-
> lung des Finanzausschusses.

664 Der Gesetzgeber ging von der Notwendigkeit der Gesetzesänderung aus, da
§ 8 Abs. 4 KStG in der Praxis nur sehr schwierig anzuwenden gewesen war.
Insbesondere die Frage des Verlustes der wirtschaftlichen Identität – so die
Gesetzesbegründung – führe zu einer Vielzahl von Rechtsstreitigkeiten, so
dass eine einfachere und zielgenauere Vorschrift dringend notwendig gewesen sei. Gleichwohl ist keine Vereinfachung erreicht, da § 8 Abs. 4 KStG in
einem verhältnismäßig langen Übergangszeitraum neben § 8c KStG anzuwenden sein wird. Werden mehr als die Hälfte der Anteile an einer Kapitalgesellschaft innerhalb eines Zeitraums von fünf Jahren übertragen und beginnt dieser Zeitraum vor dem 1. Januar 2008, so gilt § 8 Abs. 4 KStG a.F.
fort, wenn der Verlust der wirtschaftlichen Identität vor dem 1. Januar 2013
eintritt, § 34 Abs. 6 KStG in der Fassung des Artikels 2 des Unternehmensteuerreformgesetzes vom 14. August 2007 (Bundesgesetzblatt I 2007, 1912).
Aufgrund der Übergangsregelung haben die vorstehenden Ausführungen zu
§ 8 Abs. 4 KStG a.F. noch nichts von ihrer Aktualität eingebüßt.

(aa) Tatbestand des § 8c KStG im Allgemeinen

665 Der Gesetzgeber verfolgte mit der Neuregelung das Ziel, eine einfachere und
zielgenauere Neuregelung der Verlustnutzung bei Körperschaften zu schaffen. Aus diesem Grund verzichtete er auf das Tatbestandsmerkmal des Verlusts der wirtschaftlichen Identität und damit auf das Merkmal der Zuführung überwiegend neuen Betriebsvermögens. Maßgebliches Kriterium ist
nunmehr allein der Anteilseignerwechsel.

> Vgl. BT-Drucks. 16/4841, 75.

666 Die Regelung ist im Grundsatz im Gesetzgebungsverfahren nicht verändert
worden; auf Initiative des Finanzausschusses wurde lediglich Satz 3 hinzuge-
fügt. Hierdurch sollen gezielt Steuergestaltungen verhindert werden.

Vgl. BT-Drucks. 16/5452;
BR-Drucks. 220/07, 20.

Der Regelung liegt der Gedanke zugrunde, dass sich die wirtschaftliche Iden- **667** tität einer Gesellschaft allein durch das wirtschaftliche Engagement eines anderen Anteilseigners oder Anteilseignerkreises ändert. Die Verlustnutzung wird unmittelbar an die wirtschaftliche Verfügungsgewalt der Anteilseigner geknüpft, weswegen der Gesetzgeber in der Regelung wohl auch weiterhin eine Vorschrift zur Missbrauchsbekämpfung sieht, wenngleich dies nicht explizit aus der Gesetzesbegründung hervorgeht. Weiterhin soll der Handel mit Verlustmänteln eingeschränkt sein. Allerdings übersieht der Gesetzgeber den Grundsatz der Trennung zwischen der Ebene der Gesellschaft und derjenigen des Gesellschafters. Schließlich werden Tatbestände der Einkommensermittlung auf Gesellschaftsebene mit Veräußerungs- bzw. Übertragungstatbeständen auf der Gesellschafterebene in unzulässiger Weise vermischt.

> Vgl. *Wiese*, Der Untergang des Verlust- und Zinsvortrages bei
> Körperschaften – Zu § 8c KStG-E, DStR 2007, 741.

Außerdem ist kritisch zu hinterfragen, ob die Regelung wegen der Beschrän- **668** kung des Verlustabzuges bei Fällen des qualifizierten Anteilseignerwechsels und der damit verbundenen erheblichen Einschränkung der Nutzung von Verlustvorträgen insoweit gegen den Grundsatz der Besteuerung nach der Leistungsfähigkeit verstößt.

> Vgl. *Wiese*, a. a. O.;
> *Hey*, Verletzung fundamentaler Besteuerungsprinzipien durch die
> Gegenfinanzierungsmaßnahmen des Unternehmensteuer-
> reformgesetzes 2008, BB 2007, 1303.

Außerdem hob der Bundesrat – der dem Unternehmensteuerreformgesetz **669** 2008 zwar zugestimmt hat – hervor, dass die Norm des § 8c KStG geeignet sei, dem Grundanliegen des Körperschaftsteuerrecht zu widersprechen, wenn durch die Norm wirtschaftlich sinnvolle Transaktionen verhindert werden.

> Vgl. BR-Drucks. 384/07 (Beschluss v. 06.07.2007).

(bb) Tatbestand des § 8c KStG im Einzelnen

Im Rahmen von § 8 c KStG ist eine zweistufige Prüfung durchzuführen. Die **670** Regelung sieht einmal einen *anteiligen* (quotalen) Untergang des Verlustabzuges bei Anteils- und Stimmrechtsübertragungen von mehr als 25 % bis 50 % vor, vgl. § 8c Satz 1 KStG n.F. Hiervon unabhängig kommt es gemäß § 8c Satz 2 KStG n. F. zum *vollständigen* Untergang des Verlustabzuges, wenn mehr als 50 % der Anteile oder Stimmrechte übertragen werden. Der Umfang des untergehenden Verlustes wird ebenso wie bei § 8 Abs. 4 KStG a.F. bestimmt. Der Abzugsbeschränkung unterliegt der Verlustvortrag, der auf den Schluss des Veranlagungszeitraums, der der ersten *steuerschädlichen* Anteilsübertragung vorangeht, festgestellt wurde. Außerdem unterliegt der

Verlustabzugsbeschränkung der bis zur schädlichen Anteilsübertragung entstandene laufende Verlust des Geschäftsjahres.

Vgl. BT-Drucks. 16/4841, 76.

671 Daneben erfasst die Neuregelung Kraft Verweisung in § 8a Abs. 1 Satz 3 KStG n.F. auch den Zinsvortrag gemäß § 4h Abs. 1 Satz 2 EStG in der Fassung des Unternehmensteuerreformgesetzes 2008 (BGBl. I 2007, 1912). Außerdem erfasst die Regelung des § 8c KStG den gewerbesteuerlichen Verlustvortrag, § 10a Satz 8 GewStG in der Fassung des Unternehmensteuerreformgesetzes 2008 (BGBl. I 2007, 1912).

672 Der schädliche Beteiligungserwerb ist in § 8c Satz 1 KStG legaldefiniert. Danach liegt ein schädlicher Beteiligungserwerb vor, wenn innerhalb von fünf Jahren mittelbar oder unmittelbar wenigstens 25 % bzw. 50 %

- des gezeichneten Kapitals,

- der Mitgliedschaftsrechte,

- der Beteiligungsrechte oder

- der Stimmrechte

an einer Körperschaft auf einen Erwerber oder diesem nahe stehende Person übertragen werden.

Beispiel:

X ist Alleingesellschafter der X-GmbH. Im Jahr 2008 erwirbt Y 50 % der Anteile; in 2011 erwirbt Z die übrigen 50 % der Anteile. Auf den 31. Dezember 2007 wurde ein Verlustvortrag bei der X-GmbH in Höhe von € 800.000 festgestellt. Zum 31. Dezember 2010 beträgt der Verlustvortrag € 1.600.000.

Gemäß § 8c Satz 1 KStG n.F. führt der Erwerb in 2008 zunächst zum Untergang des Verlustvortrages in Höhe von € 400.000 (entsprechend 50 % wegen § 8c Satz 1 KStG „insoweit"). Die weitere Übertragung in 2010 bewirkt den Fortfall des gesamten Verlustvortrages in Höhe von € 1.600.000 (entsprechend § 8c Satz 2 KStG n.F.).

(cc) Öffnungsklausel

673 Darüber hinaus erfährt der ohnehin bereits sehr umfassende Anwendungsbereich eine weitere Öffnung, indem auch ein *„vergleichbarer Sachverhalt"* zum Untergang des Verlustabzugs führen kann. In welchen Fällen ein solcher vergleichbarer Sachverhalt vorliegt, kann insbesondere nicht anhand des gesetzlichen Tatbestandes hergeleitet werden. Außerdem können Anhaltspunkt nicht der bisherigen Rechtsprechung zu § 8 Abs. 4 KStG a. F. entnommen werden, da gerade das oftmals streitige Merkmal der wirtschaftlichen Identität nicht mehr problematisiert werden kann. Im Übrigen findet sich auch in der Gesetzesbegründung kein Hinweis darauf, welche Konstel-

lation dem Gesetzgeber bei Normierung des *vergleichbaren Sachverhaltes* vorschwebte. Es handelt sich insoweit um einen weit zu fassenden Missbrauchsvorbehalt. Ob im Hinblick auf diese Regelung daher tatsächlich die beabsichtigte Gesetzesvereinfachung und die Entlastung der Finanzgerichtsbarkeit erreicht wird, kann nur bezweifelt werden.

Wegen der vorgenannten Merkmale wird es in Zukunft im Zweifel darauf **674** ankommen, ob durch den Beteiligungserwerb einer Änderung der Stimmrechte eintritt. Daher dürfte in jedem Falle zu überprüfen sein, ob der wirtschaftliche Erfolg eines Unternehmenskaufs auch durch solche Beteiligungsinstrumente erreicht werden kann, die eine Änderung der Stimmrechtsverhältnisse nicht bewirken. Insoweit könnten Genussscheine, stimmrechtslose Aktien sowie atypische stille Beteiligungen in Betracht gezogen werden. Dabei dürfte bei derartigen Gestaltungen auch nicht ohne Weiteres davon auszugehen sein, dass ein *vergleichbarer Sachverhalt* im Sinne von § 8c KStG vorliegt. Schließlich handelt es sich bei diesen Beteiligungsinstrumenten anerkanntermaßen um solche, die eine Stimmrechtsbeteiligung gerade nicht vorsehen. Allerdings ist es nicht ausgeschlossen, dass die Beteiligungsformen je nach vertraglicher Ausgestaltung am Maßstab eines vergleichbaren Sachverhaltes zu messen sein könnten.

> Vgl. *Beußer*, Die Verlustabzugsbeschränkung gem. § 8c KStG im Unternehmensteuerreformgesetz 2008, DB 2007, 1549.

Um zu ermitteln, ob ein ähnlicher Sachverhalt vorliegt, muss auf die spezifi- **675** schen Wirkungen der Veräußerung abgestellt werden. Im Gegensatz zur Vorgängerregelung kommt es nicht auf eine Ähnlichkeit mit einem Regelbeispiel an, vgl. § 8 Abs. 4 Satz 2 KStG a. F.

> Vgl. *Hans*, Unternehmensteuerreform 2008: Kritik der Neuregelung über die Nutzung körperschaftsteuerlicher Verluste (§ 8c KStG), FR 2007, 775; *Neyer*, Verlustnutzung nach Anteilsübertragung: Die Neuregelung des Mantelkaufs durch § 8c KStG n. F., BB 2007, 1415.

(dd) Sanierung

Schließlich beinhaltet die neue Regelung kein Sanierungsprivileg mehr. Eine **676** entsprechende Regelung wie in § 8 Abs. 4 Satz 3 KStG a.F. ist nicht mehr vorgesehen. Der Gesetzgeber hat seine Auffassung damit begründet, dass eine solche Sanierungsklausel nicht erforderlich sei, da bereits nach geltender Rechtslage ein Sanierungsgewinn vorrangig mit vorhandenen Verlustvorträgen zu verrechnen sei.

> Vgl. zu dem Gesichtspunkt mangelnder Ausweichgestaltungen, *Neumann*, Die neue Mantelkaufregelung in § 8c KStG, GmbH-StB 2007, 249.

Allerdings ist davon auszugehen, dass von der Besteuerung eines Sanierungs- **677** gewinnes auch in Zukunft abgesehen werden wird. Insoweit dürften die Ausführungen im BMF-Schreiben vom 27. März 2003 (BStBl. I 2003, 240) weiterhin aktuell sein. Hiervon ging der Gesetzgeber in der amtlichen Begründung selbst aus.

> Vgl. BT-Drucks. 16/4841, a. a. O.

678 Darüber hinaus gibt es derzeit infolge der Anmerkung des Bundesrates in seinem Beschluss vom 6. Juli 2007,

> vgl. BR-Drucks. 384/07,

gesetzgeberische Bestrebungen, für bestimmte Beteiligungskonstellationen einen Ausnahmetatbestand zu schaffen. Im Rahmen eines Referentenentwurfs für das Gesetz zur Modernisierung der Rahmenbedingungen für Kapitalbeteiligungen vom 7. September 2007 hat die Bundesregierung vorgeschlagen, § 8c KStG um einen Absatz 2 zu erweitern. Aufgegriffen werden sollen durch die Regelung erstens die Beteiligung an einer Verlustgesellschaft durch eine Wagniskapitalgesellschaft und zweitens der sog. Nacherwerb einer Beteiligung durch einen Dritten von der Wagniskapitalgesellschaft.

> Schaumburg/Rödder-*von Freeden*, Unternehmensteuerreform 2008, Teil 3. F. VI., Seite 537;
> *Naumann*, Die neue Mantelkaufregelung in § 8c KStG, GmbH-StB 2007, 249.

679 Als Rechtsfolge ist vorgesehen, dass ein ungenutzter Verlust der Verlustgesellschaft nicht untergeht, soweit im Betriebsvermögen der Verlustgesellschaft stille Reserven vorhanden sind (abziehbarer Verlust).

cc) Keine Nutzung steuerlicher Verlustvorträge mehr bei Verschmelzung/Abspaltung

680 Bislang war es möglich, statt der Veräußerung der Anteile an einer Verlustkapitalgesellschaft, diese auf eine Gewinnkapitalgesellschaft zu verschmelzen, um den Verlustvortrag durch die aufnehmende Kapitalgesellschaft § 12 Abs. 3 Satz 2 UmwStG zu nutzen. Gleiches galt für zur Aufnahme abgespaltene Gesellschaften gemäß § 15 Abs. 1 UmwStG i. V. m. § 12 Abs. 3 UmwStG.

681 Eingeschränkt wurden die Regelungen durch die Notwendigkeit, dass der Verlust verursachende Betrieb bzw. Betriebsteil ab dem Verschmelzungsstichtag mindestens fünf Jahre in einem nach dem Gesamtbild der wirtschaftlichen Verhältnisse vergleichbaren Umfang fortgeführt werden musste.

> Vgl. BMF-Schreiben v. 16.04.1999, BStBl. I 1999, S. 455, Tz. 36 ff.

682 Diese Möglichkeiten der Verlustnutzung wurden durch das Gesetz über steuerliche Begleitmaßnahmen zur Einführung der Europäischen Gesellschaft und zur Änderung weiterer steuerrechtlicher Vorschriften (SEStEG) abgeschafft. Das Gesetz ist mit Wirkung vom 13. Dezember 2006 in Kraft getreten (BGBl. I 2006, 2782).

Nach § 12 Abs. 3 Satz 2 UmwStG n. F. tritt die übernehmende Körperschaft **683** grundsätzlich in die steuerliche Rechtsstellung der übertragenden Körperschaft ein. Allerdings führt der Verweis von § 12 Abs. 3 UmwStG n.f. auf § 4 Abs. 2 Satz 2 UmwStG n.f. explizit zum Wegfall verrechenbarer Verluste, verbleibender Verlustvorträge oder von vom übertragenden Rechtsträger nicht ausgeglichener negativer Einkünfte.

Ziel der Neuregelung soll sein, dass Verluste durch Verschmelzugen nicht **684** aus dem Ausland importiert werden können. Umstritten ist allerdings, ob die Möglichkeit eines solchen Verlustimportes überhaupt gegeben war.

> Vgl. *Dörfler/Rautenstrauch/Adrian*, Verlustnutzung bei Verschmelzung von Körperschaften vor und nach Änderung des § 12 Abs. 3 UmwStG durch das SEStEG, BB 2006, 1657; so wohl auch *Schaflitzl/Widmayer*, Das SEStEG, D. IV. 2. c), 133.

Daneben führt die Neuregelung mangels Sanierungsklausel u. E. zu einer Erschwernis von Sanierungen.

dd) Verlustnutzung durch andere Gestaltungen

Zur Umgehung der Mantelkaufproblematik von § 8 Abs. 4 KStG a. F. bzw. **685** § 8c KStG n.f. und der speziellen Verschmelzungsfolgen gemäß § 12 Abs. 3 in Verbindung mit § 4 Abs. 2 Satz 2 UmwStG n.f. bieten sich zur Verlustnutzung unter Umständen die folgenden Gestaltungen an:

(1) Gestaltung einer Organschaft

Die Verlustgesellschaft erwirbt die Anteile an der profitablen Gesellschaft **686** und schließt mit dieser einen Gewinnabführungsvertrag. Nachdem steuerlich nunmehr eine Organschaft zwischen den beiden Gesellschaften besteht, verkauft die profitable Organgesellschaft ihren Geschäftsbetrieb im Rahmen des asset deals unter Hebung der stillen Reserven an den Erwerber. Die Organträgergesellschaft verrechnet diesen laufenden Gewinn mit ihrem Verlustvortrag.

> Vgl. *Holzapfel/Pöllath*, Unternehmenskauf in Recht und Praxis, 12. Aufl. 2005, 153 f.

Wird bei dieser Gestaltung die nunmehr verlustbefreite Organträgergesell- **687** schaft ebenfalls an den Erwerber des Geschäftsbetriebs veräußert, ist die Zuführung neuen Betriebsvermögens vor Veräußerung der Anteile u. U. trotzdem steuerschädlich im Sinne von § 8 Abs. 4 KStG, wenn ein kollusives Zusammenwirken von Veräußerer und Erwerber der Anteile vorliegt.

> Vgl. BMF-Schreiben v. 16.04.1999, BStBl. I 1999, 455, Tz. 31.

(2) Realisation stiller Reserven

688 Die Verlustnutzung kann zudem durch Realisation von stillen Reserven (insbesondere bei nicht aktivierten immateriellen Wirtschaftsgütern) im Rahmen eines asset deals an die übernehmende Gesellschaft bewirkt werden. Die übernehmende Gesellschaft erhält insoweit Abschreibungspotential. Bei der Verlustgesellschaft ist allerdings die Grenze der Mindestbesteuerung zu beachten.

(3) Forderungsverzicht mit Besserungsvereinbarung

689 Unter Umständen kommt bei Gesellschafterdarlehen auch eine Verlustnutzung durch einen Forderungsverzicht gegen Besserungsvereinbarung in den Grenzen der Mindestbesteuerung in Betracht, um den steuerlichen Verlust vor der schädlichen Anteilsübertragung zu nutzen und durch Gestaltung des Besserungsfalls in spätere Wirtschaftsjahre zu verlagern. Die Finanzverwaltung lehnt diese Gestaltung jedoch ab.

Vgl. BMF-Schreiben v. 02.12.2003, BStBl. I 2003, 648, unter 2d).

690 **ee) Steuerliche Behandlung von stillen Gesellschaften/Genussrechten**

691 Im Rahmen eines Unternehmenskaufs in der Krise werden auch des Öfteren stille Gesellschafter oder Genussrechtsinhaber von Maßnahmen betroffen. Steuerlich ist der so genannte typisch stille Gesellschafter mit den Rechten gem. §§ 230 ff. HGB kein Mitunternehmer, sondern erzielt vielmehr Einkünfte aus Kapitalvermögen gemäß § 20 Abs. 1 Nr. 4 EStG. Die typische stille Einlage ist in der Bilanz des Kaufmanns als Fremdkapital unter den sonstigen Verbindlichkeiten auszuweisen. Die Gewinnbeteiligung des typisch stillen Gesellschafters ist bei dem Unternehmen als Betriebsaugabe abzugsfähig, umgekehrt führt die Verlustbeteiligung zu einer entsprechenden Betriebseinnahme beim Unternehmen.

692 Trägt der stille Gesellschafter aufgrund durch Gesellschaftsvertrag begründete Rechte und Pflichten – abweichend von den Regelungen der §§ 230 ff. HGB – Mitunternehmerrisiko und Mitunternehmerinitiative, so wird er steuerlich als atypisch stiller Gesellschafter behandelt. Die atypisch stille Gesellschaft ist selbst Subjekt im Rahmen der Gewinnerzielung, Gewinnermittlung und Einkünftequalifikation. Der atypisch stille Gesellschafter bezieht bei einer gewerblichen Tätigkeit des Unternehmens Einkünfte aus Gewerbebetrieb gemäß § 15 Abs. 1 Nr. 2 EStG. Die Einkünfte der atypisch stillen Gesellschaft werden im Rahmen einer einheitlichen und gesonderten Gewinnfeststellung anteilig dem Unternehmen und dem stillen Gesellschafter unmittelbar zugerechnet. Gewinn bzw. Verlust des Unternehmens ist mithin von vornherein um den Anteil des stillen Gesellschafters gemindert bzw. erhöht. Objekt der Gewerbesteuer ist jedoch das Unternehmen selbst und nicht die atypisch stille Gesellschaft; Schuldner der Gewerbesteuer ist der Inhaber des Handelsgewerbes, § 5 Abs. 1 Satz 2 GewStG.

Zugewiesene Verluste, die die Einlage des atypisch stillen Gesellschafters **693** übersteigen, sind gemäß § 15a Abs. 5 i. V. m. § 15 Abs. 1 EStG nicht mit anderen Einkünften ausgleichbar, da insoweit ein negatives „Einlagekonto" des stillen Gesellschafters entsteht oder sich erhöht. Sie sind auch nicht nach § 10d EStG im Rahmen des allgemeinen Verlustabzugs vor- oder rücktragungsfähig. Diese Verluste sind nur mit zukünftigen Gewinnen aus der stillen Beteiligung verrechenbar. Sie werden deshalb gemäß § 15a Abs. 4 Satz 1 EStG gesondert festgestellt. Dieser Vorgang ist beim stillen Gesellschafter steuerlich unbeachtlich und damit erfolgsneutral. Gleiches gilt dementsprechend für die spätere Auffüllung durch Gewinnanteile bis zur Höhe des gesondert festgestellten Verlusts, die ebenso erfolgsneutral erfolgt.

Bei Genussrechten wird steuerlich zwischen der Gewährung einer Beteili- **694** gung am laufenden Ergebnis (sog. einfache Genussrechte) und der zusätzlichen Beteiligung am Liquidationserlös (Genussrechte mit Beteiligungscharakter) unterschieden. Die einfachen Genussrechte begründen einen schuldrechtlichen Anspruch des Inhabers und sind als Fremdkapital zu passivieren. Vergütungen hierauf sind steuerlich Betriebsausgaben. Auch eine Nachrangvereinbarung auf einfache Genussrechte qualifiziert diese nicht zu Eigenkapital.

> BFH, Urteil v. 14.06.2005 – VIII R 73/03, DStR 2005, 1847, 1849.

Die Genussrechte mit Beteiligungscharakter haben dagegen wirtschaftlich **695** Eigenkapitalcharakter und Vergütungen hierauf mindern das steuerliche Einkommen nicht.

Im Rahmen von Sanierungsgewinnen, z. B. durch den Forderungsverzicht **696** auf ein Darlehen, ist zu beachten, dass dieser Gewinn entsprechend den vertraglichen Regelungen grds. anteilig den stillen Gesellschaftern oder Genussrechtsinhabern zuzurechnen wäre. Eine abweichende Vereinbarung ist allerdings möglich.

c) Besteuerung von Sanierungsgewinnen

Noch vor Inkrafttreten der Insolvenzordnung zum 1. Januar 1999 wurde die **697** Steuerbefreiung von Sanierungsgewinnen gemäß § 3 Nr. 66 EStG a. F. mit Wirkung zum 1. Januar 1998 ersatzlos gestrichen. Die Steuerbefreiung hatte bis dahin zur Folge, dass Verlustvorträge trotz Inanspruchnahme der Steuerfreiheit weiterhin genutzt werden konnten und demzufolge die Sanierung zusätzlich gefördert wurde. Die Abschaffung der gesetzlich normierten Steuerbefreiung des Sanierungsgewinns führte demgegenüber – trotz der besseren insolvenzrechtlichen Rahmenbedingungen für eine Sanierung in der Insolvenz seit dem 1. Januar 1999 – zu einer erheblichen Unsicherheit für die Umsetzung von Sanierungen in der Praxis. Die Abschaffung des § 3 Nr. 66 EStG a. F. sollte jedoch lediglich die so genannte Doppelbegünstigung durch Steuerbefreiung des Sanierungsgewinns und zusätzliche Nutzung der steuerlichen Verlustvorträge gemäß § 10d EStG beseitigen. Eine Besteuerung des Sanierungsgewinns muss nunmehr seit 1. Januar 1998 durch Erlass aus sachlichen Billigkeitsgründen unter bestimmten Voraussetzungen vermieden werden.

> Vgl. FG Münster, Urteil v. 27.05.2004 – 2 K 1307/02, EFG 2004, 1572 ff.

698 Die unsicheren Rahmenbedingungen der steuerlichen Behandlung des Sanierungsgewinns führten schließlich zum Erlass eines BMF-Schreibens betreffend die ertragsteuerliche Behandlung von Sanierungsgewinnen, nämlich durch Steuerstundung und Steuererlass aus sachlichen Billigkeitsgründen gemäß §§ 163, 222, 227 AO.

> BMF-Schreiben v. 27.03.2003, BStBl. I 2003, 240.

699 Die Finanzverwaltung definiert Sanierung als eine Maßnahme die darauf gerichtet ist, ein Unternehmen oder einen Unternehmensträger vor dem finanziellen Zusammenbruch zu bewahren und wieder ertragsfähig zu machen („unternehmensbezogene Sanierung"). Dies gilt auch für übertragende Sanierungen, wenn sich der Sanierungserfolg in einem Nachfolgeunternehmen, z. B. in einer Auffanggesellschaft, niederschlägt. Dagegen soll keine begünstigte Sanierung gegeben sein, soweit die Schulden erlassen werden, um dem Steuerpflichtigen oder einem Beteiligten einen schuldenfreien Übergang in sein Privatleben oder den Aufbau einer anderen Existenzgrundlage zu ermöglichen.

> BMF-Schreiben v. 27.03.2003, BStBl. I 2003, 240, Tz. 1 f.;
> vgl. auch BFH, Urteil v. 17.11.2004 – I R 11/04, BFH/NV 2005,
> 1027 ff. zur unternehmensbezogenen Sanierung im Rahmen des
> § 3 Nr. 66 EStG a. F.

700 Da die sachliche Unbilligkeit der Besteuerung des Sanierungsgewinns auch im Rahmen der Betriebsaufgabe zwecks schuldenfreier Liquidation gegeben sein kann, ist die vorgenannte Auffassung der Finanzverwaltung abzulehnen.

> Für eine unternehmerbezogene Sanierung im Rahmen des § 3
> Nr. 66 EStG a.F. vgl. BFH, Urteile vom 12.10.2005 – X R 20/03
> und X R 42/03, BFH/NV 2006, 713 f. und 715 f.;
> vgl. auch FG Münster, Urteil v. 27.05.2004 – 2 K 1307/02, EFG
> 2004, 1572 ff;
> *Janssen* BB 2005, 1026 f.

701 Sanierungsgewinn ist die Erhöhung des Betriebsvermögens aufgrund eines Forderungsverzichts. Dieser Sanierungsgewinn ist nach Auffassung der Finanzverwaltung begünstigt, wenn

- die Sanierungsbedürftigkeit des Unternehmens
- die Sanierungsfähigkeit des Unternehmens
- die Sanierungseignung des Forderungsverzichts und
- die Sanierungsabsicht der verzichtenden Gläubiger

gegeben sind. In diesem Zusammenhang ist insbesondere zu berücksichtigen, dass die Finanzverwaltung davon ausgeht, dass die vorgenannten Voraussetzungen erfüllt sind, wenn sie auf einen Sanierungsplan beruhen.

> BMF-Schreiben v. 27.03.2003, BStBl. I 2003, 240, Tz. 4;
> siehe dazu auch BFH, Urteil v. 10.04.2003 – IV R 63/01, BStBl II 2004, 9;
> BFH, Urteil v. 16.05.2002 – IV R 11/01, DStR 2002, 2028.

Von dem Sanierungsgewinn sind vorrangig die ertragsteuerrechtlichen Verlustverrechnungsmöglichkeiten ohne Anwendung der ansonsten bestehenden Ausgleichs- und Verrechnungsbeschränkungen vollständig auszuschöpfen. Die dem Grunde nach auf dem verbleibenden Sanierungsgewinn entstehende Steuerbelastung ist dann auf Antrag des Steuerpflichtigen nach § 163 AO abweichend festzusetzen und nach § 222 AO mit dem Ziel des späteren Erlasses gemäß § 227 AO zunächst unter Widerrufsvorbehalt ab Fälligkeit zu stunden. Im Ergebnis ist mithin im Gegensatz zur früheren Regelung der Steuerbefreiung des Sanierungsgewinns gemäß § 3 Nr. 66 EStG a. F. nunmehr eine „totale" Verlustverrechnung Voraussetzung für die abweichende Steuerfestsetzung und den späteren Steuererlass. **702**

Auch im Folgejahr entstehende Verluste sollen nach Auffassung der Finanzverwaltung im Wege des Verlustrücktrags den Sanierungsgewinn des Vorjahres mindern und daher nicht mehr mit zukünftigen Gewinnen im Rahmen der Sanierung verrechenbar sein. **703**

Beispiel:

X-GmbH erzielt in 01 einen Gewinn aus Gewerbebetrieb in Höhe von   € 8 Mio.

darin enthalten ist ein Sanierungsgewinn aufgrund eines Forderungsverzichts von € 10 Mio. und ein Verlust aus laufendem Geschäft von € 2 Mio.

Verlustvortrag aus den Vorjahren gem. § 10 d EStG   € 5 Mio.

Nach Verrechnung mit dem Verlustvortrag verbleibt ein zu versteuernder Sanierungsgewinn   € 3 Mio.

Die Steuer auf diesen Sanierungsgewinn ist unter den genannten Voraussetzungen unter Widerrufsvorbehalt ab Fälligkeit zu stunden.

Im Folgejahr 02 erzielt die X-GmbH negative Einkünfte aus Gewerbebetrieb in Höhe von € 1 Mio., so dass nach Auffassung der Finanzverwaltung dieser Verlust vorrangig mit dem im Vorjahr nach Verlustverrechnung versteuerten Sanierungsgewinn im Wege des Verlustrücktrags gem. § 10d Abs. 1 EStG zu verrechnen ist. Danach ergibt sich folgende Berechnung:

Im Vorjahr 01 zu versteuernder (gestundeter) Sanierungsgewinn   € 3 Mio.

Verlustrücktrag aus Folgejahr 02	*– € 1 Mio.*
verbleibender Sanierungsgewinn	*€ 2 Mio.*

Die Steuerstundung wäre danach entsprechend anzupassen. Steht dieser Sanierungsgewinn endgültig fest, so wird die Steuer hierauf gemäß § 227 AO bei einer Ermessensreduzierung auf Null von der Finanzbehörde erlassen.

704 Verfahrensrechtlich ist zu berücksichtigen, dass die abweichende (niedrigere) Festsetzung der Steuern aus Billigkeitsgründen einen eigenständigen Verwaltungsakt darstellt, welcher für die eigentliche Steuerfestsetzung ein Grundlagenbescheid mit Bindungswirkung ist.

> Vgl. *Becker*, DStR 2003, 1602 m. w. N.

705 Stundung und Erlass sind insoweit Billigkeitsvorschriften, die als Ermessensentscheidung der Finanzverwaltung von den Finanzgerichten nur eingeschränkt überprüfbar sind. Die Ermessensausübung der Finanzverwaltung ist gemäß § 102 FGO lediglich daraufhin zu überprüfen, ob die gesetzlichen Grenzen des Ermessens überschritten sind oder dem Ermessen einer dem Zweck der Ermächtigung nicht entsprechenden Weise Gebrauch gemacht wurde. Das Ermessen der Finanzverwaltung kann sich allerdings bei Vorliegen aller Voraussetzungen für eine sachliche Unbilligkeit auf Null reduzieren, so dass ein gerichtlich durchsetzbarer Anspruch auf Erlass der Steuer auf den Sanierungsgewinn bestehen kann.

> Vgl. BFH, Urteil v. 10.02.1988 – VII R 159/84, BStBl. II
> 1988, 653;
> zur Ermessensreduzierung auf Null vgl. FG Münster, Urteil v.
> 27.05.2004 – 2 K 1307/02, EFG 2004, 1572 ff.

706 Die totale Verlustverrechnung wird in der Literatur teilweise kritisiert, jedoch erscheint sie im Hinblick auf die ursprüngliche Abschaffung der Steuerfreiheit des Sanierungsgewinns gemäß § 3 Nr. 66 EStG nicht ermessensfehlerhaft.

> Kritisch dazu *Janssen*, DStR 2003, 1055, 1058 f.;
> BB 2005, 1026 f.

707 Problematisch ist allerdings die im BMF-Schreiben enthaltene Vermutung, dass ein Antrag, die Verluste eines Folgejahres nicht mit dem Sanierungsgewinn des Vorjahres zu verrechnen, sondern vorzutragen, zugleich eine Rücknahme des Erlassantrages hinsichtlich der Steuer auf den Sanierungsgewinn darstellen soll. Diese Vermutung ist nicht gerechtfertigt und kann durch ausdrücklichen Hinweis auf den aufrechterhaltenden Erlassantrag umgangen werden. In diesem Fall kann eine Antragsrücknahme nicht mehr unterstellt werden. Sofern die vollständige Verlustverrechnung als inhaltliche Voraussetzung für den Steuererlass auf den Sanierungsgewinn angewendet würde, wäre eine vollständige Versagung des Steuererlasses die Rechtsfolge. Die vollständige Versagung des Steuererlasses wäre unseres Erachtens jedoch ermessensfehlerhaft, da das BMF-Schreiben selbst ausdrücklich die sachlichen Billigkeitsgründe für den Verzicht auf die Besteuerung des überschießenden

Sanierungsgewinns herausstellt. Im Ergebnis müsste insoweit ein Teilerlass der Steuer auf den Sanierungsgewinn verbleiben und lediglich eine Steuer auf den verweigerten Verlustvortrag festgesetzt werden.

Beispiel:

Im vorgenannten Beispiel würde mithin u. E. bei Verweigerung der Zustimmung zu dem Verlustrücktrag in Höhe von € 1 Mio. die Stundung und der avisierte Erlass des Sanierungsgewinns auf € 2 Mio. gesenkt werden, so dass rückwirkend ein Sanierungsgewinn in Höhe von € 1 Mio. zu versteuern wäre.

> Vgl. *Becker*, DStR 2003, 1602, 1603 f.;
> *Janssen*, DStR 2003, 1055, 1058;
> BB 2005, 1026 f.;
> *Nolte*, NWB 2005, 3856, 3867.

Bei Forderungsverzichten gegen Besserungsschein (näheres unter d) ist nach Auffassung der Finanzverwaltung die auf den Sanierungsgewinn entfallende Steuer solange zu stunden, wie Zahlungen auf den Besserungsschein geleistet werden können. Während dieses Zeitraums darf nach Auffassung der Finanzverwaltung insoweit auch kein Steuererlass ausgesprochen werden. Erst nach abschließender Prüfung und nach Feststellung der endgültigen auf den verbleibenden zu versteuernden Sanierungsgewinn entfallende Steuer ist diese nach § 227 AO zu erlassen. Dies gilt auch für gegebenenfalls erhobene Stundungszinsen. **708**

Dogmatisch problematisch ist die Auffassung der Finanzverwaltung, dass bei Eintritt des Besserungsfalls der Abzug dieser Aufwendungen als Betriebsausgaben entsprechend den Rechtsgrundsätzen des § 3c Abs. 1 EStG ausgeschlossen sein sollen. **709**

> Vgl. BMF-Schreiben v. 27.03.2003, BStBl. I 2003, 240, Tz. 5.

Die Begründung des Betriebsausgabenabzugverbots der Finanzverwaltung entsprechend § 3c Abs. 1 EStG ist nicht zu rechtfertigen, da der Sanierungsgewinn gerade nicht steuerfrei ist, sondern lediglich im Billigkeitswege zunächst gestundet und erst später endgültig erlassen werden soll. Stattdessen sollen diese Zahlungen auf den Besserungsschein zunächst den angesetzten Sanierungsgewinn mindern, so dass die Steuerfestsetzung rückwirkend gemäß § 175 Abs. 1 Nr. 2 AO zu korrigieren ist. **710**

Gerade in solchen Fällen, in denen ein Besserungsschein existiert, soll nach Auffassung der Finanzverwaltung die Steuer auf den Sanierungsgewinn solange gestundet werden, wie Zahlungen auf den regelmäßig befristeten Besserungsschein erfolgen können. Erst wenn dieser Zeitraum abgelaufen ist, soll die dann endgültig feststehende Steuer auf den Sanierungsgewinn erlassen werden. **711**

> Vgl. BMF-Schreiben v. 27.03.2003, BStBl. I 2003, 240, Tz. 11.

712 Systematisch richtiger erscheint daher die Anwendung des § 5 Abs. 2a EStG, wonach auflösend bedingt erlassene Verbindlichkeiten bei Wegfall des Erlasses Gewinn mindernd zu berücksichtigen sind. Stattdessen könnte ein entsprechender Teil des Sanierungsgewinns dadurch besteuert werden, dass die nach dem BMF-Schreiben gewährte Stundung der Steuer auf diesen Teil des Sanierungsgewinns widerrufen wird. Es empfiehlt sich, in jedem Fall diese Problematik mit dem jeweils zuständigen Finanzamt abzustimmen.

713 Nach Auffassung des nicht rechtskräftigen Urteils des Finanzgerichts München vom 12. Dezember 2007 verstößt das BMF-Schreiben vom 27. März 2003 zur Steuerbefreiung von Sanierungsgewinnen gegen den Grundsatz der Gesetzmäßigkeit der Verwaltung, da nach Abschaffung des § 3 Nr. 66 EStG des Jahres 1997 für eine generell abstrakte Verwaltungsregelung kein Raum sei.

> Vgl. FG München v. 12. Dezember 1997 – 1 K 4487/06, EFG 2008, 615 f. und Anmerkung von *Hoffmann*, EFG 2008, 616 f.

714 Obwohl die Kritik des FG München hinsichtlich der Kompetenzüberschreitung des BMF dem Grunde nach berechtigt ist, bleibt ein Erlass aus sachlichen Billigkeitsgründen gerechtfertigt, da im Gegensatz zum alten § 3 Nr. 66 EStG aus 1997 aufgrund der zwingend vorrangigen Verlustverrechnung keine Doppelbegünstigung in Betracht kommt und nur diese vom Gesetzgeber bewusst abgeschafft werden sollte.

715 Die Billigkeitsregelungen des BMF-Schreibens zum Sanierungsgewinn vom 27. März 2003 hinsichtlich der Steuerstundung und des Steuererlasses gelten nicht unmittelbar für die Gewerbesteuer, da für derartige Zwecke die jeweils hebeberechtigte Gemeinde entsprechend Abschnitt 3 Absatz 1 und Abschnitt 7 Absatz 1 GewStR zuständig ist. Die Ermittlung des Gewerbesteuermessbetrags und eines gewerbesteuerlichen Verlustabzugs erfolgen eigenständig.

> Vgl. BMF-Schreiben v. 27.03.2003, BStBl. I 2003, 240, Tz. 15;
> *Nolte*, NWB 2005, 3856, 3866 f, Verfügung des LfSt Bayern vom
> 8.8.2006, FR 2006, 900 f.

716 Das Finanzamt teilt der Gemeinde im Rahmen der Erteilung des Gewerbesteuermessbescheides im Verfahren nach § 184 Abs. 3 AO förmlich die Höhe des Sanierungsgewinns und die Höhe der noch verrechenbaren Verluste, die Grundlagen der abweichenden Festsetzung und die anteilige Verteilung in Zerlegungsfällen mit. Die vom Finanzamt getroffene Qualifizierung als Sanierungsgewinn hat insoweit keine bindende Wirkung im Hinblick auf die Billigkeitsmaßnahme der Gemeinde. Eine Stundung und der Erlass der Gewerbesteuer auf den Sanierungsgewinn sollte daher frühzeitig parallel mit der zuständigen Gemeinde verhandelt werden.

d) Steuerrechtliche Behandlung von Forderungsverzichten gegen Besserungsschein

In der Krise von Kapitalgesellschaften werden häufig – insbesondere zwecks 717
Abwendung von etwaigen Insolvenzgründen – Forderungsverzichte mit Besserungsschein vereinbart. Sowohl für den Verkäufer als auch für den Erwerber der Kapitalgesellschaft sind insoweit die steuerlichen Folgen zu berücksichtigen.

aa) Steuerliche Auswirkungen im Zeitpunkt des Verzichts

Nach der Rechtsprechung des BFH steht ein Forderungsverzicht unter einer 718
auflösenden Bedingung (hier Besserungsschein) zum Zeitpunkt der Verzichtserklärung einem unbedingten Forderungsverzicht gleich. Die vom
Großen Senat des BFH mit Beschluss vom 9. Juni 1997 aufgestellten Grundsätze der steuerlichen Behandlung eines Forderungsverzichtes dürften somit
auch für den Forderungsverzicht eines Gesellschafters gegen Besserungsschein gelten.

> Großer Senat des BFH mit Beschluss v. 09.07.1997 – GrS 1/94
> BStBl. II 1998, 307;
> BFH, Urteil v. 30.05.1990 – I R 41/87, BStBl. II 1991, 588;
> Dörner, INF 2001, 523, 524;
> Pflüger, GStB 2004, 104;
> vgl. ebenso BMF-Schreiben vom 02.12. 2003, BStBl. I 2003, 648.

Nach der vorzitierten Rechtsprechung, der die Finanzverwaltung insoweit 719
folgt, ist danach zu unterscheiden, ob die Forderung, auf die der Gesellschafter verzichtet, werthaltig ist oder nicht. Ist die Forderung zum Zeitpunkt des
Verzichts (nur) teilweise werthaltig, so ist die Forderung für die steuerliche
Behandlung des Forderungsverzichts aufzuteilen in einen werthaltigen und
einen nicht werthaltigen Teil.

Auf Ebene der Gesellschaft ist die Forderung – unabhängig davon, ob Wert- 720
haltigkeit bestand oder nicht – erfolgswirksam aus der Bilanz auszubuchen.
Auf Ebene der Gesellschaft entsteht somit in beiden Fällen (zunächst) ein
außerordentlicher Ertrag. Betrifft der Verzicht eine werthaltige oder den
werthaltigen Teil einer Forderung, so führt dies bei dem Gesellschafter zu
einem Vermögenszufluss und bei der Gesellschaft zu einer (verdeckten) Einlage, die den außerordentlichen Ertrag aus der Ausbuchung der Forderung
ausgleicht. Der Forderungsverzicht ist somit bei der Gesellschaft insoweit
steuerneutral, als die Forderung zum Zeitpunkt des Forderungsverzichts
werthaltig war. Ist die Forderung des Gesellschafters zum Zeitpunkt des
Forderungsverzichts hingegen nicht werthaltig, so ergibt sich insoweit ein –
auch steuerlich wirksamer – außerordentlicher Ertrag, dem keine verdeckte
Einlage gegenübersteht und der folglich nicht kompensiert wird.

Im Hinblick auf den werthaltigen Teil der Forderung des Gesellschafters 721
(Einlage) ist anzumerken, dass die BFH-Rechtsprechung davon ausgeht, dass

vom Gesellschafter nur eingelegt werden kann, was zuvor zugeflossen ist, mithin eine logische Sekunde vor der verdeckten Einlage die Rückzahlung des Darlehens (in Höhe des werthaltigen Teils) anzunehmen und somit von einer Fiktion des Hin- und Herzahlens auszugehen ist. Der werthaltige Teil des Darlehens gilt somit zum Zeitpunkt des Verzichts als an den Gesellschafter zurückgezahlt. Eine juristische Sekunde danach tätigt der Gesellschafter eine verdeckte Einlage in die Gesellschaft, die bei dieser grundsätzlich zu Eigenkapital und beim Gesellschafter regelmäßig zu nachträglichen Anschaffungskosten auf die Anteile führt.

> Vgl. BFH, Beschluss v. 09.06.1997 – GrS 1/94, BStBl. II 1998, 307;
> vgl. auch *Dörner*, INF 2001, 494, 498.

722 Zu der vorstehend dargestellten Behandlung auch dann, wenn der Verzicht unter dem Vorbehalt der Besserung steht,

> BMF-Schreiben v. 02.12.2003, BStBl. I 2003, 648.

bb) Steuerliche Auswirkungen im Zeitpunkt des Besserungsfalls

723 Der Forderungsverzicht mit Besserungsschein kann durch Erlassvertrag mit auflösender Bedingung oder als unbedingter Forderungsverzicht mit einer vereinbarten Bedingung für das Entstehen einer neuen Forderung gestaltet werden. In beiden Fällen ist der Forderungsverzicht mit Besserungsschein zunächst als echter Verzicht zu berücksichtigen.

(1) Auswirkungen auf Ebene der Gesellschaft

724 Die bei der Gesellschaft ursprünglich ausgebuchte Forderung ist bei Eintritt des Besserungsfalls wieder als Verbindlichkeit aufwandswirksam einzubuchen. Bei der weitergehenden steuerlichen Behandlung ist abermals danach zu differenzieren, ob die Forderung zum Zeitpunkt des Verzichts werthaltig war oder nicht. War die Forderung zum Zeitpunkt des Verzichts (gegebenenfalls teilweise) werthaltig und lag insoweit eine verdeckte Einlage vor, so gilt diese mit Eintritt des Besserungsfalls als zurückgewährt.

> Vgl. BMF-Schreiben v. 02.12.2003, BStBl. I 2003, 648 Tz. 2 lit. a.

725 Die Wiedereinbuchung der Verbindlichkeit im Besserungsfall führt auf Ebene der Gesellschaft zu einer Minderung des steuerlichen Gewinns (außerordentlicher Aufwand), soweit im Zeitpunkt des Verzichts nicht eine verdeckte Einlage gegeben war. In Höhe des bei Verzicht werthaltigen Teils der Forderung ist von einer (erfolgsneutralen) Einlagenrückgewähr auszugehen.

> Vgl. Dötsch-*Dötsch*, § 8 Abs. 4 KStG Rn. 142;
> *Hoffmann*, DStR 1998, 196, 197;
> *Berg/Schmich*, FR 2004, 520, 521.

726 Die Finanzverwaltung vertritt diesbezüglich die einschränkende Auffassung, dass, sofern zu einem Zeitpunkt zwischen der Ausbuchung und der (Wie-

der-)Einbuchung der Verbindlichkeit die Tatbestandsvoraussetzungen für eine beschränkte Verlustberücksichtigung gemäß § 8 Abs. 4 KStG vorliegen, der sich bei der (Wieder-)Einbuchung ergebende steuerliche Aufwand unter die beschränkte Verlustberücksichtigung nach § 8 Abs. 4 KStG fällt. Der Gewinn des Wirtschaftsjahres der (Wieder-)Einbuchung soll folglich im Rahmen der Einkommensermittlung um den Aufwandsbetrag zu erhöhen sein. Für einen Zinsaufwand auf eine solche Verbindlichkeit soll Entsprechendes gelten.

> Vgl. BMF-Schreiben v. 02.12.2003, BStBl. I 2003, 648, unter 2d).

Diese, in der Literatur heftig kritisierte Ansicht der Finanzverwaltung soll **727** nach Maßgabe des BMF-Schreibens vom 2. Dezember 2003 jedoch erstmals auf Forderungsverzichte, die nach dem 18. Dezember 2003 vereinbart worden sind, anzuwenden sein.

> Vgl. zur Kritik *Hoffmann*, DStR 2004, 293.

In diesem Zusammenhang wäre auch eine anderweitige Verlustabzugsbe- **728** schränkung nach Maßgabe des § 8 Abs. 4 KStG denkbar, wenn die Finanzverwaltung auf das Urteil des

> BFH, Urteil v. 08.08.2001 – I R 29/00 , BStBl. II 2002, 392

zurückgreift und den Besserungsschein als außerbilanzielle Maßnahme, die der Zuführung neuen Betriebsvermögens im Sinne des § 8 Abs. 4 KStG gleichstehen soll, annimmt und – einen schädlichen Gesellschafterwechsel vorausgesetzt – somit die Voraussetzungen des § 8 Abs. 4 KStG als erfüllt ansieht.

(2) Auswirkungen auf Ebene des Gesellschafters

Im Hinblick auf die Behandlung des Besserungsfalls auf Ebene der Gesell- **729** schaft hat der BFH entschieden, dass die Erfüllung der Forderung nach Eintritt des Besserungsfalls weder eine verdeckte Gewinnausschüttung noch eine andere Ausschüttung, sondern vielmehr eine steuerlich anzuerkennende Form der Kapitalrückzahlung sei, wenn der Forderungsverzicht durch das Gesellschaftsverhältnis veranlasst ist.

> BFH, Urteil v. 30.05.1990 – I R 41/87, BStBl. II 1991, 588

Die vorstehend zitierte Entscheidung ist jedoch nicht zur Behandlung auf **730** Ebene des Gesellschafters, sondern vielmehr zur Behandlung auf Ebene der Gesellschaft ergangen.

Die steuerrechtliche Beurteilung des Besserungsfalls auf Ebene des Gesell- **731** schafters richtet sich zunächst danach, ob auf Ebene der Gesellschaft von einer Einlagerückgewähr auszugehen ist oder nicht. Soweit dies der Fall ist, also bei dem seinerzeitigen Verzicht eine verdeckte Einlage auf Ebene der Gesellschaft angenommen wurde, entsteht auf Ebene des wesentlich beteiligten Gesellschafters ein grds. dem Halbeinkünfteverfahren unterliegender (Veräußerung-)Gewinn nach § 17 Abs. 4 Satz 1 i. V. m. § 3 Nr. 40 Satz 1 lit. c) EStG in der Höhe, wie die Einlagenrückgewähr die Anschaffungskosten des Gesellschafters übersteigt.

> Vgl. L. Schmidt/*Weber-Grellet*, EStG, § 17 Rn. 240; Dötsch-*Dötsch*, KStG, Vor § 1 KStG Rn. 23; Vfg. OFD Frankfurt am Main v. 17.04.2000, DStR 2000, 1093.

732 Im Hinblick auf den bei Forderungsverzicht nicht werthaltigen Teil der Forderung kommt eine Einlagenrückgewähr nicht in Betracht. Diesbezüglich kommt es somit auch nicht zu einem Veräußerungsgewinn im Sinne des § 17 Abs. 4 Satz 1 EStG. Treten keine Besonderheiten hinzu, so sollte insoweit eine steuerlich unbeachtliche Kapitalrückzahlung vorliegen.

733 Fraglich ist, ob aufgrund der bei der Gesellschaft anzunehmenden Einlagenrückgewähr bei Eintritt des Besserungsfalls auf Ebene des Gesellschafters die Rechtsfolge des § 17 Abs. 4 Satz 1 EStG (Veräußerungsgewinn insoweit als die Einlagenrückgewähr die Anschaffungskosten des Gesellschafters übersteigt) eintreten, ohne dass das Darlehen an den Gesellschafter tatsächlich zurückgezahlt wird. Soweit erkennbar, ist diese Frage bislang weder von der Literatur, der Finanzverwaltung noch von den Finanzgerichten behandelt worden.

734 Gemäß § 17 Abs. 4 EStG gelten die gesetzlichen Bestimmungen über die Besteuerung der Veräußerung von Anteilen an Kapitalgesellschaften im Privatvermögen entsprechend, wenn Beträge aus dem steuerlichen Einlagekonto im Sinne des § 27 KStG ausgeschüttet oder zurückgezahlt werden. Da der zum Zeitpunkt des Forderungsverzichts werthaltige Teil der Forderung steuerrechtlich als Eigenkapital behandelt wird, ist § 17 Abs. 4 Satz 1 EStG mithin grundsätzlich anzuwenden.

735 Für die gewissermaßen korrespondierende Erfassung einer Einlagenrückgewähr auf Ebene des Gesellschafters bereits mit Eintritt des Besserungsfalls spricht zum einen, dass der Besserungsfall so behandelt wird, als sei der Forderungsverzicht nie erklärt worden, so dass auch die seinerzeit mit der verdeckten Einlage entstandenen Anschaffungskosten korrigiert werden müssen. Für die Anwendung des § 17 Abs. 4 Satz 1 EStG spricht auch, dass zum Zeitpunkt des Forderungsverzichts die Rückzahlung des Darlehens an den Gesellschafter eine logische Sekunde vor dem Darlehensverzicht fingiert wird.

> Vgl. BFH, Beschluss v. 09.06.1997 – GrS 1/94, BStBl. II 1998, 307.

736 Unter dieser angenommenen Fiktion könnte gewissermaßen spiegelbildlich im Fall des Eintritts des Besserungsfalls davon ausgegangen werden, dass die Einlagenrückgewähr mit einer fiktiven Darlehensrückzahlung an den Gesellschafter einhergeht, so dass § 17 Abs. 4 Satz 1 EStG auch ohne tatsächliche Rückzahlung der Darlehen Anwendung findet.

Für die Anwendung des § 17 Abs. 4 Satz 1 EStG bereits im bloßen Besse- 737
rungsfall sprechen auch folgende Überlegungen:

„Ausschüttung" im Sinne des § 17 Abs. 4 Satz 1 EStG ist eine Leistung der 738
Kapitalgesellschaft an die Anteilseigner auf gesellschaftsrechtlicher Grundlage,

> Herrmann/Heuer/Raupach-*Eilers/R. Schmidt*, EStG, § 17
> Anm. 325.

Inwieweit eine Leistung der Kapitalgesellschaft anzunehmen ist, wird wohl 739
über die Auslegung des Leistungsbegriffes i. S. des § 27 KStG zu entscheiden
sein. Der in § 27 KStG verwendete Leistungsbegriff ist dort selbst nicht definiert. Nach Ansicht der Literatur,

> Ernst & Young-*Antweiler*, KStG, § 27 Rn. 53 f.,

ist hierunter die Gewährung eines rein gesellschafts- bzw. mitgliedschafts-
rechtlich begründeten Vermögensvorteils durch eine Körperschaft an den
Anteilseigner oder eine diesem nahestehende Person zu verstehen. Dies sind
vor allem offene aber auch verdeckte Gewinnausschüttungen. Auch die Finanzverwaltung geht davon aus, dass Leistung i. S. des § 27 KStG alle Aus-
kehrungen sind, die ihre Ursache im Gesellschaftsverhältnis haben,

> vgl. BMF-Schreiben v. 04.062003, BStBl. I 2003, 366, Tz. 11.

Insbesondere im Hinblick darauf, dass auch zum Zeitpunkt des Forderungs- 740
verzichts ohne tatsächlichen Abfluss auf Ebene des Gesellschafters eine verdeckte Einlage angenommen wird, erscheint es zumindest konsequent, wenn
bei Eintritt des Besserungsfalls auch ohne tatsächlichen Zufluss von einer
Leistung an den Gesellschafter auszugehen ist. Sollte der Begriff der Ausschüttung i. S. des § 17 Abs. 4 Satz 1 EStG letztlich identisch mit dem Begriff der Leistung i. S. des § 27 Abs. 1 Satz 3 KStG sein, so könnte mithin
auch ohne tatsächlichen Zufluss bei dem Gesellschafter ein steuerpflichtiger
Veräußerungsgewinn entstehen.

Schließlich könnte für Anwendung des § 17 Abs. 4 Satz 1 EStG ohne tat- 741
sächlichen Zufluss bei dem Gesellschafter sprechen, dass nach der Rechtsprechung des BFH für beherrschende Gesellschafter einer Kapitalgesellschaft angenommen wird, dass sie über eine von der Gesellschaft geschuldete
Vergütung bereits im Zeitpunkt der Fälligkeit verfügen können und ihnen
damit die entsprechenden Einnahmen bereits zu diesem Zeitpunkt zugeflossen sind.

> Vgl. BFH, Beschluss v. 09.06.1997 – GrS 1/94, BStBl. II 1998,
> 307.

Zwar gehören die Veräußerungsgewinne i. S. des § 17 EStG nicht zu den 742
Überschusseinkunftsarten, bei denen es auf den Zufluss ankommt, sondern
vielmehr zu den Einkünften aus Gewerbebetrieb. Bei dem Grundfall des Veräußerungsgewinns gemäß § 17 EStG kommt es somit vielmehr auf den

Übergang des wirtschaftlichen Eigentums an. In den Fällen des § 17 Abs. 4 Satz 1 EStG, in denen der Grundfall des § 17 Abs. 1 bis 3 EStG entsprechend gilt, könnte somit die entsprechende Anwendung im Hinblick auf die Realisierung eines Gewinns bedeuten, dass es insoweit auf das wirtschaftliche Entstehen der Forderung gegenüber der Kapitalgesellschaft ankommt. Da die Forderung mit Eintritt des Besserungsfalls wirtschaftlich wieder entstanden ist, könnte insoweit von einer Realisation des „Veräußerungsgewinns" ausgegangen werden.

(3) Behandlung der Darlehenszinsen

743 Wird neben der Verbindlichkeit auch – bedingt – auf Darlehenszinsen während der Krise der Gesellschaft verzichtet, so können nach Bedingungseintritt Zinsen auch für die Dauer der Krise der Gesellschaft nachgezahlt werden. Diese Zinsen sind nach der Rechtsprechung des BFH auf Ebene der Gesellschaft als Betriebsausgabe absetzbar.

Vgl. BFH, Urteil v. 30.05.1990 – I R 41/87, BStBl. II 1991, 588.

744 Im Hinblick auf die gewerbesteuerliche Behandlung als Dauerschuld hat der BFH entschieden, dass die ursprünglich ausgebuchte Darlehensverbindlichkeit infolge des Bedingungseintritts nicht wieder auflebt, sondern aufgrund der Besserungsabrede und Eintritt der hier vereinbarten Bedingungen als neue Darlehensverbindlichkeit zu passivieren ist. Bezüglich dieser neu entstandenen Darlehensverbindlichkeit ist zu prüfen, ob eine Dauerschuld i. S. der gewerbesteuerrechtlichen Vorschriften vorliegt oder nicht. Für den Zeitraum zwischen Forderungsverzicht und Eintritt des Besserungsfalls kann daher nicht von einer Dauerschuld und somit nicht von – die gewerbesteuerlichen Bemessungsgrundlage hälftig erhöhenden – Dauerschuldentgelten ausgegangen werden.

Vgl. BFH, Urteil v. 29.01.2003 – I R 50/02, BStBl. II 2003, 768.

745 Auf Ebene des Gesellschafters, der die Anteile im Privatvermögen hält, sind die für die Zeit der Krise nachgezahlten Zinsen im Zeitpunkt des Zuflusses als Einnahmen aus Kapitalvermögen im Sinne von § 20 Abs. 1 Nr. 7 EStG zu erfassen.

746 Eine Anwendung von § 8a KStG auf die Vergütungen, die bei Verzicht auf ein Darlehen eines Gesellschafters oder eines rückgriffsberechtigten Dritten bei einer Beteiligung von mehr als 25 % denkbar wäre, dürfte generell ausgeschlossen sein, da in der Zeit zwischen dem Forderungsverzicht und dem Eintritt der Besserungsbedingungen Eigenkapital und nicht Fremdkapital vorliegt.

Vgl. Dötsch/Pung-*Dötsch*, KStG, § 8a KStG Rn. 104.

cc) Besonderheit bei zeitgleicher Abtretung von Forderungen und Geschäftsanteilen

Nach Ansicht der Finanzverwaltung gelten die oben dargestellten Rechtsfol- **747** gen bei einem Gesellschafterwechsel zwischen Forderungsverzicht gegen Besserungsschein und Eintritt des Besserungsfalls entsprechend.

> BMF-Schreiben v. 02.12.2003, BStBl. I 2003, 648, unter 2c.

Darüber hinaus sollen die Grundsätze des **748**

> BFH, Urteil v. 01.02.2001 – IV R 3/00, BStBl. II 2001, 520

Anwendung finden, sofern in sachlichem und zeitlichem Zusammenhang mit dem Gesellschafterwechsel eine Abtretung der Forderung erfolgte. Nach dem vorgenannten Urteil soll in der zeitgleich mit der Anteilsübertragung erfolgten Forderungsabtretung ein Missbrauch von Gestaltungsmöglichkeiten i. S. des § 42 AO zu sehen sein, weil es für eine Befreiung der GmbH von Forderungen des Altgesellschafters einer Abtretung an den Neugesellschafter nicht bedurfte. Vielmehr hätte diese in einfacher Weise dadurch erreicht werden können, dass der Altgesellschafter auf seine Forderung gegen die Gesellschaft verzichtet hätte. Nach Ansicht des BFH sei der Steueranspruch daher so entstanden, als hätte der Altgesellschafter auf seine Forderung gegen die Gesellschaft verzichtet.

In dem Leitsatz des BFH-Urteils vom 1. Februar 2001 wird allerdings aus- **749** drücklich darauf hingewiesen, dass das Urteil einen Sachverhalt vor Inkrafttreten der Verlustabzugsbeschränkung des § 8 Abs. 4 KStG betraf, so dass die Unterstellung eines Missbrauchs von Gestaltungsmöglichkeiten auf die Umgehung der später eingeführten Verlustabzugsbeschränkung des § 8 Abs. 4 KStG zurückzuführen ist. Ungeachtet dessen geht die Finanzverwaltung in dem BMF-Schreiben vom 2. Dezember 2003 von einer entsprechenden Anwendung aus.

> BMF-Schreiben v. 02.12.2003, BStBl. I 2003, 648, unter 2 c.

Wenngleich die BFH-Entscheidung vom 1. Februar 2001 in der Literatur – **750** u. a. auch von BFH-Richtern – heftig kritisiert wurde,

> Vgl. *Gosch*, StBp 2001, 180;
> *Hoffmann*, GmbHR 2001, 533;
> *Vogt*, DStR 2002, 1432, 1434,

so führt doch der Verweis in dem BMF-Schreiben vom 2. Dezember 2003 auf dieses Urteil dazu, dass davon ausgegangen werden muss, dass die Finanzverwaltung in Höhe der Rückzahlung verdeckte Gewinnausschüttungen der Gesellschaft an den Gesellschafter annehmen würde. Da die Finanzverwaltung – entgegen der zivilrechtlichen Lage – dabei vom Nichtbestehen der Forderung/Verbindlichkeit ausgeht, wäre es nur konsequent, auch bezüglich nachgezahlter Zinsen von verdeckten Gewinnausschüttungen auszugehen. Bei einer beherrschenden Gesellschafterstellung kommt insoweit darüber hinaus allein bei Fälligkeit der Darlehen der Zufluss einer solchen verdeckten Gewinnausschüttung in Betracht.

751 Bei der von der Finanzverwaltung proklamierten Anwendung des BFH-Urteils vom 1. Februar 2001 wird nicht danach unterschieden, inwieweit die Forderung zum Zeitpunkt des Forderungsverzichts werthaltig war oder nicht. Die verdeckte Gewinnausschüttung wäre dann gemäß § 3 Nr. 40 Satz 1 lit. d) bzw. lit. c) EStG nach Maßgabe des Halbeinkünfteverfahrens zu besteuern, sofern keine einbringungsgeborenen Anteile i. S. des § 21 UmwStG a. F. vorliegen.

752 Anders als in dem oben beschriebenen „Normalfall" (ohne Gesellschafterwechsel) käme es mithin nicht lediglich zu einer Besteuerung der die Anschaffungskosten überschreitenden Einlagerückgewähr, sondern zu einer – grundsätzlich hälftigen – steuerlichen Erfassung sämtlicher Darlehensrückzahlungen.

e) Steuerrechtliche Behandlung des Rangrücktritts

753 Wird für eine Forderung statt eines dinglichen Verzichts eine schuldrechtliche Rangrücktrittserklärung abgegeben, so besteht die Forderung als solche weiterhin. Regelmäßig wird im Rahmen des Rangrücktritts Folgendes vereinbart:

„ ... *hiermit treten wir mit der uns gegen den Schuldner zustehenden Forderung aus dem gewährten Darlehen im Betrag von Euro _____ im Rang hinter die Forderungen aller anderen Gläubiger zurück. Rückzahlungen der im Rang zurückgetretenen Forderung können nur dann und insoweit verlangt werden, wie der Schuldner dazu aus zukünftigen Gewinnen, aus einem Liquidationsüberschuss oder aus anderen – freien – Vermögen künftig in der Lage ist ...*"

754 Die Forderung ist insoweit grundsätzlich weiterhin sowohl handelsbilanziell als auch steuerrechtlich zu passivieren.

> BFH, Urteile v. 10.11.2005 – IV R 13/04, ZIP 2006, 249 ff;
> v. 20.10.2004 – IR 11/03, BStBl. II 2005, 581 ff;
> v. 30. 03.1993 – IV R 57/91, BStBl. II 1993, 502;
> L. Schmidt/*Weber-Grellet*, EStG § 5 Rn. 550;
> *Adler/Düring/Schmaltz* § 246 Tz. 128;
> *Uhländer*, BB 2005, 70, 72 – 73;
> a.A. *Kurth/Delhaes*, DB 2000, 2577, 2585;
> Dötsch-*Lang*, KStG, § 8 Abs. 3 KStG Rn. 1126.

755 Dies gilt auch wenn ein so genannter „qualifizierter" Rangrücktritt zwecks Vermeidung einer rechtlichen Überschuldung im Sinne der BGH-Entscheidung vom 08.01.2001 – II ZR 88/99, ZIP 2001, 235 ff. mit folgendem Zusatz erklärt wird:

„ ... *Rückzahlungen der im Rang zurückgetretenen Forderung können nur zugleich mit den Einlagerückgewähransprüchen der Gesellschafter dann und insoweit verlangt werden, wie der Schuldner dazu aus zukünftigen Gewinnen, aus einem Liquidationsüberschuss oder aus anderem – freien – Vermögen künftig in der Lage ist..."*

Auch dieser weitestgehende Rangrücktritt in den Rang des § 199 Satz 2 InsO **756** führt nach Ansicht der Rechtsprechung und Teilen in der Literatur nicht zu einem Passivierungsverbot gemäß § 5 Abs. 2a EStG.

> BFH, Urteil v. 10.11.2005 – IV R 13/04, ZIP 2006, 249, 252;
> *Kahlert*, ZIP 2006, 254 f.;
> *Westerburg/Schwenn*, BB 2006, 501 ff;
> KStG Rn. 1125f.

Auch die Finanzverwaltung hat nunmehr ihre abweichende Auffassung, wo- **757** nach § 5 Abs. 2a EStG auf (qualifizierte) Rangrücktrittsvereinbarungen anwendbar sein soll, wenn der Zusatz **„oder aus anderem – freien – Vermögen"** fehlt, mit BMF-Schreiben vom 8. September 2006 aufgegeben.

> Vgl. BMF-Schreiben v. 08.09.2006, ZIP 2006, 2236;
> zuvor noch abweichend BMF-Schreiben v. 18.08.2004, BStBl. I
> 2004, 850.

Danach betrifft § 5 Abs. 2a EStG grundsätzlich nur bedingt entstehende **758** Verbindlichkeiten – wie den Forderungsverzicht mit Besserungsschein – und nicht Verbindlichkeiten mit bestimmten (subordinierten) Erfüllungsmodalitäten – wie den Rangrücktritt.

> BFH, Urteil v. 10.11.2005 – IV R 13/04, ZIP 2006, 249, 252;
> *Kahlert*, ZIP 2006, 254 f.;
> *Westerburg/Schwenn*, BB 2006, 501 ff; KStG Rn. 1125f.;
> L. Schmidt/*Weber-Grellet*, EStG, § 5 Rn. 315, vgl. auch *Schild-*
> *knecht*, DStR 2005, 181 ff.;
> *Heerma*, BB 2005, 537 ff.;
> *Klein*, GmbHR 2005, 663 ff;
> *Hölzle*, GmbHR 2005, 852 ff.;
> *Janssen*, BB 2005, 1895ff;
> *Neufang/Oettinger*, BB 2006, 294 ff.

Unabhängig vom vereinbarten Rang sollte im Rahmen eines Rangrücktritts **759** in jedem Fall vereinbart werden, dass die Rückzahlung der zurückgetretenen d.h. subordinierten Forderung auch „aus sonstigem freien Vermögen" möglich ist, um die Anwendung des § 5 Abs. 2a EStG sicher zu vermeiden. Nach Auffassung der Finanzverwaltung ist der Zusatz beim einfachen Rangrücktritt weiterhin erforderlich.

> Vgl. BMF-Schreiben v. 08.09.2006, ZIP 2006, 2236 unter Tz. 6.

Die Darlehenszinsen sind wie das nachrangige Darlehen selbst weiterhin zu **760** passivieren.

Gehört das Rangrücktrittsdarlehen zum Betriebsvermögen des Gesellschaf- **761** ters, so führt der Rangrücktritt – außerhalb des Anwendungsbereichs von § 17 EStG – nicht zu nachträglichen Anschaffungskosten der Beteiligung. Erst mit dem Verzicht gegenüber der Gesellschaft entstehen nachträgliche

Anschaffungskosten in Höhe des werthaltigen Teils der Darlehensforderung. Da die Darlehensforderung ein selbständiges Wirtschaftsgut ist, kommt jedoch insoweit eine Teilwertabschreibung aufgrund des Rangrücktritts in Verbindung mit der wirtschaftlichen Situation der Gesellschaft in Betracht.

> Vgl. BFH, Urteil v. 10.11.2005 – IV R 13/04, ZIP 2006, 249, 251 ff.

762 In diesem Zusammenhang war bislang streitig, ob auf die Teilwertabschreibung hinsichtlich Rangrücktritts- bzw. kapitalersetzenden Gesellschafterdarlehen bei Kapitalgesellschaften steuerlich nicht abziehbare Gewinnminderungen gem. § 8 b Abs. 3 S. 3 KStG vorliegen. Nach richtiger Auffassung ist die vorgenannte Vorschrift nicht anwendbar, so dass Kapitalgesellschaften als Anteilseigner dem Grunde nach steuerlich abzugsfähige Teilwertabschreibungen auf Rangrücktritts- bzw. kapitalersetzende Darlehen geltend machen können.

> Vgl. Dötsch-/Pung-*Dötsch*, KStG, § 8 b KStG Rn. 49–49a
> m. w. N.; *Frotscher*, KStG § 8 b Rn. 58 b;
> *Gosch*, KStG, § 8 b Rn. 276;
> *Schmidt/Hageböke*, DStR 2002, 1202 ff;
> *Rödder/Stangl*, DStR 2005, 354 ff;
> a.A. *Buchna/Sombrowski*, DB 2004, 1956 ff. und DB 2005, 1539 ff.

763 Dieser Streit ist durch die Einführung von § 8b Abs. 3 Satz 4 ff. KStG in der Fassung des Jahressteuergesetzes 2008 (BGBl. I 2007, 6150) erledigt.

> Zur neuen Rechtslage auch *Fuhrmann/Strahl*, Änderungen im Unternehmensteuerrecht durch das JStG 2008, DStR 2008, 126; *Crezelius*, Aktuelle Steuerrechtsfragen in Krise und Insolvenz – Juli/August 2007, NZI 2007, 571.

764 Nach dieser Vorschrift wird künftig bei Darlehen, die ein Gesellschafter, der zu mindestens 25 % beteiligt ist, eine nahestehende Person im Sinne des § 1 Abs. 2 AStG oder ein rückgriffsberechtigter Dritter an die Gesellschaft gibt, von einer gesellschaftsrechtlichen Veranlassung ausgegangen, so dass mit dem Darlehen in Zusammenhang stehende Gewinnminderungen dem Abzugsverbot nach § 8b Abs. 3 Satz 3 KStG unterliegen. Die Gesetzesbegründung verweist ausdrücklich auf den vorhergehenden Streit wegen der Berücksichtigung von Teilwertabschreibungen und die Gestaltungsempfehlungen in der Literatur.

> BT-Drucks. 16/6290, 104;
> Gosch-*Gosch*, KStG, § 8b Rz. 277.

765 Allerdings besteht gemäß § 8b Abs. 3 Satz 6 KStG die Möglichkeit, die gesetzliche Vermutung des § 8b Abs. 3 Sätze 4, 5 KStG zu widerlegen. Danach hat der Darlehensgeber die Möglichkeit nachzuweisen, dass ein fremder Dritter das Darlehen unter sonst gleichen Umständen ebenfalls gewährt oder noch nicht zurückgefordert hätte. Nach der Gesetzesbegründung soll nicht von einer fremdüblichen Darlehensgewährung ausgegangen werden, wenn

- das Darlehen nicht verzinslich ist,

- zwar eine Verzinsung vereinbart, jedoch keine Sicherheiten bestellt sind,

- zwar eine Verzinsung und Sicherheiten vereinbart sind, jedoch das Darlehen bei Eintritt in die Krise der Gesellschaft nicht zurückgefordert wurde.

> BT-Drucks. 16/6290, a. a. O.

Da der Gesetzgeber den Gegenbeweis bei Krisendarlehen grundsätzlich nicht als geführt ansieht, wird in der Praxis in den hier relevanten Fällen der Berücksichtigung von Gewinnminderungen bei Krise oder Insolvenz immer davon ausgegangen werden müssen, dass das Abzugsverbot des § 8b Abs. 3 Satz 3 KStG eingreift.   766

f) Umsatzsteuer beim Unternehmenskauf

aa) Asset deal

Werden bei einem asset deal sämtliche Wirtschaftsgüter des Unternehmens oder eines gesondert geführten Betriebsteils veräußert, so ist diese Geschäftsveräußerung seit dem 1. Januar 1994 gemäß § 1 Abs. 1a UStG nicht steuerbar. Diese Regelung vermeidet insbesondere eine Vorfinanzierung beim Erwerber, dem regelmäßig ein entsprechender Anspruch auf Vorsteuerabzug zustehen würde. Eine Geschäftsveräußerung im Sinne des § 1 Abs. 1a UStG liegt vor, wenn die wesentlichen Grundlagen eines Unternehmens oder eines gesondert geführten Betriebes in der Weise übertragen werden, dass der erwerbende Unternehmer den Betrieb ohne nennenswerte Investitionen fortsetzen kann.   767

> Abschn. 5 Abs. 1 UStR.

Ob die wesentlichen Grundlagen eines Unternehmens im Rahmen eines asset deals übertragen werden, richtet sich nach der Lage des Einzelfalles und hängt insbesondere von der Art der unternehmerischen Tätigkeit ab. In diesem Zusammenhang ist insbesondere zu berücksichtigen, dass auch ein einzelner Gegenstand, wie ein Grundstück, Schiff oder Flugzeug nicht steuerbar im Rahmen einer Geschäftsveräußerung übereignet wird, wenn dieser das ganze Unternehmen oder den gesondert geführten Betrieb des Unternehmens funktional ausmacht.   768

> BFH, Urteil v. 21.03.2002 – V R 62/01, UR 2002, 425;
> OFD Karlsruhe, Vfg. v. 31.08.1999 – S 7100 b, DStR 2000,
> 28.

In der Praxis ist insoweit insbesondere die Veräußerung eines vermieteten Grundstücks, dessen Vermietung die einzige unternehmerische Betätigung des Veräußerers ist, eine nicht steuerbare Veräußerung im Sinne des § 1 Abs. 1a UStG.   769

770 Nach der Geschäftsveräußerung im Ganzen ist der Erwerber an die vom Veräußerer ausgeübten Wahlrechte grundsätzlich nicht gebunden. Der Erwerber kann daher insbesondere gemäß § 9 UStG auf Steuerbefreiungen für die von ihm getätigten Umsätze verzichten. Nach § 1 Abs. 1a Satz 3 UStG tritt der erwerbende Unternehmer an die Stelle des Veräußerers. Im Rahmen der Vorsteuerberichtigung stellt § 15a Abs. 10 Satz 1 UStG sicher, dass durch die Geschäftsveräußerung der für das jeweilige Wirtschaftsgut maßgebliche Berichtigungszeitraum nicht unterbrochen wird. Der Veräußerer ist insoweit gemäß § 15a Abs. 10 Satz 2 UStG verpflichtet, dem Erwerber für die Durchführung der Berichtigung die erforderlichen Angaben zu machen, damit dieser bei geänderten Verwendungsverhältnissen die entsprechenden Berichtigungen durchführen kann. Der Erwerber muss auch die Vorsteuerkorrekturen nach § 15a UStG vornehmen, falls er das Wirtschaftsgut nach der Geschäftsveräußerung für den Vorsteuerabzug anders verwendet. Die Auswirkungen der Vorsteuerberichtigung gemäß § 15a müssen sowohl vom Erwerber als auch vom Veräußerer im Rahmen der Bemessung des Kaufpreises berücksichtigt werden.

Beispiel:

Der Insolvenzverwalter I veräußert das gesamte Unternehmensvermögen der Schuldnerin zum 1. Januar 2004 an den Erwerber E. Zum Unternehmensvermögen der Schuldnerin gehört ein am 1. Januar 2002 für Euro 10 Mio. zuzüglich Euro 1,6 Mio. Umsatzsteuer erworbenes Grundstück, welches bisher zu 50 % umsatzsteuerpflichtig und im Übrigen umsatzsteuerfrei vermietet wurde. Der Erwerber hat im Rahmen des Gesamtkaufpreises einen anteiligen Kaufpreis für das Grundstück in Höhe von Euro Mio. 3 vereinbart und wird das Grundstück zukünftig ausschließlich steuerpflichtig vermieten. Zum Unternehmensvermögen gehört weiterhin ein ungenutztes Grundstück, das zum Zwecke der steuerpflichtigen Vermietung ebenfalls am 1. Januar 2002 zum Kaufpreis von Euro Mio. 10 zzgl. Euro 1,6 Mio. Umsatzsteuer erworben wurde. Entsprechend der damaligen geplanten steuerpflichtigen Nutzung wurde dem Veräußerer die Vorsteuer erstattet. Auch auf dieses Grundstück entfiel ein vereinbarter anteiliger Kaufpreis von Euro 3 Mio. Kurz nach Erwerb wurde das Grundstück umsatzsteuerpflichtig an einen anderen Veräußerer verkauft.

Lösung:

Unter Berücksichtigung der Verwendungsverhältnisse im Jahr 2002 betrugt der abziehbare Vorsteuerbetrag Euro 0,8 Mio. (50 % von Euro 1,6 Mio.), den die Schuldnerin geltend machen konnte. Im Rahmen der Veräußerung kommt eine Option zur Steuerpflicht gemäß § 9 wegen der Anwendung von § 1 Abs. 1a UStG nicht in Betracht. Der Erwerber kann aufgrund der nunmehr ausschließlich steuerpflichtigen Vermietung gemäß § 15 a Abs. 5 UStG vom Übertragungsstichtag bis zum 31. Dezember 2011 in jedem Kalenderjahr Euro 80.000,00 abzugsfähige Vorsteuer geltend machen (insgesamt Euro 640.000). Der Verkauf

*des ungenutzten Grundstücks löst keine Vorsteuerberichtigung aus, da keine
Verwendungsänderungen eingetreten sind.*

Abwandlung:

*Der Erwerber nutzt das Grundstück zukünftig ausschließlich für steuerfreie
Umsätze (Wohnungsvermietung). Er muss daher bis zum Ende des zehnjäh-
rigen Berichtigungszeitraums (31. Dezember 2011) jährlich Euro 80.000 Vorsteuer gem. § 15a Abs. 5 UStG berichtigen und an das Finanzamt zahlen. Eine
Option zur Umsatzsteuerpflicht des Veräußerers gem. § 9 UStG kommt bei
Anwendbarkeit von § 1 Abs. 1a UStG nicht in Betracht, auch wenn dies wie
vorliegend günstiger wäre. Das ungenutzte Grundstück verkauft der Erwerber
steuerfrei an eine Privatperson. Unabhängig vom Zeitpunkt des Verkaufs muss
der Erwerber die Vorsteuer in der Voranmeldung zum Verkaufszeitpunkt gemäß
§ 15a Abs. 2 UStG berichtigen und die Euro Mio. 1,6 an Vorsteuer des Erwerbers wieder zurückzahlen.*

Die vorgenannten Auswirkungen des § 15a UStG müssen die Vertragpar- 771
teien insbesondere im Rahmen der Kaufpreisermittlung berücksichtigen.

Fallen auf Seiten des Erwerbers Vorsteuerbeträge im Zusammenhang mit der 772
Geschäftsveräußerung an (Rechtsanwälte, Steuerberater, Gutachter, Notar
etc.), so richtet sich der Vorsteuerabzug für diese Eingangsleistungen nach
den Umsätzen, die der Erwerber mit den übertragenden Wirtschaftsgütern
ausführt bzw. auszuführen beabsichtigt. Die Geschäftsveräußerung selbst als
nicht steuerbarer Umsatz im Sinne des § 1 Abs. 1 a UStG ist kein Verwen-
dungsumsatz im Sinne des § 15 Abs. 2 UStG.

> BFH, Urteil v. 08.03.2001 – VR 24/98, DStR 2001, 700;
> EuGH, Urteil v. 22.02.2001 – Rs. C-408/98, UR 2001, 164.

Aufgrund des Risikos, ob im Rahmen des Unternehmenskaufs § 1 Abs. 1a 773
UStG anwendbar ist (insbesondere bei Teilgeschäftsveräußerungen), wird in
Unternehmenskaufverträge regelmäßig eine Klausel aufgenommen, wonach
der Kaufpreis als Nettosumme zu verstehen ist und sich bei einer etwaigen
Umsatzsteuerpflicht des Verkaufs um die geschuldete Umsatzsteuer erhöht.

Vertragsklausel: 774

(Umsatzsteuer/Betriebsveräußerung)

*Die Parteien gehen davon aus, dass der Vollzug dieses Vertrages eine gemäß § 1
Abs. 1 a UStG nicht steuerbare Geschäftsveräußerung im Ganzen darstellt. Für
den Fall, dass die Finanzverwaltung schriftlich durch Steuerbescheid oder sonstigen Verwaltungsakt feststellt, dass der Vollzug dieses Vertrages ein steuerbarer
Verkauf ist, gelten ergänzend die Regelungen der folgenden Absätze.*

*Der Veräußerer verzichtet hiermit im Umfang wie aus der Anlage ersichtlich
gemäß § 9 Abs. 1 und Abs. 3 Satz 2 UStG auf die Umsatzsteuerbefreiung gemäß
§ 4 Nr. 9 a UStG (Umsatzsteueroption) und verpflichtet sich, diese Umsatz-*

steueroption nicht zu widerrufen. Der Erwerber schuldet in diesem Fall über den Kaufpreis hinaus die gesetzliche Umsatzsteuer unmittelbar gegenüber dem zuständigen Finanzamt. Der Veräußerer wird in diesem Fall zur USt-Nr. des Veräußerers (Finanzamt ...) und des Erwerbers (Finanzamt ...) mitteilen, dass seitens des Veräußerers zur Umsatzsteuer optiert wurde. Von der Mitteilung wird der Veräußerer dem Erwerber unverzüglich eine Abschrift überlassen. Sollte diese nicht eingehen, ist der Erwerber berechtigt, seinerseits die vorgenannte Mitteilung an die Finanzämter zu machen.

Der Veräußerer wird dem Erwerber gem. § 14 Abs. 4 i.V.m. § 14 a Abs. 5 UStG nach Zugang eines Steuerbescheides oder sonstigen Verwaltungsakts (oder einer Kopie davon) beim Veräußerer, mit dem die Finanzverwaltung feststellt, dass der Vollzug dieses Vertrages ein steuerbarer Verkauf ist, und nach Vorliegen der Voraussetzungen für die Bezahlung des Kaufpreises gemäß ___ dieses Vertrages eine Rechnung über den Kaufpreis jedoch ohne Umsatzsteuerausweis ausstellen. In der Rechnung ist auf die Steuerschuldnerschaft des Erwerbers zur Zahlung der Umsatzsteuer hinzuweisen.

Die Parteien stellen ausdrücklich klar, dass dieser Vertrag noch keine Rechnung im Sinne von § 14 Abs. 4 UStG ist.

Der Notar hat ferner darüber belehrt, dass die Veräußerung des Kaufgegenstandes nur dann der Umsatzsteuer unterliegt, wenn der Veräußerer Unternehmer i. S. v. § 2 UStG ist und er die Veräußerung im Rahmen seines Unternehmens ausführt und keine Geschäftsveräußerung im Ganzen i. S. v. § 1 Abs. 1 a UStG vorliegt.

Der Notar hat weiterhin darüber belehrt, dass ungeachtet der Voraussetzungen gem. vorstehendem Absatz ein umsatzsteuerbarer und -pflichtiger Vorgang nur vorliegt, wenn der Veräußerer die Option gem. § 9 Abs. 1 und Abs. 3 Satz 2 UStG wirksam in dieser Urkunde ausübt, was wiederum voraussetzt, dass auch der Erwerber Unternehmer i.S.v. § 2 UStG ist und der Erwerb des Kaufgegenstandes für sein Unternehmen erfolgt. Der Erwerber garantiert, dass diese Voraussetzungen vorliegen.

Der Veräußerer hat den Erwerber über die durchgeführte Umsatzsteuersonderprüfung im ... sowie das Ergebnis dieser Prüfung sowie den Änderungsbericht zur Umsatzsteuer informiert und ihm diese sowie weitere erforderliche Unterlagen für seine eigene Berechung des Korrekturbetrages nach § 15 a UStG übergeben. Für die Richtigkeit der in den vorstehenden Unterlagen enthaltenen Informationen wird keine Haftung übernommen.

Der Veräußerer wird dem Erwerber auch nach Abschluss dieses Vertrages noch von ihm für die Durchführung von Berechnungen der Vorsteuerberichtigung nach § 15a UStG ggf. benötigte Unterlagen zur Verfügung stellen, soweit sie bei ihm vorhanden sind.

775 Da der Veräußerer über seine nicht steuerbaren Leistungen gemäß § 1 Abs. 1a UStG keine Rechnung mit gesondertem Ausweis der Umsatzsteuer erteilen darf, schuldet er bei irrtümlichem Ausweis der Umsatzsteuer diesen ausgewiesenen Umsatzsteuerbetrag nach § 14c Abs. 1 UStG. Dem Erwerber steht hingegen trotzdem kein Vorsteuerabzug zu, da die Vorsteuerabzugsberechtigung gemäß § 15 Abs. 1 Nr. 1 Satz 1 UStG nur für Steuern besteht, die für Umsätze und nicht wegen falschem Rechnungsausweis geschuldet werden. Der Veräußerer kann in vorgenannten Fällen jedoch grundsätzlich die fehlerhafte Rechnung gemäß § 14c Abs. 1 Satz 2 in Verbindung mit § 17 Abs. 1 UStG nachträglich berichtigen. Allerdings darf die Berichtigung nach § 14c Abs. 2 Sätze 3 bis 5 UStG nur erfolgen, sofern die Gefährdung des Steueraufkommens beseitigt worden ist. Danach muss sichergestellt werden, dass der Erwerber als Empfänger der Rechnung den (unberechtigten) Vorsteuerabzug nicht durchgeführt oder die etwaig geltend gemachte Vorsteuer an die Finanzbehörde zurückgezahlt hat.

bb) Share deal

Im Rahmen des share deals ist der Erwerb von Gesellschaftsrechten als An- 776 teilsveräußerung gemäß § 4 Nr. 8f UStG umsatzsteuerfrei. Der veräußernde Unternehmer hat jedoch die Möglichkeit, gemäß § 9 Abs. 1 UStG zur Umsatzsteuerpflicht des Vorgangs zu optieren.

g) Grunderwerbsteuer beim Unternehmenskauf

Werden im Rahmen eines asset deals Grundstücke veräußert, so entsteht 777 gemäß § 1 Abs. 1 GrEStG eine Grunderwerbsteuerbelastung in Höhe von 3,5 % (Land Berlin: 4,5 %) des Wertes der Gegenleistung für die erworbenen Grundstücke. Mithin ist für grunderwerbsteuerliche Zwecke der Anteil des Kaufpreises, der auf die Grundstücke entfällt, aus der ertragsteuerlichen Kaufpreisaufteilung abzuleiten.

Nach § 13 Nr. 1 GrEStG sind sowohl Erwerber als auch Veräußerer Steuer- 778 schuldner der Grunderwerbsteuer und haften insoweit gesamtschuldnerisch (vgl. § 44 Abs. 1 AO). In der Praxis wird regelmäßig vereinbart, dass der Erwerber die Grunderwerbsteuer zu tragen hat.

Werden Anteile an Personengesellschaften veräußert, so führt der Gesell- 779 schafterwechsel nach § 1 Abs. 2a GrEStG zu einer Grunderwerbsteuerbelastung, wenn hierdurch innerhalb von fünf Jahren unmittelbar oder mittelbar mindestens 95 % der Anteile am Gesellschaftsvermögen auf neue Gesellschafter übergehen. Steuerschuldner ist in diesem Fall gem. § 13 Nr. 6 GrEStG die Personengesellschaft selbst.

Nach § 1 Abs. 3 GrEStG führt der Erwerb von Grundbesitz haltenden Per- 780 sonen- oder Kapitalgesellschaften zu einer Grunderwerbsteuerbelastung, wenn unmittelbar oder mittelbar 95 % der Anteile erworben werden. Steuerschuldner ist in diesem Fall gem. § 13 Nr. 5 GrEStG der Erwerber und nicht die Kapitalgesellschaft selbst.

781 Infolge des Fehlens einer unmittelbaren Gegenleistung ist die Bemessungsgrundlage in den Fällen der § 1 Abs. 2a und Abs. 3 GrEStG jeweils der Bedarfswert gem. § 8 Abs. 2 Satz 1 Nr. 3 GrEStG i. V. m. § 138 Abs. 2 bzw. 3 BewG.

h) Sonstige steuerliche Haftungsrisiken

aa) § 75 AO

782 Im Rahmen eines asset deals haftet der Käufer eines Unternehmens oder eines gesondert geführten Teilbetriebs gemäß § 75 Abs. 1 Satz 1 AO für Steuern, bei denen sich die Steuerpflicht auf den Betrieb des Unternehmens gründet und für Steuerabzugsbeträge. Der Käufer muss das Unternehmen bzw. den gesondert geführten Betriebsteil „im Ganzen", mithin zumindest die wesentlichen Betriebsgrundlagen erwerben. Der Haftungszugriff auf den Erwerber wird mit dem Übergang der wirtschaftlichen Ertragskraft des Unternehmens begründet.

> Vgl. Klein-*Rüsken*, § 75 AO, Rn. 1.

783 Das übertragende Unternehmen muss als lebendes Unternehmen erworben werden. Nach der Rechtsprechung des BFH muss der Erwerber insoweit in der Lage sein, das Unternehmen ohne nennenswerte finanzielle Aufwendungen fortzuführen.

> BFH, Urteil v. 11.05.1993 – VR 90/92, BStBl. II 1993, 700;
> Urteil v. 22.09.1992, BFH/NV 1993, 215.

784 Eine kurzfristige Stilllegung schließt die Haftung grundsätzlich nicht aus, dagegen ist die Haftung bei Stilllegung über zwei Jahre ausgeschlossen.

> BFH, Urteil v. 07.11.2002 – VII R 11/01, DStR 2003, 205;
> BFH, Urteil v. 19.01.1988 – VII R 161/84, NV 1988, 615.

785 Ob ein Teilbetrieb erworben wurde, richtet sich nach dem Gesamtbild der beim Veräußerer im Zeitpunkt des Kaufvertrags vorgefundenen Verhältnisse. Es muss eine Untereinheit im Sinne eines selbstständigen Zweigbetriebs veräußert werden, die als eigenes Unternehmen bestehen könnte.

> BFH, Urteil v. 05.03.1984, BStBl. II 1984, 486, 486 li. Sp.

786 Für einen Teilbetrieb sprechen dabei eine getrennte Buchführung, eine selbstständige Geschäftsführung, das eigenständige Auftreten am Markt oder die räumliche Trennung von dem übrigen Unternehmen.

> Pahlke/Koenig-*Intemann*, AO, § 75 Rn. 10.

787 Nach der ausdrücklichen Regelung des § 75 Abs. 2 AO ist die Haftung für Erwerbe aus einer Insolvenzmasse und im Vollstreckungsverfahren ausgeschlossen. Auch bei einem Erwerb von Betriebsgegenständen nach Ablehnung der Eröffnung des Insolvenzverfahrens mangels Masse kommt eine

Haftung gemäß § 75 Abs. 1 Satz 1 AO regelmäßig nicht in Betracht. Dies gilt insbesondere, wenn sich die wesentlichen verwertbaren Betriebsgegenstände im Eigentum Dritter befunden haben.

BFH, Urteil v. 08.07.1982 – VR 138/81, BStBl. II 1983, 282.

Betriebssteuern im Sinne des § 75 Abs. 1 AO sind dadurch gekennzeichnet, **788** dass sich die Steuerpflicht auf den Betrieb des Unternehmens gründet. Mithin fallen hierunter insbesondere die Gewerbesteuer, Umsatzsteuer sowie sonstige Verbrauchssteuern, nicht dagegen die Einkommen- oder Körperschaftsteuer des Veräußerers. Die Haftung erstreckt sich auch nicht auf steuerliche Nebenleistungen. Steuerabzugsbeträge im Sinne von § 75 Abs. 1 Satz 1 AO sind die Lohnsteuer, die Kapitalertragsteuer, die einzubehaltenden Steuern bei beschränkt Steuerpflichtigen (§ 50a EStG) sowie die einzubehaltende Umsatzsteuer bestimmter Lieferungen (§ 13b UStG). Den vorgenannten Steuern stehen auch die Ansprüche auf Erstattung von Steuervergütungen gemäß § 75 Abs. 1 Satz 3 AO gleich. Beim Erwerb von gesondert geführten Teilbetrieben beschränkt sich die Haftung auf Steuern und Abzugsbeträge, die diesem übernommenen Teilbetrieb zuzuordnen sind.

Zeitlich beschränkt sich die Haftung des Käufers auf die Steuern und Ab- **789** zugsbeträge, die seit Beginn des letzten vor der Übereignung liegenden Kalenderjahres entstanden sind. Auf die Fälligkeit der Steuern kommt es hingegen nicht an. Maßgeblicher Zeitpunkt für die Fristberechnung ist der Übergang des wirtschaftlichen Eigentums an den übertragenen Vermögensgegenständen, so dass regelmäßig die tatsächliche Verfügungsmacht übergegangen sein muss. Dagegen kommt es auf die Verwirklichung des dinglichen Übereignungstatbestande – insbesondere bei Grundstücken erst mit Grundbucheintrag – nicht maßgeblich an.

Vgl. *Klein/Rüsken*, AO, § 75, Rn. 36 m. w. N.

Liegt beispielsweise der Übergang des wirtschaftlichen Eigentums am **790** 31. Dezember 2007, so haftet der Käufer für sämtliche Steuern und Steuerabzugsbeträge, die seit dem 1. Januar 06 entstanden sind, auch wenn sie erst zu einem späteren Zeitpunkt fällig waren. Die Beträge, für die gehaftet wird, müssen bis zum Ablauf von einem Jahr nach Anmeldung des Betriebes durch den Erwerber festgesetzt oder angemeldet werden. Unter Anmeldung des Betriebes ist die Anzeige des Erwerbers über die Eröffnung des Betriebes bei der Gemeinde nach § 138 Abs. 1 Satz 1 AO zu verstehen. Dies gilt auch für die Fortführung eines Unternehmens oder eines Teilbetriebes. Für den Beginn der Frist wird gemäß § 108 AO in Verbindung mit § 187 BGB der Tag der Anmeldung nicht mitgerechnet. Ist eine Steuerfestsetzung gegen den Verkäufer nicht möglich, so genügt für die Fristwahrung, dass der Haftungsbescheid innerhalb der Frist gegen den Käufer ergeht.

Vgl. Rödder/Hötzel/Mueller-*Thuns*, Unternehmenskauf/Verkauf, § 11, Rn. 14.

791 Gegenständlich ist die Haftung des Käufers gemäß § 75 Abs. 1 Satz 2 AO auf den Bestand des übernommenen Vermögens beschränkt. Es handelt sich insoweit um eine Einwendung, die der Käufer im Zwangsvollstreckungsverfahren erheben muss.

> BFH, Urteil v. 18.03.1986 – VII R 146/81, BStBl. II 1986, 589.

792 Verweigert der Erwerber die Zahlung, so hat er aufgrund der gegenständlich beschränkten Haftung die übernommenen Vermögensgegenstände zum Zwecke der Zwangsvollstreckung herauszugeben. Reicht der Erlös aus der Zwangsvollstreckung nicht aus, so entfällt die Haftung des Erwerbers. Verfahrensrechtlich ist zu berücksichtigen, dass die Finanzbehörde den Erwerber als Haftungsschuldner gemäß § 219 Satz 1 AO nur in Anspruch nehmen darf, wenn die Zwangsvollstreckung in das bewegliche Vermögen des Steuerschuldners (des Verkäufers) ohne Erfolg geblieben oder anzunehmen ist, dass die Vollstreckung aussichtslos sein würde.

793 Im Ergebnis muss der Erwerber bei einem asset deal in der Krise – außerhalb eines Insolvenzverfahrens – im Rahmen einer Tax Due Diligence exakt prüfen, ob und welche Steuerverbindlichkeiten bestehen. Zu diesem Zweck kann auch eine Auskunft bei der zuständigen Finanzbehörde eingeholt werden, wodurch zumindest die Kenntnis über tatsächlich erklärte und gezahlte sowie erklärte und offene Steuerbeträge erlangt werden kann.

bb) § 13c UStG

794 Werden im Rahmen eines asset deals auch die Forderungen des Unternehmers an den Erwerber abgetreten, so haftet der Erwerber als Unternehmer gemäß § 13c UStG für nicht entrichtete Umsatzsteuerschulden des abtretenden Unternehmers. Diese Haftung gilt gemäß § 27 Abs. 7 Satz 1 UStG für alle nach dem 7. November 2003 abgetretenen Forderungen.

> Vgl. BMF-Schreiben v. 30.01.2006, BStBl. I 2006, 207 ff,
> unter III.;
> *Marx/Salentin*, NZI 2005, 258 ff;
> *Hahne*, DStR 2004, 210 ff.;
> kritisch dazu *Crezelius*, NZI 2005, 583, 584 f.

795 Der Erwerber haftet mithin als Zessionar gemäß § 13c UStG, wenn er die Forderung einzieht und die Umsatzsteuerschuld gegen den leistenden Unternehmer festgesetzt, fällig und nicht bzw. nur teilweise bezahlt wurde.

cc) § 73 AO bei umsatzsteuerlicher Organschaft

796 Werden Tochtergesellschaften eines Konzerns in der Krise oder Insolvenz an Investoren veräußert, dann ist insbesondere die Haftung gemäß § 73 AO für Umsatzsteuern des Organträgers im Rahmen der umsatzsteuerlichen Organschaft zu beachten. Die Organgesellschaft haftet nach § 73 AO für solche

Steuern und Steuervergütungen des Organträgers, für welche die Organschaft besteht.

> Vgl. BFH, Urteil v. 21.02.1986 – VI R 9/80, BStBl. 86, 768, 770.

Vorliegend wird nur auf die Haftung im Rahmen des umsatzsteuerlichen Organschaftsverhältnisses eingegangen, da diese auch außerhalb des Vertragskonzerns praktische Relevanz hat.

§ 73 Satz 1 AO behandelt den steuerlichen Organkreis als einheitliches Ganzes. Hieraus resultiert eine Haftung der Organgesellschaft für alle Steuern innerhalb des Organkreises ohne Rücksicht darauf, welcher Teilnehmer an diesem Organkreis diese Steuern verursacht hat. Die Organgesellschaft haftet also nicht nur für Steuern, die in ihrem eigenen Betrieb oder dem des Organträgers verursacht worden sind, sondern auch für die Steuern, die im Betrieb einer anderen Organgesellschaft verursacht worden sind **797**

> Vgl. *Klein/Rüsken*, AO, § 73, Rn. 7;
> *Tipke/Kruse/Loose*, AO § 73 Rn. 4;
> Koch/Scholtz-*Halaczinsky*, AO, § 73 Rn. 4.

Die Haftung kann insbesondere nicht schon im Wege systematischer und teleologischer Auslegung der Norm auf solche Beträge beschränkt werden, die ohne steuerliche Anerkennung des Organschaftsverhältnisses von der Organgesellschaft zu entrichten wären, also wirtschaftlich von ihrer Tätigkeit verursacht sind. **798**

> Vgl. *Reiß/Kräusel/Langer*, UStG, § 13a Rn 32;
> a. A. *Rau/Dürrwächter/Flick/Geist/Stadie*, UStG, § 2 Rn. 667.

Vor allem im Hinblick auf die zunehmend drohende Entstehung von Vorsteuerberichtigungsansprüchen gemäß § 17 Abs. 2 Satz 1 Nr. 1 i. V. m. Abs. 1 Satz 1 Nr. 2 UStG bei dem insolventen Organträger wegen Uneinbringlichkeit des vereinbarten Entgelts für eine in Anspruch genommene steuerpflichtige Lieferung oder Leistung ist daher in den Insolvenzfällen eine Beendigung der umsatzsteuerlichen Organschaft durch Beseitigung der Tatbestandsvoraussetzungen dringend zu empfehlen. In diesem Zusammenhang ist zu berücksichtigen, dass der Vorsteuerrückforderungsanspruch des Finanzamtes mit Ablauf des Voranmeldungszeitraumes entsteht, in dem die Uneinbringlichkeit eingetreten ist. Der Zeitpunkt der Uneinbringlichkeit ist im Gesetz nicht ausdrücklich geregelt. Wird über das Vermögen eines Unternehmers das Insolvenzverfahren eröffnet, werden die gegen ihn gerichteten Forderungen spätestens in diesem Zeitpunkt unbeschadet einer möglichen Insolvenzquote in voller Höhe uneinbringlich **799**

> BFH, Beschluss v. 06.06.2002 – V B 110/01, BFH/NV 2002,
> 1325 ff.;
> A 223 Abs. 5 Satz 4 UStR 2005.

Da § 73 AO insoweit das Steuerausfallrisiko teilweise auf die Organgesellschaft überwälzt, kann gegen die Inanspruchnahme der Organgesellschaft für **800**

Steuern des Organträgers nur dann eine fehlerhafte Ermessensausübung geltend gemacht werden, wenn die angeforderten Steuern eindeutig aus dem
anderen Organkreisbereich stammen und die Organgesellschaft keine wirtschaftlichen Vorteile aus der Gestaltung gezogen hat

> Koch/Scholtz-*Halaczinsky*, AO, § 73 Rn. 4;
> FG Nürnberg, Urteil v. 11.12.1990 – II 238/86, EFG 91, 437.

801 Eine Haftung der Organgesellschaft für die in den anderen Bereichen verur-
sachten Steuern ist nur gerechtfertigt, wenn der Organträger oder die anderen Organgesellschaften so erhebliche Vermögenswerte auf die der Haftung
ausgesetzte Organgesellschaft übertragen haben, dass die Haftung nur für
den Steueranteil in einem Missverhältnis zu den haftenden Vermögenswerten
stehen würde.

> FG Nürnberg, Urteil v. 11.12.1990 – II 238/86, EFG 91, 437.

802 Für erst nach Beendigung der Organschaft entstehende Ansprüche aus Vor-
steuerrückerstattungen nach § 17 UStG kann die Organgesellschaft nur in
Anspruch genommen werden, wenn ihr der Vorsteuerabzug zugute gekommen ist.

> Vgl. *Reiß/Kräusel/Langer*, UStG, § 2 Rn 104.

803 Eine umsatzsteuerliche Organschaft liegt gemäß § 2 Abs. 2 Nr. 2 UStG vor,
wenn eine juristische Person nach dem Gesamtbild der tatsächlichen Verhältnisse finanziell, wirtschaftlich und organisatorisch in das Unternehmen
des Organträgers eingegliedert ist.

804 Eine Tochtergesellschaft ist finanziell in das Unternehmen der Muttergesellschaft eingegliedert, wenn sie alleinige bzw. Mehrheitsgesellschafterin mit
entsprechenden Stimmrechten ist.

805 Voraussetzung für die wirtschaftliche Eingliederung ist, dass die Organgesellschaft gemäß dem Willen des Organträgers im Rahmen des Gesamtun-
ternehmens, und zwar in engem wirtschaftlichen Zusammenhang mit diesem
wirtschaftlich tätig ist (vgl. A 21 Abs. 5 UStR). Sie kann bei entsprechend
deutlicher Ausprägung der finanziellen und organisatorischen Eingliederung
bereits dann vorliegen, wenn zwischen dem Organträger und der Organgesellschaft auf Grund gegenseitiger Förderung und Ergänzung mehr als nur
unerhebliche wirtschaftliche Beziehungen bestehen, insbesondere braucht
dann die Organgesellschaft nicht vom Organträger abhängig zu sein. Treten
die Konzernunternehmen nach außen für den Markt erkennbar einheitlich
als Unternehmensgruppe auf, ist eine solche gegenseitige Förderung und Ergänzung regelmäßig gegeben.

806 Die organisatorische Eingliederung resultiert in der Praxis regelmäßig aus der
Tatsache, dass eine (teilweise) Identität der Geschäftsführungsorgane bei der
Mutter- und Tochtergesellschaft besteht.

Um die Haftung der Organgesellschaft für Umsatzsteuer der Organträgerin **807** für die Zukunft zu vermeiden, sollte daher vor Veräußerung der Tochtergesellschaft in der Krise bzw. bereits im Insolvenzeröffnungsverfahren des Organträgers die umsatzsteuerliche Organschaft beendet werden.

Das Insolvenzeröffnungsverfahren für die Muttergesellschaft steht der um- **808** satzsteuerlichen Organschaft grundsätzlich nicht entgegen, solange dem vorläufigen Insolvenzverwalter eine vom Willen des Geschäftsführungsorgans abweichende Willensbildung bei der Organträgerin nicht möglich ist. Der bestellte sog. starke vorläufige Insolvenzverwalter verdrängt das Geschäftsführungsorgan bereits aus der Leitung der Muttergesellschaft, so dass die Organschaft mit dessen Bestellung endet. Die Organschaft endet dagegen bei einem schwachen vorläufigen Insolvenzverwalter mit Zustimmungsvorbehalt grundsätzlich erst mit der Insolvenzeröffnung der Muttergesellschaft als Organträgerin, wenn sich die Insolvenz nicht auf die Organgesellschaft erstreckt.

BFH, Urteil v. 28.01.1999 – VR 32/98, NZI 1999, 207, noch zur Konkursordnung: *Rondorf*, INF 2003, 463, 465.

Nach Auffassung der OFD Hannover soll die Organschaft auch nach Eröff- **809** nung des Insolvenzverfahrens über das Vermögen des Organträgers noch nicht enden, wenn der Insolvenzverwalter den Geschäftsbetrieb noch fortführt und weiterhin aktiv Einfluss auf die Geschäftsführung der Organgesellschaft nimmt.

OFD Hannover, Vfg. v. 11.10.2004 – 57105-49-StO 171, DStR 2005, 157.

Im Rahmen eines Insolvenzantragsverfahrens ohne allgemeines Verfügungs- **810** verbot bei der Tochtergesellschaft als Organgesellschaft bleibt die umsatzsteuerliche Organschaft grundsätzlich erhalten

BFH, Urteil v. 01.04.2004 – VR 24/03, BStBl. II 2004, 905, ebenso OFD Hannover Vfg. v. 11.10.2004 – 57105-49-StO 171, DStR 2005, 157; FG Nürnberg, Beschluss v. 09.08.2001 – II 287/01, EWiR 2002, 361 mit kritischer Anm. *Onusseit*, a. A. FG Saarland, Beschluss v. 20.10.2003 – 1 V 298/03, EFG 2004, 150.

Mithin kann die Beendigung der umsatzsteuerlichen Organschaft vor Insol- **811** venzeröffnung nur durch Beseitigung einer der Tatbestandsvoraussetzungen des § 2 Abs. 2 Nr. 2 UStG realisiert werden.

Durch eine Veräußerung der Anteile an der Tochtergesellschaft wird die fi- **812** nanzielle Eingliederung ebenso beendet wie bei Umwandlung in eine Personengesellschaft. Im Rahmen des Insolvenzeröffnungsverfahrens kommen diese Beendigungsmöglichkeiten durch den vorläufigen Insolvenzverwalter grundsätzlich nicht in Betracht.

Das Insolvenzantragsverfahren der Muttergesellschaft als Organträgerin **813** stellt sich regelmäßig als negativer Effekt auf die wirtschaftliche Entwicklung der Tochtergesellschaft dar. Um die Assoziation des Marktes mit der Insolvenz der Muttergesellschaft zu vermeiden, tritt die Tochtergesellschaft nunmehr häufig selbständig gegenüber Kunden und Lieferanten auf. Leistungsbeziehungen zur Muttergesellschaft können u. U. auf nur noch unwesentlichen Umfang reduziert werden, z. B. durch Auflösung von Einkaufsgemeinschaften etc. Die bislang vorliegende wirtschaftliche Eingliederung der Tochtergesellschaft in das Unternehmen der im Insolvenzeröffnungsverfahren befindlichen Muttergesellschaft könnte durch vorgenannte Maßnahmen zunehmend aufgelöst werden.

814 Die organisatorische Eingliederung basiert im Wesentlichen auf der Personalunion der Geschäftsleitung in der Mutter- und Tochtergesellschaft. Mit Aufgabe eines oder beider Ämter kann folglich die organisatorische Einbindung der Tochtergesellschaft beendet werden. Eine Einflussnahme der Muttergesellschaft wäre danach nur im Wege der gesellschaftsrechtlichen Möglichkeiten gegeben. Weder das Geschäftsführungsorgan der Muttergesellschaft noch der vorläufige Insolvenzverwalter sollten insoweit anschließend Einfluss auf den Geschäftsbetrieb der Tochtergesellschaft nehmen. Zur Sicherstellung der Beendigung der Organschaft kann mithin eine Aufhebung der organisatorischen Eingliederung vorgenommen werden. Zusammen mit der fortschreitenden Auflösung der wirtschaftlichen Eingliederung im Rahmen des Insolvenzeröffnungsverfahrens der Muttergesellschaft wäre eine Beendigung der umsatzsteuerlichen Organschaft in diesem Zeitpunkt gegeben.

815 Im Ergebnis kann zur Vermeidung einer Ausweitung des Haftungsumfangs gemäß § 73 AO die umsatzsteuerliche Organschaft durch Aufhebung der organisatorischen Eingliederung unverzüglich beendet werden. Dies erfordert die sofortige Beseitigung der Personenidentität der Geschäftsführungsorgane bei den betroffenen Gesellschaften durch entsprechende Abberufung oder Niederlegung.

III. Unternehmensverkauf aus der Insolvenz

1. Aufgabenspektrum des Insolvenzverwalters

Der Funktionswandel des Insolvenzrechts vom Vollstreckungsverfahren **816** zum Wirtschaftsrecht wird in der Person des Insolvenzverwalters besonders augenfällig: Seine Aufgabe ist nicht mehr primär, das schuldnerische Vermögen zu liquidieren und zu verteilen, sondern dessen Betrieb nach Möglichkeiten zu sanieren und in seiner Gesamtheit zu erhalten. Der Insolvenzverwalter handelt dabei – abgesehen von der Mitwirkung der Gläubigerorgane – wirtschaftlich selbständig und kann durch das Insolvenzgericht insoweit nicht beeinflusst werden.

> Beck/Depré-*Holzer*, Praxis der Insolvenz, Rn. 16 zu § 2.

Trotzdem ist die Sanierung kein vorrangiges Verfahrensziel. **817**

> Uhlenbruck-*Uhlenbruck*, Kommentar zu Insolvenzordnung,
> 12. Aufl., Rn. 1 zu § 1.

Denn das Insolvenzverfahren dient gemäß § 1 Satz 1 InsO in erster Linie da- **818** zu, die Gläubiger des Schuldners gemeinschaftlich zu befriedigen. Anders als die Konkursordnung sieht die Insolvenzordnung keine Zerschlagungsautomatik vor, sondern strebt eine ökonomisch vernünftige Haftungsverwirklichung an. Der Erhalt des Unternehmens bzw. die Sanierung desselben ist daher nur gerechtfertigt, wenn sie die für die Gläubiger günstigere Alternative bietet.

Der Insolvenzverwalter ist für das Schicksal der Insolvenzmasse und damit **819** im Ergebnis für die Quotenerwartungen der Insolvenzgläubiger entscheidend verantwortlich. Er wird dabei durch die Selbstverwaltungsorgane der Gläubiger – Gläubigerversammlung und Gläubigerausschuss – und das Insolvenzgericht beaufsichtigt.

Auf den Insolvenzverwalter geht die Verwaltungs- und Verfügungsbefugnis **820** über (§ 80 InsO). Entsprechendes gilt gemäß § 22 Abs. 1 Satz 1 InsO für den sog. starken vorläufigen Insolvenzverwalter.

Nur noch wenige originäre Rechte verbleiben bei den Organen der Schuldne- **821** rin. Im Fall einer börsennotierten AG ist auf die Entscheidung des Bundesverwaltungsgerichtes vom 13. April 2005

> BVerwG, Urteil v. 13.04.2005 – 6 C 4.04, ZIP 2005, 1145 ff.

hinzuweisen. Danach obliegen die wertpapierhandelsrechtlichen Veröffentlichungspflichten, die im Interesse der Transparenz des Kapitalmarktes bestehen, dem trotz Eröffnung des Insolvenzverfahrens im Amt bleibenden Vorstand.

Das Schicksal des Unternehmens der Schuldnerin und damit auch das **822** Schicksal der Quotenaussichten für die Gläubiger wird in erster Linie natürlich durch die leistungs- und finanzwirtschaftlichen Umstände bei der Schuldnerin bestimmt. Je nachdem, welche Situation der vorläufige Insolvenzverwalter bei seiner Bestellung vorfindet, ist es seine Aufgabe – gemeinsam mit dem Management der Schuldnerin – aus der Situation „das Beste" zu machen. Tatsächlich sind bei Betriebsfortführungen die ersten Wochen, wenn nicht sogar Tage entscheidend für das Schicksal und die Zukunft des schuldnerischen Unternehmens und der dort vorhandenen Vermögenswerte und Arbeitsplätze.

823 Der (vorläufige) Insolvenzverwalter trifft die mit der Insolvenzmasse zusammenhängenden wirtschaftlichen Entscheidungen über Betriebsfortführung, Ausproduktion, Zerschlagung, übertragende Sanierung oder Eigensanierung. Er ist deshalb die Zentralfigur und der wirtschaftliche Mittelpunkt des Insolvenzverfahrens. Seine Entscheidungen sind für das Wohl der Insolvenzmasse inklusive des in dieser Masse vorhandenen Unternehmens von ausschlaggebender Bedeutung.

824 Eine Sanierung, gleich ob als übertragende Sanierung oder als Eigensanierung, hat nur Erfolgsaussichten, wenn es gelingt, den Betrieb ohne längere Unterbrechungen weiterzuführen. Die Sanierung setzt in aller Regel die Betriebsfortführung voraus. Diese findet im Insolvenz(antrags)verfahren in einem besonders schwierigen Umfeld statt. Liquidität ist meist nicht mehr vorhanden, das Vertrauensverhältnis zu Lieferanten und Kunden ist stark belastet, die Belegschaft ist verunsichert und hat Angst vor drohender Arbeitslosigkeit. Für den (vorläufigen) Insolvenzverwalter ist es eine besondere Herausforderung, wenn er den Betrieb aufrecht erhalten möchte bzw. muss.

Vgl. Festschrift Uhlenbruck-*Wellensiek*, S. 199.

825 Infolgedessen ist die Auswahl des Verwalters die „Schicksalsfrage" des gesamten Insolvenzverfahrens. Die Frage danach, wer Insolvenzverwalter wird, ist deshalb eine entscheidende Weichenstellung für die Zukunft des Unternehmens und die Befriedigung der Forderung jedes einzelnen Gläubigers.

826 Allerdings ist die Betriebsfortführung kein Selbstzweck. Der Betrieb ist einzustellen, wenn die Fortführung nur zu weiteren Verlusten und damit zu einer Verminderung der Aktiva führt (vgl. § 22 Abs. 1 Nr. 2 InsO). Vor allem im Insolvenzantragsverfahren neigen vorläufige Insolvenzverwalter vereinzelt dazu, den Betrieb ohne betriebswirtschaftliche Prüfung und Steuerungsinstrumente, insbesondere ohne Liquiditätsplanung nebst Soll-Ist-Abgleich fortzuführen. Die irrtümliche Annahme, die Liquiditätsvorteile der Insolvenzgeldvorfinanzierung und bei schwacher vorläufiger Verwaltung der Nichtbezahlung der Umsatzsteuerzahllast würden schon zu einem positiven Cash-flow führen, verleitet leider immer noch zu häufig dazu, dass vorläufige Insolvenzverwalter Unternehmen ohne ausreichende betriebswirtschaftliche Analyse fortführen. Die in jüngerer Vergangenheit ergangenen Entscheidungen zur Haftung des Insolvenzverwalters belegen dieses.

Vgl. z. B. BGH, Urteil v. 06.05.2004 – IX ZR 48/03, NZI 2004,
435, ZIP 2004, 1107;
OLG Celle, Urteil v. 13.07.2004 – 16 U 11/04, NZI 2004, 630;
OLG Schleswig, Urteil v. 31.10.2003 – 1 U 42/03, NZI 2004, 92.

Soweit die Insolvenzverwalter den Anforderungen unter Ziff. 2 der „Ham-   827
burger Leitlinien zum Insolvenzeröffnungsverfahren" nachkommen, und aus
der von ihnen erstellten Liquiditätsplanung die richtigen Schlüsse ziehen,
dürfte eine Haftung des vorläufigen Insolvenzverwalters für Zahlungszusa-
gen jedenfalls nahezu ausgeschlossen sein.

Hamburger Leitlinien zum Insolvenzeröffnungsverfahren, NZI
2004, 133 f.

Dieses setzt jedoch voraus, dass der vorläufige Insolvenzverwalter nicht nur   828
den Mut hat, den Betrieb fortzuführen, sondern – je nach Einzelfall – auch
den Mut hat, den Betrieb stillzulegen, auch wenn sich damit etwaige Chancen, das Unternehmen als Ganzes zu veräußern, verringern.

Spätestens nachdem die Frage der weiteren Betriebsfortführung geklärt ist   829
und damit zunächst im schuldnerischen Unternehmen zumindest ein wenig
„Ruhe" eingekehrt ist, muss der (vorläufige) Insolvenzverwalter mit der Suche nach einer mittel- bis langfristigen Lösung beginnen, er muss eine „Exit-
Strategie" entwickeln. Da in der überwiegenden Anzahl der Unternehmens-
insolvenzverfahren mit Betriebsfortführung im Insolvenzantragsverfahren
eine langfristige Betriebsfortführung nach Verfahrenseröffnung wegen der
zumeist dramatischen wirtschaftlichen Situation nicht in Betracht kommt, ist
die Suche nach Betriebsübernehmern dringend notwendig. Häufig melden
sich nach Insolvenzantragstellung Konkurrenten des schuldnerischen Unternehmens mit der Interessensbekundung, den gesamten oder zumindest
einen Teilbetrieb des schuldnerischen Unternehmens erwerben zu wollen.

Das bloße Warten auf Interessenten ist regelmäßig jedoch nicht ausreichend.   830
Der Insolvenzverwalter muss agieren und nicht reagieren. Er muss selbst einen Vermarktungsprozess für das schuldnerische Unternehmen in die Wege
leiten. Mittel hierfür kann zum einen die Schaltung von Anzeigen in der Ta-
ges- und Fachpresse, die Identifikation von potentiellen Betriebsübernehmern gemeinsam mit der Geschäftführung des insolventen Unternehmens,
aber auch – branchenabhängig – bereits in kleineren und mittleren Fällen die
Einschaltung von Unternehmensberatungsgesellschaften mit Erfahrungen im
M&A-Geschäft sein.

Vgl. auch *Fröhlich/Köchling*, Verkauf eines insolventen Unternehmens – Bestandsaufnahme und Handlungsleitfaden zur Realisierung übertragender Sanierungen, ZInsO 2005, 1121 ff.

Fokussiert auf das Thema Unternehmensverkauf in bzw. aus der Insolvenz,   831
ergibt sich demnach folgendes Aufgabenspektrum des Insolvenzverwalters:

a) Höchste Priorität des Handelns des Insolvenzverwalters hat die bestmögliche Gläubigerbefriedigung.

b) Bezogen auf einen Verkauf des Unternehmens eines insolventen Schuldners sind erfahrungsgemäß höhere Werte realisierbar, wenn sich der Insolvenzverwalter in der Lage sieht, ein lebendes Unternehmen inklusive dem eingerichteten und ausgeübten Geschäftsbetrieb zu veräußern. Um dieses Ziel erreichen zu können, muss der vorläufige Insolvenzverwalter unverzüglich nach seiner Bestellung die Betriebsfortführung in die Wege leiten, soweit diese betriebswirtschaftlich sinnvoll oder wenigstens vertretbar ist. Die Betriebsfortführung ist kein Selbstzweck. Sie kann nur dann durchgeführt werden, wenn Werte durch die Betriebsfortführung erhalten oder geschaffen werden und ein positiver Cash-flow erwirtschaftet wird.

c) Sobald im schuldnerischen Unternehmen „Ruhe" eingekehrt ist, muss der (vorläufige) Insolvenzverwalter die wirtschaftliche Entscheidung der Zukunft des Unternehmens der Schuldnerin vorbereiten und prüfen, ob eine Eigensanierung, eine übertragende Sanierung oder aber nur eine Zerschlagung nach einer etwaigen Ausproduktion in Betracht kommt.

832 Die weiteren Aufgaben des Insolvenzverwalters, die ausnahmslos das Ziel der bestmöglichen Gläubigerbefriedigung mit sich bringen, wie z. B. die Durchsetzung von Anfechtungsansprüchen, die Teil einer vollständigen und bestmöglichen Masseverwertung ist, werden an dieser Stelle nicht näher betrachtet.

2. Interessenlage des Insolvenzverwalters

833 Interessenlage des Insolvenzverwalters ist – in aller Kürze – die best- und schnellstmögliche Abwicklung des Insolvenzverfahrens. Diese ist dann gegeben, wenn er möglichst schnell die Insolvenzmasse bestmöglich verwertet.

834 Bei Unternehmensfortführungen ist dieses dann der Fall, wenn – bei Außerachtlassung des Insolvenzplanverfahrens – das Unternehmen zum höchsten Preis veräußert wird und der Unternehmenserwerber möglichst viele Arbeitnehmer übernimmt. Bezogen auf den Arbeitsplatzerhalt gehen soziale Verantwortung und der Versuch, das Entstehen aufoktroyierter Masseverbindlichkeiten gemäß § 55 Abs. 1 Nr. 2 InsO, die im Ergebnis die zu verteilende Masse schmälern, Hand in Hand. Je mehr Arbeitnehmer der Insolvenzverwalter an den Unternehmenserwerber „abgeben" kann, desto weniger Masseverbindlichkeiten gemäß § 55 Abs. 1 Nr. 2 InsO entstehen im Regelfall.

835 Wenn der Insolvenzverwalter dieses Ziel erreicht, sind auch seine eigenen Interessen bestmöglich gewahrt. Eine hohe Berechnungsgrundlage im Sinne des § 1 InsVV liegt genauso im Interesse des Insolvenzverwalters als eigener Unternehmer wie auch der regelmäßig mit weniger Folgearbeit im Vergleich zu einer Unternehmenszerschlagung verbundene Verkauf des Unternehmens im Ganzen.

836 Der Erfolg von Unternehmensfortführung und Unternehmensveräußerung inklusive Arbeitsplatzerhalt kann sich schließlich positiv auf die zukünftige

Auftragsvergabe durch die Insolvenzgerichte auswirken. Insolvenzrichterinnen und Insolvenzrichter nehmen den Erfolg einer Betriebsfortführung und einer Betriebsveräußerung wohl eher zur Kenntnis, als die durch gegebenenfalls jahrelange Anfechtungs- und Werklohnprozesse vom Insolvenzverwalter erwirtschaftete Insolvenzmasse bzw. Quote für die betroffenen Insolvenzgläubiger. Dieses mag zum einen daran liegen, dass Insolvenzrichter und Insolvenzrichterinnen regelmäßig (nur) für das Insolvenzantragsverfahren inklusive Eröffnungsbeschluss zuständig sind. Zum anderen sind Meldungen über Betriebsfortführungen und Betriebsveräußerungen aus der Insolvenz öffentlichkeitswirksamer als Mitteilungen über die Quotenerwartungen für Insolvenzgläubiger.

Weiteres wesentliches Interesse des Insolvenzverwalters ist die Minimierung **837** persönlicher Risiken, insbesondere in Anbetracht der teils ausufernden, oben bereits erwähnten obergerichtlichen Rechtsprechung zur Haftung des Insolvenzverwalters gemäß der §§ 60, 61 InsO. Aus diesem Grunde wird der Insolvenzverwalter nach wie vor regelmäßig versuchen, die Betriebsveräußerung zeitnah nach der Eröffnung des Insolvenzverfahrens durchzuführen. Eine Betriebsfortführung im eröffneten Insolvenzverfahren ist insbesondere deswegen mit höheren Risiken verbunden, als das schuldnerische Unternehmen nach der Verfahrenseröffnung auf „Vollkostenbasis" fortgeführt werden muss. Positive Liquiditätseffekte, wie die Ausnutzung des Insolvenzgeldes, die gegebenenfalls nicht erfolgte Zahlung der Umsatzsteuerzahllast oder aber auch die teils übliche unentgeltliche Nutzung von Gegenständen eines Miet-, Pacht- oder Leasingvertrages im Insolvenzantragsverfahren entfallen.

Auch unabhängig davon sind Unternehmensfortführungen nach Eröffnung **838** des Insolvenzverfahrens eher nur in wenigen Fällen möglich. Die Betriebsfortführung im Insolvenzantragsverfahren ist häufig wirtschaftlich nur vertretbar, da die besonderen, oben dargestellten Liquiditätseffekte einen positiven Cash-flow bewirken. Das schuldnerische Unternehmen ist nicht ohne Grund in Insolvenz und daher unter Vollkosten kaum fortführungswürdig. Im Übrigen drängen Vertragspartner häufig auf die Abgabe einer Erklärung nach § 103 InsO. Zu einer langfristigen Bindung wird der Insolvenzverwalter kaum bereit sein; aus diesem Grunde ist man auf die Zustimmung der Vertragspartner zu übergangsweisen Lösungen angewiesen. Schlussendlich ist das Phänomen der „Leerproduktion" nicht selten festzustellen. Der bei Insolvenzantragstellung vorhandene Auftragsbestand dezimiert sich wegen und während der Betriebsfortführung im Insolvenzantragsverfahren. Da neue Aufträge insolventen Unternehmen aus Gewährleistungsgründen jedoch zumindest in der Vielzahl der Insolvenzverfahren eher selten erteilt werden, ist der Auftragsbestand im Zeitpunkt der Eröffnung des Insolvenzverfahrens häufig überschaubar. Die Gründung einer „Vertriebsgesellschaft" durch die Insolvenzmasse, die neue Aufträge akquiriert, mag in Einzelfällen eine Lösung sein, ein Patentrezept ist sie jedoch nicht.

839 Unter Berücksichtigung dieser praktischen Erfahrungen, die zumindest für das Gros der kleineren und mittleren Insolvenzverfahren gilt, bei denen eine Betriebsfortführung im Insolvenzantragsverfahren noch in Betracht kommt, scheint die nach wie vor grundsätzlich bestehende Verpflichtung des Insolvenzverwalters, das Unternehmen bis zum Berichtstermin fortzuführen, ein wenig praxisfern. Praxisnähe hat die InsO allerdings durch die seit 1. Juli 2007 geltende Ergänzung des § 158 InsO erfahren, nach dessen Inhalt das Gesetz nun auch ausdrücklich die Option des Unternehmensverkaufes nach Eröffnung und vor dem Berichtstermin vorsieht.

840 Die Verpflichtung zur Betriebsfortführung ergibt sich aus § 22 Abs. 1 Satz 2 Nr. 2 InsO, der die Fortführungsverpflichtung des starken vorläufigen Insolvenzverwalters beinhaltet, die ohne eine weitere Fortführungspflicht des Insolvenzverwalters nach Eröffnung des Insolvenzverfahrens bis zum Berichtstermin sinnlos wäre. Eine Betriebsstilllegung wäre regelmäßig irreversibel, so dass in diesem Fall der Gläubigerversammlung die ihr nach § 157 InsO eingeräumte Wahlmöglichkeit über die Betriebsfortführung oder -stilllegung genommen werden würde.

> *Wellensiek*, a. a. O., S. 210.

841 Die Regelungen der §§ 156 ff. InsO in der seit 1. Juli 2007 geltenden Fassung sind insbesondere im Hinblick auf die Veräußerung des Unternehmens unmittelbar nach Eröffnung des Insolvenzverfahrens der Praxis angepasst worden.

842 Die Betriebsveräußerung erfolgt in der wohl überwiegenden Mehrzahl der Fälle unmittelbar nach Verfahrenseröffnung. Aus diesem Grunde kommt es in der Praxis häufig vor, dass ein Unternehmenskaufvertrag bereits im Eröffnungsverfahren zwischen dem Erwerbsinteressenten und dem vorläufigen Insolvenzverwalter ausgehandelt wird, der dann (unmittelbar) nach Eröffnung des Insolvenzverfahrens mit Zustimmung des vorläufigen Gläubigerausschusses unterzeichnet wird.

> *Menke*, Der Erwerb eines Unternehmens aus der Insolvenz – das Beispiel der übertragenden Sanierung BB 2003, 1133, 1138; HK–InsO- *Decker*, § 158 InsO Rn. 6.

843 Unabhängig von den wirtschaftlichen „Nöten" des Insolvenzverwalters, die diesen häufig dazu zwingen, das Unternehmen unmittelbar nach Eröffnung zu veräußern, wird ein ernsthafter Kaufinteressent in vielen Fällen nicht abwarten können und nicht weitere wertvolle Wochen, innerhalb derer das insolvente Unternehmen nicht mehr am Markt tätig ist und möglicherweise die wichtigsten Arbeitnehmer den Betrieb in Anbetracht der ungewissen Zukunft bereits verlassen haben, verstreichen lassen.

> *Vallender*, Unternehmenskauf in der Insolvenz, GmbHR 2004, 543 ff., 642, 644.

Vor diesem Hintergrund ist der Verkauf unmittelbar nach Eröffnung des In- 844
solvenzverfahrens oftmals die einzige Möglichkeit, die höchsten Werte zu
realisieren und die meisten Arbeitsplätze zu erhalten.

Ergänzend wird auf die obigen Ausführungen den richtigen Zeitpunkt für 845
den Unternehmenserwerb betreffend und die Ergänzung des § 158 InsO
verwiesen, der nun den Gepflogenheiten der Praxis Rechnung trägt.

> *Sternal*, Das Gesetz zur Vereinfachung des Insolvenzverfahrens,
> NJW 2007, 1909, 1913.

Etwaige Kaufinteressenten dürfen und müssen demnach davon ausgehen, 846
dass der (vorläufige) Insolvenzverwalter regelmäßig nur wenig Zeit hat, um
das schuldnerische Unternehmen als lebende Einheit zu veräußern. Er ist daher an einer erfolgreichen und schnellen Abwicklung des (teilweisen) Unternehmensverkaufes interessiert. Sind mehrere Interessenten vorhanden, so
kann sich der Erwerbsinteressent, der die kurzfristigste Übernahme nach
Verfahrenseröffnung anbietet, gegenüber zögerlicheren Erwerbsinteressenten einen nicht unerheblichen Vorteil verschaffen.

Der an einer schnellen und erfolgreichen Lösung interessierte Insolvenzver- 847
walter wird im Übrigen flexibel in Abstimmung mit dem Insolvenzgericht
die Eröffnung des Insolvenzverfahrens auch vor Ablauf des dreimonatigen
Insolvenzgeldzeitraumes empfehlen, die das Insolvenzgericht sodann regelmäßig auch beschließen wird. Wenn es demnach sachliche Gründe gibt, den
Insolvenzgeldzeitraum nicht auszuschöpfen und die Eröffnung des Insolvenzverfahrens „vorzuziehen", werden vorläufiger Insolvenzverwalter und
Insolvenzgericht dem nicht im Wege stehen.

3. Unternehmensverkauf aus der Insolvenz: Grundkonstellationen aus Sicht des Insolvenzverwalters

Der Erwerb eines Unternehmens aus der Insolvenz setzt bereits begrifflich 848
voraus, dass der Unternehmenskaufvertrag und die Übertragung nach Eröffnung des Insolvenzverfahrens erfolgen.

a) Übertragende Sanierung

Die am häufigsten durchgeführte Gestaltung des Unternehmensverkaufes 849
aus der Insolvenz ist die übertragende Sanierung unmittelbar nach Eröffnung
des Insolvenzverfahrens als so genannter asset deal. Sie ist das wesentliche
Instrument der Sanierung von Unternehmen und Unternehmensteilen im
Insolvenzverfahren, ist letztlich allerdings nichts anderes als ein Liquidati-
onsakt in der „Mogelpackung" einer Sanierung.

> *Uhlenbruck*, BB-Special 4/2004, 2, 7.

Die übertragende Sanierung, oder besser gesagt: „sanierende Übertragung", 850
ist die „klassische" und in der Regel richtige Variante für den Unternehmenserwerb aus der Insolvenz, da

- keine Übernahme der Verbindlichkeiten erfolgt,

- keine Haftungsrisiken für Verbindlichkeiten des insolventen Unternehmens bestehen und

- auf der Aktivseite des insolventen Unternehmens ein „cherry-picking" möglich ist.

851 Nicht selten sehen potentielle Unternehmenserwerber nach Durchführung einer umfassenden due diligence davon ab, ein Angebot für einen Unternehmenskauf vor bzw. außerhalb einer Insolvenz abzugeben, da sie im Rahmen der Unternehmensprüfung die tatsächliche Krisensituation des targets/Kaufgegenstandes festgestellt haben und sie – ihrem anwaltlichen Rat oder ihrer Erfahrung folgend – wegen der bestehenden Anfechtungs- und Haftungsrisiken einen insolvenzfesten Unternehmenskauf aus der Insolvenz bevorzugen.

852 Dieses hat nichts mit „Leichenfledderei" oder mit „Schnäppchenjagd" zu tun, sondern ist häufig, wenn der Unternehmensgegenstand und insbesondere die Kunden- und Lieferantenbeziehungen des targets eine Insolvenz „(v)ertragen" können, die kaufmännisch und juristisch sinnvollste Lösung.

853 Größte Schwierigkeit bei der übertragenden Sanierung ist die Gestaltung der Übernahme der gewünschten Mitarbeiter und der Verbleib der nicht gewünschten Mitarbeiter im insolventen Unternehmen (vgl. Rn. 366 ff.).

854 Darüber hinaus stellt sich die Übernahme bzw. Überleitung bestimmter, vom Erwerber gewünschter Dauerschuldverhältnisse als problematisch dar, soweit sie nicht von § 613a BGB, § 571 BGB und §§ 69, 151 Abs. 2 VVG erfasst sind. Die Vertragspartner können nicht dazu „gezwungen" werden, einer Überleitung des sie betreffenden Vertrages auf den Unternehmenserwerber zuzustimmen. Auf eine Freihalteerklärung des Unternehmenserwerbers für den Fall, dass der Insolvenzverwalter die Erfüllung des Dauerschuldverhältnisses wählt bzw. keine Kündigung ausspricht, wird sich der Insolvenzverwalter wegen der damit verbundenen wirtschaftlichen Risiken und auch wegen einer etwaigen möglichen Verfahrensverzögerung nur selten einlassen.

855 Soweit daher bestimmte vertragliche Beziehungen oder öffentlich-rechtliche Genehmigungen für das Unternehmen von derart grundlegender Bedeutung sind, ist die übertragende Sanierung ein weniger taugliches Instrument zur Sanierung. Dieses betrifft insbesondere die Fälle, in denen die Vertragspartner nicht oder nur zu wesentlich schlechteren Konditionen einer Vertragsüberleitung zustimmen oder aber ein gegebenenfalls zeitaufwändiges und kostenintensives behördliches Genehmigungsverfahren für den Unternehmenserwerber ansteht. Jedenfalls in dieser Konstellation bietet sich ein Unternehmenserwerb nach oder bei gleichzeitiger Durchführung eines Insolvenzplanverfahrens an (dazu unten Rn. 759 ff.).

Auf Käuferseite hat die übertragende Sanierung im Übrigen den Vorteil, dass **856** zumindest im Hinblick auf Verbindlichkeiten, Gewährleistungsrisiken und steuerrechtliche Risiken keine umfasende due diligence notwendig ist. Der Schwerpunkt liegt für die Juristen im Arbeitsrecht und gegebenenfalls im Umweltrecht. Tendenziell können daher schnelle Verhandlungsergebnisse erzielt werden. Üblicherweise übernimmt der Insolvenzverwalter keine Garantien und es wird ein umfassender Sach- und Rechtsmängelgewährleistungsausschluss vom Insolvenzverwalter verlangt.

Gleiches gilt, wenn es sich bei den zu veräußernden assets um Gesellschafts- **857** anteile handelt. Hier sind im Wesentlichen zwei Konstellationen vorstellbar.

Zum einen sind Holding-Insolvenzen durch den Niedergang des neuen **858** Marktes, durch zunehmende Insolvenzen von Beteiligungsgesellschaften und durch die Groß/Konzerninsolvenzen der vergangenen Jahre häufiger geworden. In diesen Fällen veräußert der Insolvenzverwalter die nicht insolventen Beteiligungen, da sie die assets der Holding darstellen. Entsprechende Fälle verlangen insbesondere vom vorläufigen Insolvenzverwalter schnelles Agieren, um – soweit wie möglich – weitere Insolvenzen von Konzerntöchtern zu vermeiden und damit die „assets" der Holding zu erhalten. So kann z. B. die kurzfristige Beendigung der umsatzsteuerlichen Organschaft auf Betreiben des vorläufigen Insolvenzverwalters die drohende Insolvenz der Tochtergesellschaft verhindern (vgl. Rn. 652 ff.), allerdings ist der vorläufige Insolvenzverwalter auch darauf angewiesen, dass der anwaltliche Berater des schuldnerischen Unternehmens den Zeitpunkt für den Antrag auf Eröffnung des Insolvenzverfahrens richtig „wählt". Auch beim Verkauf von Tochtergesellschaften wird man im Zweifel keine wie auch immer gearteten Garantien vom Insolvenzverwalter erhalten. Vielmehr werden auch hier umfassende Haftungsausschlüsse vom Insolvenzverwalter gefordert werden.

Zum anderen kommt eine Veräußerung von Gesellschaftsanteilen in Be- **859** tracht, wenn der Insolvenzverwalter nach Eröffnung des Insolvenzverfahrens das Unternehmen des Schuldners in eine Auffanggesellschaft übertragen hat, deren Geschäftsanteile von der Insolvenzschuldnerin gehalten werden. Im Idealfall ist diese Übertragung bereits mit den notwendigen arbeitsrechtlichen Gestaltungs- und sonstigen leistungswirtschaftlichen Sanierungsmaßnahmen verbunden gewesen.

Aus Sicht des Insolvenzverwalters gibt es jedoch keinen Grund, eine Veräu- **860** ßerung der Geschäftsanteile an der Auffanggesellschaft anders zu bewerten als die Veräußerung des Unternehmens im Rahmen einer übertragenden Sanierung, so dass er nicht bereit ist bzw. sein wird, Garantien zu geben. Auch hier wird er einen umfassenden Haftungsausschluss für Sach- und Rechtsmängel fordern.

Auf Käuferseite indes verlangt der Erwerb einer Tochtergesellschaft – unab- **861** hängig davon, ob diese im Rahmen einer Holding-Insolvenz oder aber als Erwerb einer vom Insolvenzverwalter gegründeten Auffanggesellschaft erfolgt – in der Regel eine umfassendere due diligence als eine übertragende Sanierung.

862 Insbesondere bei Holding-Insolvenzen können nicht unbeträchtliche steuerrechtliche Risiken sowie Risiken aus etwaigen Mithaftungserklärungen und Schuldbeitritten bestehen. Im Übrigen müssen die vorhandenen Forderungen und Verbindlichkeiten gegenüber verbundenen Unternehmen „genettet" werden.

b) Unternehmenserwerb auf Grundlage eines Insolvenzplans

863 Die Veräußerung des schuldnerischen Unternehmens auf der Grundlage eines Insolvenzplans ist in zwei Konstellationen vorstellbar.

aa) Übertragende Sanierung auf Grundlage eines Insolvenzplans

864 Eine übertragende Sanierung kann auch auf Grundlage eines Insolvenzplans erfolgen.

865 Sie bietet sich an, wenn in Absonderungsrechte eingegriffen werden muss, eine Zustimmung der Absonderungsberechtigten aber entweder teilweise nicht zu erlangen ist oder aus sonstigen Gründen nicht sicher ist.

Vallender, GmbHR 2004, 642, 646.

866 Dieses wohl eher selten praktizierte Verfahren soll darüber hinaus den weiteren Vorteil einer differenzierteren, dem Einzelfall angemessenen Gestaltung haben. So soll z. B. eine Stundung des Kaufpreises möglich sein, um diesen von künftigen Entwicklungen, etwa dem Erreichen bestimmter Bilanzkennzahlen abhängig zu machen.

Vallender, a. a. O., m.w.N.

867 Soweit sich eine Mehrheit der Gläubiger auf ein entsprechendes Prozedere einlässt, wird sich der Insolvenzverwalter, und sei es unter dem Druck der Gläubigermehrheit, auch im Rahmen einer übertragenden Sanierung auf entsprechende vertragliche Regelungen einlassen. Ob daher die übertragende Sanierung im Gewand des Insolvenzplanes eine erhebliche Praxisrelevanz erhält, bleibt abzuwarten.

868 Sie bietet sich allerdings immer dann an, wenn der insolvente Unternehmensinhaber eine natürliche Person ist, dem durch den Insolvenzplan die (vorzeitige) Restschuldbefreiung ermöglicht wird oder § 227 Abs. 2 InsO für persönlich haftende Gesellschafter Anwendung findet.

869 Vorstellbar ist eine übertragende Sanierung bei gleichzeitiger Durchführung eines Insolvenzplanes schließlich dann, wenn der Insolvenzverwalter die gesunden Unternehmensteile der Schuldnerin oder aber gegebenenfalls nicht insolvente, operativ tätige Tochtergesellschaften in einer Auffanggesellschaft in Absprache und mit Unterstützung der Großgläubiger bündelt und der In-

solvenzplan ein Angebot enthält, sämtliche oder einzelne Gläubigergruppen durch Geschäftsanteile an der Auffanggesellschaft abzufinden.

Vallender, a. a. O.

Entsprechende Gestaltungen können besonders im Hinblick auf die wach- **870** sende Präsenz anglo-amerikanischer Investmentbanken im deutschen Markt Bedeutung erlangen. Da diese jedoch nur bei erheblichen Volumina aktiv werden, dürfte es sich insoweit auch um Einzelfälle handeln. Unter Berücksichtigung des Umstandes, dass anglo-amerikanische Investmentbanken und Fonds den deutschen Distressed-debt-Markt bereits vor einiger Zeit entdeckt haben und diese eher bereit sind, sich bei einer vorhandenen Exit-Perspektive auch unternehmerisch zu engagieren, sind debt-to-equity-swaps im Gewand eines Insolvenzplanes durchaus vorstellbar. Entsprechende Gestaltungsversuche werden im Regelfall jedoch wohl zunächst als freie, außergerichtliche Sanierungen unternommen.

In der Praxis hat jedenfalls die Sanierung der Deutsche Nickel AG, deren **871** Holding in Insolvenz geriet, für Aufsehen gesorgt. Der Sitz der Holding wurde nach deren Umwandlung in eine Kommanditgesellschaft durch Anwachsung nach England „verlegt". Dort wurde sodann ein Planverfahren nach englischem Recht (LVA) durchgeführt.

bb) Eigensanierung und Insolvenzplan

Weiterhin vorstellbare Konstellation für einen Unternehmens(ver)kauf aus **872** der Insolvenz ist der share deal, gepaart mit einem Insolvenzplanverfahren mit dem Ziel der leistungs- und finanzwirtschaftlichen Eigensanierung des schuldnerischen Unternehmens. Auf die Besonderheiten des Insolvenzplanverfahrens als Mittel der Eigensanierung soll auch an dieser Stelle nicht im Detail eingegangen werden.

Eine Eigensanierung im Insolvenzplanverfahren kann insbesondere dann **873** sinnvoll sein, wenn der Schuldner über wirtschaftlich bedeutende und nicht ohne Weiteres im Rahmen einer übertragenden Sanierung übertragbare Rechte verfügt. Hierbei kann es sich sowohl um Verträge, als auch um öffentlich-rechtliche Genehmigungen handeln, die einen Erhalt des Unternehmens samt Unternehmensträger attraktiv machen. Denkbar ist dieses z. B. bei Unternehmen mit einer zumindest teilweise interessanten angemieteten Filialstruktur, bei dem das Filialnetz ohne Neuabschluss von Mietverträgen aber unter Ausnutzung der insolvenzrechtlichen Sonderkündigungsrechte restrukturiert werden soll (so z. B. durchgeführt bei einer größeren Drogeriemarktkette).

Nachfolgend sollen die wesentlichen Einzelprobleme in entsprechend gela- **874** gerten Fällen, bei denen nicht nur die Eigensanierung sondern auch der Unternehmensverkauf das Ziel ist, kurz dargestellt werden.

875   Der Insolvenzverwalter selbst kann die Geschäftsanteile an dem von ihm verwalteten insolventen Unternehmen regelmäßig nicht veräußern, da diese Anteile nicht Gesellschafts-, sondern Gesellschaftervermögen sind. Die Gesellschafter können nicht rechtlich, sondern nur faktisch dazu bewegt werden, ihre Anteile an einem Erwerbsinteressenten zu veräußern. Dieses kann z. B. über die Aufnahme von Bedingungen im Insolvenzplan gemäß § 249 InsO erfolgen.

876   Entsprechendes gilt bei den möglicherweise notwendigen weiteren gesellschaftsrechtlichen Veränderungen, z. B. in Form einer Kapitalherabsetzung oder -erhöhung, eines etwaigen Rechtsformwechsels oder aber einer Neubesetzung der Geschäftsführerpositionen.

877   Der Umstand, dass der Insolvenzverwalter nicht in der Lage ist, die Gesellschaftsanteile zu veräußern, erfordert eine rechtzeitige Abstimmung zwischen Insolvenzverwalter und Erwerber auf der einen Seite und den („Alt")Gesellschaftern auf der anderen Seite. Eine etwaige Verpfändung der Gesellschaftsanteile zugunsten der finanzierenden Kreditinstitute oder aber eine möglicherweise vor oder während der Insolvenz erfolgte Übertragung der Gesellschaftsanteile an einen Sicherungs- und Verwaltungstreuhänder, einen so genannten „Doppeltreuhänder" kann die Situation erleichtern.

878   Soweit dieses der Fall ist und die Großgläubiger Zugriff auf die Gesellschaftsanteile der („Alt")Gesellschafter haben, gelten die obigen Ausführungen für einen debt-to-equity-swap entsprechend, insbesondere dann, wenn Investmentbank oder Fonds bereits Forderungen der finanzierenden Banken erworben haben. Bei der Vorlage eines Insolvenzplanes ist im Rahmen dieser Gestaltung allerdings die Entscheidung des BGH vom 3. März 2005

BGH, Beschluss v. 03.03.2005 – IX ZB 153/04, ZIP 2005, 719 ff.

im Hinblick auf die unlautere Herbeiführung der Annahme eines Insolvenzplans beim Kauf von Forderungen anderer Insolvenzgläubiger zu einem die Quote übersteigenden Preis zu beachten.

879   Hinsichtlich der Nutzungsmöglichkeiten etwaig bestehender Verlustvorträge wird an dieser Stelle auf die obigen Ausführungen zum Steuerrecht verwiesen (Rn. 549 ff.).

4. Leitlinien für Verhandlungen mit dem Insolvenzverwalter bei Kaufinteresse

a) Timing

880   Von besonderer Bedeutung ist das richtige Timing.

881   Wie bereits ausgeführt wird die Veräußerung unmittelbar nach der Eröffnung des Insolvenzverfahrens am häufigsten praktiziert. Entweder wird nach Eröffnung des Insolvenzverfahrens ein zwischen den Vertragsparteien be-

reits während des Insolvenzantragsverfahrens in weiten Punkten verhandelter Vertrag geschlossen. Oder es wird das so genannte „Reißverschlussverfahren" praktiziert, bei dem sich der (noch vorläufige) Insolvenzverwalter vor Eröffnung des Insolvenzverfahrens ein bindendes Angebot übergeben lässt, das nach Eröffnung des Insolvenzverfahrens und nach Zustimmung des vorläufigen Gläubigerausschusses angenommen wird.

Im Regelfall wird eine solche Veräußerung auch nach heutiger Gesetzeslage **882** als „Notveräußerung" zulässig sein, da die Mehrheit der insolventen Unternehmen wegen der dramatischen Verlustsituation vom Insolvenzverwalter nicht nach Verfahrenseröffnung bei Vollkosten über einen Zeitraum von mehreren Wochen fortgeführt werden kann und bei einer Veräußerung nach dem Berichtstermin ein erheblicher Vermögensverzehr droht.

Der Insolvenzverwalter hat demnach das Interesse, das Unternehmen alsbald **883** nach Verfahrenseröffnung zu veräußern.

In den Fällen, in denen sich die Erwerbsinteressenten noch nicht bis zum **884** Ende des dreimonatigen Insolvenzgeldzeitraumes entscheiden können, ein bindendes Angebot abzugeben oder aber unverzüglich nach Eröffnung des Insolvenzverfahrens einen Kaufvertrag zu schließen, ein ernsthaftes Erwerbsinteresse allerdings nach wie vor besteht und die Prüfung des insolventen Unternehmens durch den Erwerbsinteressenten oder aber die Finanzierung des Unternehmenserwerbs auf Käuferseite noch nicht abgeschlossen ist, kann es aus Sicht des vorläufigen Insolvenzverwalters sinnvoll sein, eine revolvierende Insolvenzgeldvorfinanzierung vorzunehmen. Dieses setzt voraus, dass das Insolvenzgericht mit diesem Prozedere einverstanden ist.

Die Ausschöpfung des dreimonatigen Insolvenzgeldzeitraumes ist ein aner- **885** kanntes Mittel zum Erhalt von Sanierungschancen.

> Hamburger Leitlinien zum Insolvenzeröffnungsverfahren, VI.,
> NZI 2004, 133 f.

Die revolvierende Insolvenzgeldvorfinanzierung wird jedoch nur verhältnis- **886** mäßig selten praktiziert.

Bei der revolvierenden Insolvenzgeldvorfinanzierung „füllt" das schuldneri- **887** sche Unternehmen mit Zustimmung des vorläufigen Insolvenzverwalters (bei schwacher vorläufiger Verwaltung) oder aber der vorläufige Insolvenzverwalter selber (bei starker vorläufiger Insolvenzverwaltung) das debitorisch geführte Insolvenzgeldvorfinanzierungskonto in Höhe des Insolvenzgeldvolumens des ersten Monats vom laufenden Verfahrensanderkonto auf. Hierbei wird er ggf. die Kaufinteressenten beteiligen, in dem er von ihnen einen „verlorenen Zuschuss" für die revolvierende Insolvenzgeldvorfinanzierung als Beleg für das ernsthafte Interesse des oder der Interessenten einfordert. Er verschafft sich somit „Luft", einen vierten Insolvenzgeldmonat, der wirtschaftlich betrachtet der dritte Insolvenzgeldmonat ist, zu nutzen und kann dabei das schuldnerische Unternehmen im Insolvenzantragsverfahren unter Ausnutzung der übrigen Vorteile des Insolvenzantragsverfahrens fortführen.

888 Dieses Prozedere ist mit der zuständigen Agentur für Arbeit abzustimmen, zumal umstritten ist, in welchem Umfang die Löhne und Gehälter des „ersten" Insolvenzgeldmonats zu zahlen sind. Im Zweifel rechtmäßig ist die vollständige Bezahlung inklusive der Abführung der Lohnsteuer und der Sozialabgaben, da andernfalls ein nicht unerhebliches Haftungsrisiko für den vorläufigen Insolvenzverwalter bestehen kann.

889 Den Weg der revolvierenden Insolvenzgeldvorfinanzierung wird der vorläufige Insolvenzverwalter jedoch nur in Ausnahmefällen und dann auch nicht unbegrenzt gehen, um Sanierungs- und Veräußerungschancen zu erhalten.

890 Demnach sollten Erwerbsinteressenten möglichst früh Kontakt mit dem vorläufigen Insolvenzverwalter aufnehmen, damit die Kaufvertragsverhandlungen frühzeitig und ergebnisorientiert aufgenommen werden können.

b) Kaufpreisfindung

891 Entgegen den Gepflogenheiten der Kaufpreisfindung für Unternehmen bei deren Veräußerung außerhalb der Insolvenz, orientiert sich der Kaufpreis im Insolvenzverfahren in der Regel an der Gesamtsumme der Werte der zu veräußernden einzelnen Vermögensgegenstände.

892 Der vorläufige Insolvenzverwalter lässt regelmäßig nach seiner Bestellung ein Taxat über die vorhandenen Wirtschaftgüter erstellen. Das Taxat enthält üblicherweise zwei Werte, den Liquidationswert, der in der Regel bei einer Zerschlagung und Einzelversteigerung der Vermögensgegenstände erzielt wird, und den Fortführungswert (vgl. § 19 Abs. 2 Satz 2 InsO). Für immaterielle Vermögenswerte, insbesondere gewerbliche Schutzrechte erfolgt ggf. eine gesonderte Bewertung.

893 Erwerbsinteressenten erhalten erfahrungsgemäß im Rahmen der Vertragsverhandlungen eine Aufstellung sämtlicher veräußerbarer Vermögensgegenstände inklusive des Fortführungswertes. Auskünfte über Liquidationswerte wird der (vorläufige) Insolvenzverwalter regelmäßig nicht geben.

894 Die Liquidationswerte stellen die „untere Schmerzgrenze" des Insolvenzverwalters in den Kaufpreisverhandlungen dar. Allerdings ist ein Unterschreiten in einem Maße vorstellbar, in dem die Insolvenzmasse durch die Unternehmensveräußerung von ansonsten aufoktroyierten Masseverbindlichkeiten im Sinne des § 55 Abs. 2 Nr. 2 InsO entlastet wird.

895 Grenzen findet diese Kalkulation bei den Gegenständen, die mit Rechten Dritter belastet sind. Zwar wird die Insolvenzmasse regelmäßig gemäß §§ 166, 170 f InsO oder aber aufgrund höherer ausgehandelter Massekostenbeiträge an den Verwertungserlösen beteiligt. Eine vollständige Anrechnung der Masseverbindlichkeiten, um die die Insolvenzmasse bei einer Unterneh-

mensveräußerung im Ganzen entlastet wird, ist im Hinblick auf diese Gegenstände jedoch ausgeschlossen.

Ohnehin wird der Insolvenzverwalter wegen der Entlastung der Insolvenz- 896
masse nur zu anteiligen Zugeständnissen bereit sein.

Soll hingegen der Unternehmensverkauf bei gleichzeitiger Durchführung ar- 897
beitsrechtlicher Maßnahmen stattfinden, in deren Durchführung der Insolvenzverwalter regelmäßig eingebunden ist, so wird er hierfür eine entsprechende Kaufpreiserhöhung verlangen.

Kaufgegenstand werden häufig auch nicht bilanzierte Vermögensgegenstän- 898
de, wie das Know-how, der eingerichtete und ausgeübte Geschäftsbetrieb,
selbst geschaffene gewerbliche Schutzrechte, insbesondere Patente oder aber
der Kundenstamm sowie gegebenenfalls die Firma sein. Diese Kaufgegen-
stände sind häufig nicht mit Rechten Dritter belastet, so dass der darauf entfallende Kaufpreisanteil vollständig als freie Insolvenzmasse zur Verfügung
steht.

c) Vertragsverhandlung und -gestaltung

In den Vertragsverhandlungen mit Insolvenzverwaltern werden regelmäßig 899
die essentialia des Kaufvertrages erörtert, d. h. Kaufgegenstand, ggf. Auftragsbestand, Kaufpreis, ggf. Zahlungsmodalitäten und die Frage des Betriebsüberganges bzw. der diesbezüglichen arbeitsrechtlichen Gestaltung.

Soweit diesbezüglich ein Konsens zustande gekommen ist, wird der Insol- 900
venzverwalter – zumindest bei übertragenden Sanierungen mittelständischer
Unternehmen – den Vertragsentwurf erstellen, der im Detail kaum noch
verhandelbar ist.

Derart stellt sich zumindest die Situation in Insolvenzverfahren mittelständi- 901
scher Unternehmen mit bis zu vierstelligen Belegschaften dar. Dass sich bei
Groß- oder Konzerninsolvenzen die Situation anders darstellen kann, versteht sich von selbst.

Üblicherweise sind Unternehmenskaufverträge mit Insolvenzverwaltern im 902
Hinblick auf eine übertragende Sanierung (asset deal) nach dem folgenden
schlichten, aber vollkommen ausreichenden Schema aufgebaut:

- Kaufgegenstand inkl. Auftragsbestand

- Kaufpreis inkl. etwaiger Regelung zur Umsatzsteuer

- Kaufpreiszahlung inkl. Verzugsregelung und Verzicht auf Aufrechnung,
  Minderungs- oder Zurückbehaltungsrechte

- Gewährleistungsausschluss

- Eigentumsübergang/Eigentumsvorbehalt/Abtretung von Rechten

- Weitere Mitwirkungspflichten des Insolvenzverwalters, insbesondere bei
  der Übertragung von IP

- Betriebsübergang/arbeitsrechtliche Gestaltung

- Übergabestichtag/Abgrenzung von Rechtsverhältnissen/Übernahme sonstiger Dauerschuldverhältnisse und vom Insolvenzverwalter ausgelöster Bestellungen

- Rücktritts-/Rückabwicklungsregelungen bei Zahlungsverzug

- Haftungsbeschränkung, Verjährung

- Mitwirkungspflichten des Käufers bei der Abwicklung des Insolvenzverfahrens, insbesondere Zurverfügungstellung von Personal zu Selbstkosten, unentgeltliche Akteneinlagerung mit Zutrittsrecht

- Kosten des Vertrages

- Schlussbestimmungen, insbesondere anwendbares Recht und Gerichtsstand

903 Die vorstehende Auflistung hat keinen Anspruch auf Vollständigkeit; insbesondere müssen bei Massezugehörigkeit etwaiger Betriebsimmobilien ein oder mehrere Mietverträge verhandelt werden. Soweit Betriebsimmobilien mitveräußert werden, muss der gesamte Unternehmenskaufvertrag notariell beurkundet werden.

Vallender, GmbHR 2004, 642, 648.

904 Gleiches kann – je nach Rechtsform – gelten, wenn parallel nicht insolvente Konzerngesellschaften vom Insolvenzverwalter veräußert werden.

905 Ergänzend sei angemerkt, dass die von Insolvenzverwaltern genutzten Vertragsmuster weitreichende Einredeverzichte des Käufers enthalten. Dieses ist insoweit legitim, als der Insolvenzverwalter als Verkäufer das Unternehmen und den Kaufgegenstand meist nur kurze Zeit und in gleichem Maße wie der Erwerber kennt, so dass er nicht nur keine Sach- und Rechtsmängelhaftung übernehmen kann, sondern weitreichende Sicherheit erzielen muss, dass der Kaufpreis vereinbarungsgemäß gezahlt wird.

906 Von diesen Klauseln wird ein Insolvenzverwalter daher nicht Abstand nehmen, so dass in der Vertragsgestaltung mit Insolvenzverwaltern regelmäßig kein Spielraum für juristische Spitzfindigkeiten auf Käuferveranlassung hin besteht.

907 Es empfiehlt sich für den Unternehmenserwerber trotzdem, einen erfahrenen Berater hinzuzuziehen, der zum einen den Unternehmenskauf auf Seiten und zugunsten seines Mandanten verhandeln kann und zum anderen die oftmals für nicht mit der Materie vertraute Personen extremen Positionen des Insolvenzverwalters nachvollziehen und dem Mandanten vermitteln kann, damit keine unnötigen Zeit- und Reibungsverluste auftreten.

IV. Grundlagen der Unternehmensbewertung

1. Theoretische Grundlagen

a) Allgemeines

Im Rahmen von Unternehmenskäufen in der Krise werden häufig – ins- **908** besondere bei übertragenden Sanierungen aus der Insolvenz – nur die erworbenen Vermögensgegenstände als „assets" einfach summarisch mit dem jeweiligen Fortführungswert bewertet. Ausgangspunkt ist insoweit regelmäßig das Vermögensverzeichnis gemäß § 153 InsO in Verbindung mit dem Verzeichnis der Massegegenstände gemäß § 151 InsO, wonach der Insolvenzverwalter für jeden Vermögensgegenstand jeweils den Zerschlagungs- und Fortführungswert anzugeben hat.

Bei größeren Unternehmenskäufen oder beim Erwerb von Tochtergesell- **909** schaften werden dagegen regelmäßig betriebswirtschaftlich anerkannte Unternehmensbewertungsverfahren angewendet. Den Wert eines Unternehmens zu bestimmen heißt, dieses Unternehmen mit Investitionsalternativen zu vergleichen, die einem Investor offen stehen. Unter dieser Zielstellung bestimmt sich der Wert eines Unternehmens ausschließlich anhand finanzieller Ziele durch den Barwert der mit dem Eigentum an dem Unternehmen einhergehenden Nettozuflüssen an die Unternehmenseigner. Durch die Anwendung des Barwertkalküls wird mit der Diskontierung dieser Nettozuflüsse zum Alternativzinssatz implizit ein Vergleich mit der diesen Zins reflektierenden Geldanlagemöglichkeit vorgenommen.

Die Bewertung von Unternehmen ist eng mit der Finanzierungstheorie ver- **910** bunden, die sich ständig weiterentwickelt. Um diese Erkenntnisse in die Praxis umzusetzen, veröffentlicht das Institut der Wirtschaftsprüfer (IDW) in regelmäßigen Zeitabständen so genannte IDW-Standards zur Unternehmensbewertung, die die in der Theorie, Praxis und Rechtsprechung entwickelten Standpunkte als Grundsätze darstellen, nach denen Wirtschaftsprüfer Unternehmen bewerten. Am 18. Oktober 2005 wurde ein neuer Standard zu den Grundsätzen zur Durchführung von Unternehmensbewertungen (IDW S 1) verabschiedet. Die Unternehmenssteuerreform 2008 veranlasste den Fachausschuss für Unternehmensbewertung und Betriebswirtschaft des IDW am 5. September 2007 einen neuen Entwurf des IDW-Standards S 1 zu verabschieden.

> Entwurf einer Neufassung des IDW Standards: Grundsätze
> zur Durchführung von Unternehmensbewertungen (IDW ES 1
> i. d. F. 2007);
> IDW Standard: Grundsätze zur Durchführung
> von Unternehmensbewertungen (IDW S 1), FN-IDW 2005,
> 690;
> WP Handbuch 2008, Band II, Abschnitt A, Rn. 2 ff.

911 Der IDW S 1 unterscheidet zwischen dem subjektiven Entscheidungswert und einem objektivierten Unternehmenswert. Der subjektive Entscheidungswert dient der individuellen Wertfindung eines (potentiellen) Eigentümers, wobei dessen persönliches Entscheidungsfeld, also seine Möglichkeiten, Verhältnisse und Planungen zugrunde zu legen sind. Bei dem objektivierten Unternehmenswert handelt es sich hingegen um einen von einem neutralen Gutachter ermittelten typisierten Zukunftserfolgswert, der mit nachvollziehbarer Methodik ohne die individuellen Wertvorstellungen der betroffenen Parteien zustande kommt. Dieser Wert findet vor allem im Schiedsstellenverfahren und insbesondere für im Aktien- oder Umwandlungsgesetz geregelte Bewertungsanlässe seine Anwendung. In der Praxis lassen auch Verkäufer/Insolvenzverwalter vorab einen objektivieren Unternehmenswert ermitteln, um bspw. im Rahmen eines Bieterverfahrens einen strukturierten Verkaufsprozess einzuleiten und die Angemessenheit der ersten indikativen Gebote zu plausibilisieren.

912 Hinsichtlich der Bewertung ist das zu bewertende Unternehmen in das für den Betrieb notwendige und in das nicht betriebsnotwendige Vermögen zu trennen. Die Abgrenzung erfolgt funktional, denn alle Vermögensteile, die frei veräußert werden können, ohne dass davon das eigentliche Ziel des Unternehmens berührt wird, gehören zum nicht betriebsnotwendigen Vermögen.

913 Für die Fortführung des Unternehmens auf Basis des betriebsnotwendigen Vermögens wird der eigentliche Unternehmenswert bestimmt. Diesem ist der gesondert bestimmte Wert des nicht betriebnotwendigen Vermögens zuzurechnen. Sofern der Liquidationswert des nicht betriebsnotwendigen Vermögens unter Beachtung der Besteuerungswirkungen einen eventuellen Fortführungswert übersteigt, stellt die Liquidation die vorteilhafte Alternative und damit die Grundlage zur Bewertung dar.

> Vgl. IDW Standard: Grundsätze zur Durchführung von Unternehmensbewertungen (IDW S 1), FN-IDW 2005, 690, 700, Rz. 67 ff.

914 Der eigentliche Unternehmenswert stellt einen Gesamtwert dar. Er bestimmt sich nicht aus der Summe der Werte der Vermögensgegenstände („assets") abzüglich der Schulden, sondern ergibt sich regelmäßig als Barwert künftiger finanzieller Überschüsse (Zukunftserfolgswert), wobei von der Fortführung des Unternehmens unter gleichzeitiger Annahme der zeitnahen Veräußerung nicht betriebsnotwendigen Vermögens ausgegangen wird. Im Rahmen der betriebswirtschaftlich anerkannten Unternehmenswertermittlung kommt dem Substanzwert keine eigenständige Bedeutung zu.

915 Durch die Unternehmensbewertung auf Basis standardisierter Verfahren ist die Vergleichbarkeit verschiedener Investitionsmöglichkeiten gegeben, wobei im Falle des hier relevanten subjektiven Entscheidungswerts durch den

Einfluss subjektiver Elemente eine beträchtliche Wertbeeinflussung möglich ist.

Insofern sind auch das so genannte Ertragswertverfahren und die Discounted-Cash-flow-Verfahren (DCF-Verfahren) strikt voneinander zu trennen, da letztere von einer Kapitalmarktbewertung und damit nicht unbedingt vom individuellen Entscheidungsfeld eines Subjekts ausgehen, wie dies im Ertragswertverfahren der Fall ist.

b) Prognose der künftigen finanziellen Überschüsse

Da der Unternehmenswert als Barwertsumme künftiger finanzieller Über- 916
schüsse bestimmt wird, sind die jährlich zufließenden Nettoeinnahmen der Unternehmenseigner zu ermitteln. Diese ergeben sich aufgrund von geplanten Ausschüttungen bzw. Entnahmen abzüglich eventueller Einlagen nach Abzug persönlicher Einkommensteuern. Dabei ist zu beachten, dass aufgrund einer nicht rechtsform- und finanzierungsneutral wirkenden Besteuerung Thesaurierungen im Unternehmen sinnvoll sein können und damit die Ausschüttungen erst in Zukunft stattfinden. Es ist also in diesem Zusammenhang zu prüfen, ob ein jährlicher Entzug der finanziellen Überschüsse angezeigt ist, oder ob nicht besser aus steuerlichen Gründen eine Thesaurierung innerhalb des Unternehmens stattfinden sollte. Dieses Problem dürfte nur bei der Bewertung von Anteilen mit maßgeblichem Einfluss auf die Ausschüttungspolitik relevant sein, ansonsten ist von den wahrscheinlichen künftigen Ausschüttungen auszugehen.

> vgl. IDW Standard: Grundsätze zur Durchführung von Unternehmensbewertungen (IDW S 1), FN-IDW 2005, 690, 697, Rz. 45 ff.

Die Ermittlung finanzieller Überschüsse erfordert eine Prognose für die Zu- 917
kunft und kann daher nur mittels Schätzung der künftigen Zahlungsströme erfolgen. Dennoch sind alle für die Prognose verfügbaren unternehmens- und marktorientierten zukunftsbezogenen Informationen erforderlich. Vergangenheitsbezogene Daten sind nur als Schätzgrundlage für die Zukunftsdaten von Bedeutung. Zuerst ist im Rahmen der Vergangenheitsanalyse auf die in der vorangegangenen Zeit stattgefundene Entwicklung abzustellen und in diesem Rahmen sind Erfolgsursachen zu ermitteln. Weiterhin sind für eine Prognose künftiger Zahlungsüberschüsse, die nur aus dem betriebsnotwendigen Vermögen stattfinden sollen, die Vergangenheitsdaten dementsprechend zu bereinigen, d. h. Aufwendungen/Erträge des nicht betriebsnotwendigen Vermögens sind für die Vergangenheitsrechnungen, von denen ausgegangen werden soll, zu eliminieren.

Aufbauend auf der Vergangenheitsanalyse sind künftige finanzielle Über- 918
schüsse unter Berücksichtigung von Markt-, Branchen- und Umweltentwicklungen zu prognostizieren. Dazu ist das zum Bewertungsstichtag zugrundeliegende Unternehmenskonzept samt eingeleiteter oder hinreichend konkre-

tisierter Maßnahmen auf Veränderungen der Ertragskraft zu würdigen. Auch unechte, d. h. durch Zusammenschluss mit fast jedem anderen Unternehmen erzielbare Synergieeffekte (Verschlankung der Verwaltung etc.) sind stets zu berücksichtigen. Im Rahmen der Ermittlung subjektiver Unternehmenswerte sind darüber hinaus auch geplante oder bereits erkannte und als sinnvoll beurteilte realisierbare Veränderungen und echte Synergieeffekte, d. h. durch Zusammenschluss mit einem dem Erwerber gehörenden Unternehmen zusätzliche Synergien mit ihren Auswirkungen abzubilden.

919 Für die Ermittlung subjektiver Unternehmenswerte ist weiterhin von der Risikoeinstellung des Erwerbers auszugehen, die sich u. U. unternehmenswertverändernd in einer geänderten zukünftigen Kapitalstruktur (Verschuldungsgrad) ausdrückt.

920 Der Standard IDW S 1 sieht eine zeitliche Aufteilung der Bewertung in verschiedene Phasen vor, deren Vorhersagbarkeit anfänglich höher ist und mit fortschreitendem Zukunftsbezug abnimmt. In die meisten Fällen erfolgt die Bewertung in einem Zwei-Phasen-Modell, bei dem in der ersten Phase eine Detailplanung erfolgt und sich daran eine Phase anschließt in der gleich bleibende Bedingungen oder ein gleichbleibendes Wachstum angenommen werden.

921 In der ersten, näheren Detailplanungsphase, die einen Zeitraum von ca. drei bis fünf Jahren erfasst, werden Planungsrechnungen ausgehend von der Einnahmen- oder Ertragsüberschussrechnung aufgestellt. Bei einer Ertragsüberschussrechnung ist zudem noch auf die jährlichen ausschüttbaren Einnahmenüberschüsse überzuleiten. Da diese Rechenwerke sich jeweils gegenseitig beeinflussen, denn z. B. dient der Ertragsüberschuss als Grundlage der Bemessung der Steuerzahlungen, sind für eine Zukunftssimulation integrierte Planungsrechnungen aufzustellen (Zahlungsplanung mittels Planinvestitions- und -finanzierungsrechnungen sowie Planbilanzen und Plangewinn- und Verlustrechungen sowie steuerliche Gewinnermittlungen).

922 Die fernere zweite Phase baut auf den Ergebnissen der Detailplanung der ersten Phase auf. Für diese zweite Phase, die regelmäßig als bis in alle Zukunft andauernd geplant wird, ist eine Entscheidung zu treffen, ob sich das Unternehmen in einem Beharrungs- oder in einem Wachstumszustand befinden soll und ob damit die finanziellen Überschüsse im Rahmen einer konstanten oder einer wachsenden ewigen Rente anzunehmen sind. Aufgrund der Totalperiodengleichheit von Zahlungs- und Ertragsüberschüssen können in dieser Phase die jährlichen Gewinne als Surrogat für die Zahlungen verwendet werden. Wegen des starken Gewichts der Zahlungsströme der zweiten Phase auf den Unternehmenswert kommt den hier getroffenen Annahmen eine besondere Bedeutung zu.

Vgl. IDW Standard: Grundsätze zur Durchführung von Unternehmensbewertungen (IDW S 1), FN-IDW 2005, 690, 701, Rz. 83 ff.

Wie oben dargestellt, kann eine Thesaurierung im Unternehmen dann sinn-   923
voll sein, wenn die Steuerbelastung auf eine Wiederanlage im Unternehmen
geringer als im Privatvermögen des Erwerbers ist. Für die zweite Phase sieht
der Standard eine Ausschüttung vor, die der Alternativanlage äquivalent ist.

> Vgl. IDW Standard: Grundsätze zur Durchführung von Unter-
> nehmensbewertungen (IDW S 1), FN-IDW 2005, 690, 697,
> Rz. 45 ff.

Der Standard IDW S 1 empfiehlt aufgrund der Fülle von Einflussfaktoren   924
mehrwertige Planungen zu erstellen, um das Ausmaß künftiger Unsicherhei-
ten der Zahlungsüberschüsse dazulegen und dem Erwerber bzw. Veräußerer
mögliche Szenarien zu verdeutlichen.

> Vgl. IDW Standard: Grundsätze zur Durchführung von Unter-
> nehmensbewertungen (IDW S 1), FN-IDW 2005, 690, 702,
> Rz. 88.

c) Kapitalisierung der künftigen Überschüsse

Der Unternehmenswert im Sinne des Zukunftserfolgswerts wird durch Dis-   925
kontierung der künftigen finanziellen Zahlungsüberschüsse auf den Bewertungsstichtag ermittelt, wobei die Barwerte für das betriebsnotwendige und
das nicht betriebsnotwendige Vermögen getrennt ermittelt werden.

Da das Unternehmen mit einer Alternativinvestition, die einem Investor of-   926
fen steht, implizit durch den verwendeten Kalkulationszinsfuß im Barwert-
kalkül verglichen wird, kommt diesem Zinsfuß eine stark wertbeeinflussende
Wirkung zu. Der Kalkulationszinsfuß sollte die beste künftige Alternativ-
verwendung der Geldmittel in Höhe des Kaufpreises abbilden und deshalb
stets von den mit dem Unternehmen vergleichbaren Risikoprämissen ausgehen.

In Theorie und Praxis wird einstimmig davon ausgegangen, dass Wirtschafts-   927
subjekte künftige Risiken höher bewerten als die künftigen Chancen, also
risikoavers sind. Zur Verarbeitung dieser Risikoaversion bieten sich zwei
Vorgehensweisen an: Zum einen die Zinszuschlagsmethode und zum anderen die so genannte Sicherheitsäquivalentmethode. Im Rahmen der Risikozu-
schlagsmethode wird unterstellt, dass ein Subjekt ungewisse Zahlungen mit
einem höheren Zinssatz diskontiert und somit ein Zuschlag zu dem sicheren
Basiszinssatz seine Anwendung findet. Das Risiko wird ausschließlich im
Kalkulationszinsfuß berücksichtigt. Anders geht die Sicherheitsäquivalentmethode vor. Bei dieser wird gefragt, wie hoch eine sichere Zahlung sein
müsste, damit sie der Käufer bzw. Veräußerer als gleichwertig zu der ungewissen mehrwertigen Zahlungsverteilung ansieht, von der jede Ausprägung
mit jeweils unterschiedlichem Risiko eintreten wird. Da im Rahmen der
Sicherheitsäquivalentmethode werden stets sichere Zahlungen dargestellt, die
risikoäquivalent ebenfalls mit einem, dem Basiszinssatz entsprechenden Kalkulationszinsfuß abzuzinsen sind. Hier findet eine ausschließliche Risikobe-

rücksichtigung in den Zahlungsströmen statt. Der Zinszuschlagsmethode ist der Vorzug einzuräumen, da sie sich auf empirisches Verhalten stützt. Sie bietet zudem die Möglichkeit – gerade in Anwendung der DCF-Verfahren – die Risikozuschläge marktorientiert zu bestimmen.

> Vgl. IDW Standard: Grundsätze zur Durchführung von Unternehmensbewertungen (IDW S 1), FN-IDW 2005, 690, 703, Rz. 96 ff.

928 Die konkrete Höhe des Risikozuschlags kann in der Praxis nur mithilfe von Typisierungen und vereinfachenden Annahmen festgelegt werden. Dazu sind regelmäßig am Markt beobachtete Risikoprämien den Besonderheiten des Bewertungsfalls anzugleichen, da jedes Unternehmen spezifischen Risiken und Chancen unterliegt und die Risikoprämien an künftige Erwartungen anzupassen sind. Alle größeren Wirtschaftsprüfungs- und Bewertungsgesellschaft führen dazu umfangreiche Datenbanken.

929 Eine Risikozuschlagsbestimmung zur Marktwertbestimmung kann insbesondere auf der Basis des Capital Asset Pricing Modell (CAPM) und nunmehr mit Verabschiedung des neuen Standards auf Basis des Tax-CAPM marktgestützt vorgenommen werden.

> Vgl. IDW Standard: Grundsätze zur Durchführung von Unternehmensbewertungen (IDW S 1), FN-IDW 2005, 690, 704, Rz. 100 ff.

930 Neben der Risikosituation ist ebenfalls die steuerliche Situation sachgerecht abzubilden. Da nachsteuerliche Zahlungen diskontiert werden, sind auch die Zuwächse der Alternativanlage und damit ein nachsteuerlicher Kalkulationszinsfuß anzuwenden. Der Kapitalisierungszinssatz ist also um die Steuerbelastung zu mindern, die auf die Alternativanlage entfällt. Bis zum Inkrafttreten der Unternehmenssteuerreform 2008 dürfte es sich dabei regelmäßig um die Einkommensteuer und den Solidaritätszuschlag handeln, der auf privat gehaltene Finanzanlagen entfällt oder bei alternativen privaten Aktienanlagen um die Halbeinkünftebesteuerung auf die Dividenden unter Beachtung steuerfreier Kursgewinne. Nur dann, wenn eine Beteiligung im Sinne von § 17 EStG die beste Alternative bildet, ist die Kursgewinnbesteuerung ebenfalls mit abzubilden. Nach der Unternehmenssteuerreform 2008 ist der Kapitalisierungszinssatz um die Steuerbelastung zu mindern die sich ab dem Jahr 2009 aufgrund der Abgeltungssteuer ergibt.

> Vgl. IDW Standard: Grundsätze zur Durchführung von Unternehmensbewertungen (IDW S 1), FN-IDW 2005, 690, 704, Rz. 101 f.;
> weiterführend *Wiese*, WPg 2007, 368 ff.;
> *Ballwieser/Kruschwitz/Löffler*, WPg 2007, 765 ff.

931 Neben der risikoadjustierten und steuerlichen Anpassung des Kalkulationszinsfußes findet ein unendliches Wachstum der finanziellen Überschüsse mit der gleichen Rate, wie es ggf. in der zweiten Phase angenommen wird, im Diskontierungssatz über den Abzug eines Wachstumsfaktors seinen Niederschlag. In der Detailplanungsphase wird das Wachstum hingegen in den finanziellen Überschüssen abgebildet.

> Vgl. IDW Standard: Grundsätze zur Durchführung von Unternehmensbewertungen (IDW S 1), FN-IDW 2005, 690, 704 f., Rz. 103 ff.

d) Ertragswert- und Discounted-Cash-flow-Verfahren

Sowohl das Ertragswertverfahren als auch die Discounted-Cash-flow-Verfahren (DCF-Verfahren) beruhen auf den gleichen konzeptionellen Grundlagen der Barwertbildung mithilfe eines, die Alternativanlage darstellenden Kalkulationszinsfußes. Die verschiedenen zugrundeliegenden Methoden lassen sich bei gleichen Annahmen ineinander überführen und errechnen somit stets den gleichen Unternehmenswert. Werden dennoch unterschiedliche Unternehmenswerte ermittelt, so liegt das an den unterschiedlichen zugrunde gelegten Annahmen.   **932**

> Vgl. IDW Standard: Grundsätze zur Durchführung von Unternehmensbewertungen (IDW S 1), FN-IDW 2005, 690, 705 f., Rz. 110 ff.

aa) Ertragswertverfahren

Im Ertragswertverfahren bestimmt sich Wert eines Unternehmens, indem die künftigen den Eigentümern zufließenden finanziellen Überschüsse in geeigneter Weise kapitalisiert werden. Die obigen Ausführen zur Prognose künftiger Überschüsse und zum Kalkulationszinsfuß gelten entsprechend. Besonders sind Risiken, die aus der Kapitalstruktur und deren Fristigkeit und etwaiger Veränderung herrühren, gebührend im Kalkulationszinsfuß zu berücksichtigen. Bei der Ertragswertbestimmung im Rahmen des so genannten objektivierten Unternehmenswerts ist von vielen, intersubjektiv nachvollziehbaren, Annahmen auszugehen.   **933**

> Vgl. weiterführend zu den anzuwendenden Prämissen IDW Standard: Grundsätze zur Durchführung von Unternehmensbewertungen (IDW S 1), FN-IDW 2005, 690, 708 f., Rz. 124 ff; WP-Handbuch 2008, Band II, Abschnitt A, Rn. 237 ff.

Zur Ermittlung subjektiver Entscheidungswerte richtet sich die Bestimmung des Kapitalisierungszinssatzes nach den individuellen Verhältnissen des Investors. Gerade dann, wenn dieser zur Finanzierung Kredite aufnehmen müsste, ist die Verwendung eines Alternativanlagezinssatzes wohl eher abzulehnen.   **934**

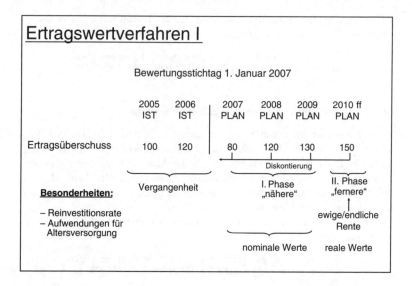

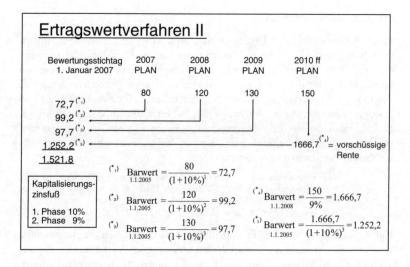

Praxisbeispiel (unter Berücksichtigung der Unternehmenssteuerreform 2008)

Muster GmbH

Entwicklung des Kapitalisierungszinssatzes	Plan 2007	Plan 2008	Plan 2009	ab 2010
Basiszinssatz vor Einkommensteuer	5,00%	5,00%	5,00%	5,00%
typ. Einkommensteuer (ab 2009 Abgeltungssteuer)	-1,75%	-1,75%	-1,32%	-1,32%
Basiszinssatz nach Einkommensteuer	**3,25%**	**3,25%**	**3,68%**	**3,68%**
Marktrisikoprämie nach Einkommensteuer	5,50%	5,50%	5,50%	5,50%
Betafaktor unverschuldet	0,5548	0,5548	0,5548	0,5548
Barwerte jeweils zum 01.01.	49.827,5	49.909,3	49.629,9	49.736,1
verzinsliches Fremdkapital jeweils zum 01.01.	1.212	577	2.420	2.561
Verschuldungsgrad	0,024	0,012	0,049	0,051
Betafaktor verschuldet	0,5683	0,5612	0,5818	0,5834
Risikozuschlag	**3,13%**	**3,09%**	**3,20%**	**3,21%**
Wachstumsrate	0,00%	0,00%	0,00%	-0,50%
Kapitalisierungszinssatz	**6,38%**	**6,34%**	**6,88%**	**6,39%**

Praxisbeispiel (unter Berücksichtigung der Unternehmenssteuerreform 2008)

Muster GmbH

Ermittlung der Nettozuflüsse	Plan 2007	Plan 2008	Plan 2009	ab 2010
Ergebnis vor Ertragsteuern	6.148	5.985	6.454	6.198
Gewerbeertragsteuer	-1.051	-865	-938	-900
Körperschaftsteuer/Solidaritätszuschlag	-1.345	-948	-1.022	-981
Jahresüberschuss /-fehlbetrag	**3.752**	**4.172**	**4.494**	**4.317**
HB-Gewinn-/Verlustvortrag	0	0	0	0
Bilanzgewinn/-verlust (vor Ausschüttung)	3.752	4.172	4.494	4.317
davon Ausschüttung	**3.752**	**4.172**	**4.494**	**4.317**
Bemessungsgrundlage Einkommensteuer	3.752	4.172	4.494	4.317
Einkommensteuer	**657**	**730**	**1.185**	**1.139**
Ergebnis nach ESt	3.095	3.442	3.309	3.178
Kapitalisierungsgröße (Nettozuflüsse)	**3.095**	**3.442**	**3.309**	**3.178**

Praxisbeispiel (unter Berücksichtigung der Unternehmenssteuerreform 2008)

Muster GmbH

Ermittlung des Unternehmenswerts	Plan 2007	Plan 2008	Plan 2009	ab 2010
Nettozuflüsse	3.095	3.442	3.309	3.178
Barwerte jeweils zum 31.12.	49.909	49.630	49.736	
Zwischensumme Kapitalisierung	53.004	53.072	53.045	3.178
periodenspezifischer Kapitalisierungszinssatz	6,38%	6,34%	6,88%	6,39%
Barwertfaktor für das jeweilige Jahr	0,9401	0,9404	0,9356	15,6501
Barwerte jeweils zum 01.01.	49.827	49.909	49.630	49.736
Zukunftserfolgswert per 31.12.2006	49.827			
Aufzinsungsfaktor auf den 31.10.2007	1,0528			
Zukunftserfolgswert per 31.10.2007	52.460			

bb) Die Discounted-Cash-flow-Verfahren

935 Die DCF-Verfahren unterteilen sich in drei relevante Verfahren zur marktmäßigen Unternehmensbewertung. Zu trennen sind in diesem Zusammenhang in die Entity- und die Equity-Verfahren, wobei bei ersteren ein Unternehmensgesamtwert für alle Kapitalgeber und bei zweiteren nur der Unternehmenswert der Eigenkapitalgeber bestimmt wird. Im Rahmen der Entity-Verfahren sind das Verfahren des Weighted Average Cost of Capital (WACC) und der Ansatz des Adjusted Present Value (APV) relevant. Beiden Verfahren ist immanent, dass sie einen Gesamtunternehmenswert ermitteln, wobei im WACC-Ansatz von einer relativen Verschuldung ausgegangen wird, die sich anhand eines Anteils am gerade zu ermittelnden marktmäßigen Gesamtunternehmenswert bestimmt. Das Adjusted-Present-Value-Verfahren geht hingegen von einer fest vorgegebenen, d. h. in absoluten Werten bestehenden Verschuldung aus. Abgesehen von den Steuereinflüssen bestimmen beide Verfahren den Gesamtwert der Investition, also unabhängig von der Finanzierung den Wert eines unverschuldeten Unternehmens.

936 Als finanzielle Überschüsse werden sowohl im WACC- als auch im APV-Verfahren die so genannten Free Cash-flows, also eine Größe verwendet, die allen Kapitalgebern zugute kommende Ansprüche enthält:

Handelsrechtliches Jahresergebnis

+ Fremdkapitalzinsen

– Tax shield (Steuerersparnis durch den Fremdkapitalzinsabzug auf Unternehmensebene)

+ Nicht zahlungswirksame Aufwendungen (vor allem Abschreibungen)

– Zahlungsunwirksame Erträge

– Investitionsauszahlungen

+/– **Veränderungen der Höhe des Umlaufvermögens**

= **Free Cash-flow**

Diskontiert wird, wie der Name es bereit sagt, im WACC-Verfahren mit   **937**
dem gewogenen Kapitalkostensatz. Diese gewogenen Kapitalkosten hängen
von der Höhe der Fremd- und der Eigenkapitalkosten und dem unterstellten
Verhältnis zwischen den Marktwerten des Fremd- und des Eigenkapitals ab.
Als dritte Einflussgröße verbleibt ein aus einer nicht finanzierungsneutral
wirkenden Besteuerung gegebener Besteuerungseinfluss.

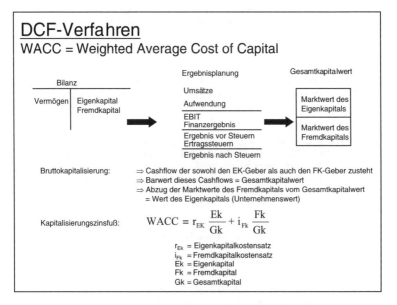

DCF-Verfahren
WACC = Weighted Average Cost of Capital

Im Rahmen des APV-Verfahren wird ebenfalls der Free Cash-flow ermittelt,   **938**
also jener Wert, den ein unverschuldetes Unternehmen als finanzielle Überschüsse hätte. Die Diskontierung erfolgt jedoch mit dem Kapitalkostensatz
eines unverschuldeten Unternehmens. Der aufgrund einer Fremdfinanzie-
rung bestehende absolute Wertbeitrag durch die nichtfinanzierungsneutrale
steuerliche Behandlung der Fremdkapitalzinsen wird extra und zwar regelmäßig mit dem Fremdkapitalzinssatz diskontiert. Die Summe beider Werte
ergibt den Wert des Gesamtkapitals, also den Unternehmenswert für alle
Kapitalgeber.

Der Wert des Eigenkapitals, also der Unternehmenswert der Eigentümer, be-   **939**
stimmt sich bei diesen beiden Verfahren nur indirekt, indem vom ermittelten
Unternehmensgesamtwert der Wert des jeweiligen Fremdkapitals abgezogen
wird, der im WACC-Verfahren relativ am Gesamtunternehmenswert definiert und im APV-Verfahren direkt vorgegeben ist und damit ohne weitere
Berechnungen abgezogen werden kann.

> Zu den Entity-Verfahren vgl. IDW Standard: Grundsätze zur
> Durchführung von Unternehmensbewertungen (IDW S 1),
> FN-IDW 2005, 690, 709 ff., Rz. 134 ff.

940 Neben den beschriebenen Entity-Verfahren existiert das Equity-Verfahren, das von seiner Methodik dem herkömmlichen Ertragswertverfahren entspricht. Mit anderen Worten, unter den gleichen Annahmen hinsichtlich der Einflussfaktoren (gleiche finanzielle Überschüsse, gleiche Basiszins-, Risiko-, Fristigkeits- und Steuerannahmen) gelangen sowohl das Equity-Verfahren als auch das Ertragswertverfahren stets zum gleichen Ergebnis.

> Zu den Equity-Verfahren vgl. IDW Standard: Grundsätze zur Durchführung von Unternehmensbewertungen (IDW S 1), FN-IDW 2005, 690, 711, Rz. 148.

2. Der Standard IDW S1

941 Die Grundsätze zur Durchführung von Unternehmensbewertungen wurden lange bis zur endgültigen Verabschiedung des neuen Standards am 18. Oktober 2005 fachlich diskutiert, da der erste Entwurf bereits am 9. Dezember 2004 vom Hauptfachausschuss des IDW als IDW ES 1 verabschiedet wurde.

> Vgl. u. a. *Beyer/Gaar*, Neufassung des IDW S 1 „Grundsätze zur Durchführung von Unternehmensbewertungen", FB 2005, 240; DVFA Methoden-Kommission Expertengruppe Valuation, Stellungnahme zu den Grundsätzen zur Durchführung von Unternehmensbewertungen (IDW ES 1 n.F.), FB 2005, 558;
> *Hillmer*, Aktuelle Fragen der Unternehmensbewertung, FB 2005, 423;
> *Kunowski*, Änderungen des IDW-Standards zu den Grundsätzen zur Durchführung von Unternehmensbewertungen, DStR 2005, 569;
> *Peemöller/Beckmann/Meitner*, Einsatz eines Nachsteuer-CAPM bei der Bestimmung objektivierter Unternehmenswerte – eine kritische Analyse des IDW ES 1 n. F., BB 2005, 90 ff.

942 Gegenüber dem alten IDW Standard vom 28. Juni 2000 beinhalten die neuen Grundsätze zwei wesentliche Änderungen. Zum einen erfolgte eine Neuorientierung des Kalkulationszinsfußes an einer alternativen Aktienanlage. Zum anderen wurde von der Vollausschüttungsprämisse Abstand genommen, wie sie zur Zeit des körperschaftsteuerlichen Anrechnungsverfahren aus steuerlichen Gründen sinnvoll bestand. Dafür wurde sie – ebenfalls aus steuerlichen Gründen – durch die mit der Einführung der definitiven Körperschaftsteuer und des Halbeinkünfteverfahrens erfolgten Benachteiligung von ausgeschütteten Gewinnen wieder aufgehoben.

943 Im Vergleich zum vorherigen IDW S1 sind die Veränderungen des Standards hinsichtlich des Kalkulationszinsfußes zu begrüßen, da die Bewertung insoweit eher der Realität entspricht und eine steuerliche Inkongruenz der alten Grundsätze beseitigt wurde. Durch die nunmehr vorgenommene Unterstellung einer Alternativanlage, die – wie die zu bewertende Unternehmung – ebenfalls in Geschäftsanteilen/Aktien besteht, wird eine wesentlich bessere Risiko- und Besteuerungsäquivalenz hergestellt. Der Kalkulationszinsfuß wird nunmehr nicht mehr vollständig um den Steueranteil gekürzt, wie es bei einer alternativen Festzinsanlage der Fall gewesen ist, sondern nur noch um den hälftigen Teil der Dividenden bei grundsätzlicher Veräußerungsgewinnfreiheit. Als Folge dessen ergeben sich Unternehmenswerte, die – bedingt durch den höheren Kalkulationszinsfuß – zu Recht geringer ausfallen. Dadurch wird die durch den alten Standard unabdingbar eintretende Überbewertung beseitigt. Im Zuge der Unternehmenssteuerreform 2008 ist zu berücksichtigen, dass das Halbeinkünfteverfahren und die Veräußerungsgewinnfreiheit von Kursgewinnen einer allgemeinen Abgeltungssteuer weicht.

> Vgl. DVFA Methoden-Kommission Expertengruppe Valuation, Stellungnahme zu den Grundsätzen zur Durchführung von Unternehmensbewertungen (IDW ES 1 n. F.), FB 2005, 558; weiterführend *Wiese*, WPg 2007, 368 ff.; *Ballwieser/Kruschwitz/Löffler*, WPg 2007, 765 ff..

Die Aufhebung der Vollausschüttungsprämisse ist sinnvoll, da bei einer Be- **944** steuerung, die nicht ausgeschüttete Gewinne insoweit begünstigt, als dass ihre Wiederanlage zu einer geringeren Steuerlast auf der Ebene des Unternehmens als auf der Ebene des Unternehmers führt, ein Anreiz zur Gewinnthesaurierung besteht. Die Vollausschüttungsprämisse würde tendenziell dazu führen, dass eine geringere Wiederverzinsung besteht und damit der Unternehmenswert zu unangemessen sinkt.

Andererseits gibt es eine Typisierung der Ausschüttungspolitik, die wie bei **945** der zur Bewertung herangezogenen Alternativanlage erfolgen soll. Hintergrund dieser begrenzend wirkenden Regelung ist, dass Manipulationsspielräume eingegrenzt werden können. Die (künftigen) Unternehmenseigner hätten ansonsten durch relativ hohe Thesaurierung die Möglichkeit, Einkommensteuer auf Dividenden zu vermeiden, die bei der Alternativanlage zwingend anfallen würden. Es sollte daher ein vergleichbares Unternehmen mit seiner Ausschüttungsquote als Alternativanlage herangezogen werden.

> Vgl. DVFA Methoden-Kommission Expertengruppe Valuation, Stellungnahme zu den Grundsätzen zur Durchführung von Unternehmensbewertungen (IDW ES 1 n. F.), FB 2005, 558, 558 f.

Zur Bestimmung von Marktwerten wird durch den IDW S 1 zugleich die **946** Anwendung eines Tax-CAPM vorgesehen. Diese Maßnahme ist im Zusammenhang mit der Neuorientierung des Kalkulationszinsfußes an einer alternativen Aktienanlage zu sehen. Bisher wurden mit dem Standard-CAPM risikoadjustierte Vorsteuerrenditen bestimmt, die voll der Einkommensteuer unterworfen wurden, da eine Festzinsanlage unterstellt wurde. Nunmehr wird mit dem Tax-CAPM den veränderten steuerlichen Regelungen Rechnung getragen, indem unterstellt wird, dass eine Mischung aus einem optimalen Marktportefeuille und einer Festzinsanlage als Alternativanlage stattfindet. Damit wird ein Nachsteuer-Preisbildungsmodell in die Unternehmensbewertung eingeführt, das der Realität eher entspricht. Die Ergebnisse stimmen aber nur dann genau überein, wenn die Verteilung von Kursgewinnen und Dividenden zwischen der zu bewertenden Unternehmung und der Alternativanlage übereinstimmen. Es wird jedoch versucht, diese Übereinstimmung durch die neue Thesaurierungsregel zu erzielen.

Vgl. *Peemöller/Beckmann/Meitner*, Einsatz eines Nachsteuer-CAPM bei der Bestimmung objektivierter Unternehmenswerte – eine kritische Analyse des IDW ES 1 n. F., BB 2005, 90 ff.

3. Multiplikatorverfahren

947 Im Rahmen der vereinfachten Preisfindung werden gerade bei der Bestimmung des Unternehmenswerts kleiner und mittlerer Unternehmen sowie in bestimmten Branchen so genannte Multiplikatormethoden angewendet. Diese können auch bei Unternehmensverkäufen in der Krise Orientierung für die konkrete Bewertung bieten.

948 Je nach unterstellter Einflussgröße sind dazu ergebnis-, umsatz- und produktmengenorientierte Multiplikatoren anzutreffen:

949 Bei der Anwendung der Ergebnismultiplikatoren ergibt sich der Unternehmenswert als Schätzung, indem ein Produkt aus dem Multiplikator und eines entsprechend definierten Ergebnisses, z. B. EBIT oder EBITDA, gebildet wird. Dieses Verfahren ist damit in letzter Konsequenz nichts anderes als die Anwendung der Ertragswertmethode für den Fall einer ewigen Rente. Deshalb lässt sich als Kritik hier anbringen, dass eine Planung in einem Zweistufenmodell nicht möglich ist. Der Faktor spiegelt die Barwertbildung mit einem Kalkulationszinsfuß wider. Er ist branchen- und unternehmensspezifisch, da sich in ihm die aktuellen Kapitalkosten der Branche, die Risikoneigung des Investors und das Risiko des Unternehmens sowie eventuelle Wachstumsfaktoren des Unternehmens wiederfinden.

950 Ähnlich verhält es sich mit den umsatz- und produktmengenorientierten Multiplikatoren, da hier insoweit ein Zusammenhang zwischen dem Umsatz und den entziehbaren Zahlungsüberschüssen bzw. der Produktionsmenge und damit dem Umsatz und letztlich über eine zweite Annahme mit den entziehbaren Zahlungsüberschüssen hergestellt wird. Es ist offensichtlich, dass dieses Verfahren durch die Unterstellung vieler zugrunde liegender Zusammenhänge äußerst anfällig gegen fehlerhafte Unternehmenswertschätzungen ist. Außerdem besteht keine unmittelbare Verbindung zwischen Zukunftserfolgswerten und den zugrunde liegenden Multiplikatoren. Dennoch wird dieses Verfahren in der Praxis insbesondere zur Ermittlung von Marktpreisen für Unternehmen herangezogen.

Vgl. WP Handbuch 2008, Band II, Abschnitt A, Rn. 395 ff;
HFA des IDW, IDW Standard: Grundsätze zur Durchführung von Unternehmensbewertungen (IDW S 1), FN-IDW 2005, 690, 714, Rz. 174 ff.

Stichwortverzeichnis